레저스포츠 안전교육론

레저스포츠 안전교육론

문 병 일 저

전남대학교출판부

ㅣ 머리말 ㅣ

인간은 누구나 인간답고 행복한 삶을 살기를 소망하며, 이러한 소망을 이루기 위하여 학교에 다니며 공부하고 직장에 나가 일을 하며 사회활동에 참여하고 행복한 가정을 위하여 노력하고 있다.

그러나, 불행히도 우리의 생활주변에서는 교통사고, 화재, 폭발, 중독 등 갖가지 사고와 질병들로 인하여 무수한 사람들이 매일같이 목숨을 잃거나 상해를 입고 또한 재산의 손실을 당하고 있을 뿐만 아니라 언제, 어디서, 어떻게 당하게 될지도 모를 재난의 위험하에 불안스럽게 살아가고 있다.

현재 우리가 살고 있는 사회는 고도산업사회에 진입하면서 생활 주변과 산업현장에서 위험요인이 증가하는 실정으로, 경제적 효율성 추구로 인한 건물의 고층화, 지하시설의 증가, 그리고 급속한 경제 발전으로 인한 생활수준의 향상과 더불어 편리성을 추구한 결과 각종 문명의 이기를 많이 사용하게 되어 각종 위험요소가 생활주변에 산재하게 된 결과라고 할 수 있다.

각종 교통수단을 이용할 기회가 늘고, 자가용의 보급, 유독가스가 발생하기 쉬운 건축자재나 가정용 전기제품의 확산에 따라 일반 가정뿐만 아니라 직장과 사회에서의 안전교육의 중요성이 점차 높아지고 있다. 또한, 주5일 근무로 인해 여가시간이 증대됨에 따라 주말과 휴일에 레저스포츠를 즐기는 사람들이 크게 증가하고 있는 상황에서 스포츠상해의 예방과 처치에 대한 교육이 필요한 실정에 있다.

특히, 경제성장과 물질적 풍요에 치중한 나머지 안전의식을 소홀히 한 채 급속한 개발과정에서 건설된 각종 대형건축물이나 시설물 등은 노후되고 관리부실로 오늘날 각종 대형사고로 이어지고 있으며, 사회 전반적으로 조급증과 안전불감증이 만연해 있어서 기초질서를 준수하고 안전을 중시하는 사회풍토를 조성하기 위한 안전의식의 변혁이 요구되고 있다.

최근 들어 안전에 대한 의식은 점차 높아지고는 있으나 실제 생활에서의 실천은 아직 의식수준을 따라가지 못하고 있으며, 최근의 각종 대형사고에 대해서는 막연하게 불안감을 느끼고 있을 뿐 구체적으로 어떻게 대처하고 생활과 연결해야 하는지를 모르고 있다.

이러한 상황에서 사고를 미리 예방하고 효과적인 재난관리를 위해 안전에 대한 태도, 관행, 지식을 생활화시켜 안전에 대한 중요성의 인식이 정착되고 생활속에서 실천될 수 있도록 체계적이고 지속적인 교육이 절실한 것이다. 이에 따라 각종 유해·위험요소를 인지하고 사전에 이를 제거할 수 있는 안전지식을 함양시키고 각종 레저스포츠 현장 및 일상생활속에서 쉽게 응용하면서 안전을 실천할 수 있도록 하는 안전교육 자료로써 본 책자를 펴내게 되었습니다.

본 책자의 내용과 형태를 현장에서의 실천에 맞추어 집필함으로써 안전교육 교재로 활용할 수 있을 뿐만 아니라 여러분들이 적극적으로 실천하여 생활속에서 안전이 뿌리내리도록 함으로써 안전사고를 예방하고 사고발생시 귀중한 인명을 보호하는데 도움이 되기를 바랍니다.

안전이라는 분야가 다양한 영역에 걸쳐 있음에도 불구하고 일부 내용이 누락되고 깊이가 상실된 부분이 있어 아쉬움이 앞선다. 앞으로 이의 보완을 위해 계속해서 연구와 노력에 정진하려는 바이며, 여러분들의 충고와 질책을 부탁드립니다.

아무쪼록 살기 좋은 미래를 가꾸어 나가고자 하는 우리 모두의 염원과 노력이 결실을 맺어 행복한 가정생활과 밝고 안전한 사회가 이룩될 것을 기원합니다.

저자

| 목차 |

제1장 안전일반

제2장 교통안전

제3장 가정안전

제4장 화재안전

제5장 자연재해

제6장 범죄예방

제7장 운동부상

제8장 수상안전

제9장 응급처치

제1장
안전일반

1. 안전의 의의
2. 사고와 재해
3. 재해발생의 원리
4. 위험상황과 사고발생의 원리
5. 사고예방의 원리
6. 안전교육

1. 안전의 의의

매슬로우에 의하면 대부분의 인간 행동은 자신의 삶을 의미있고 가치있게 만들려는 목표를 추구하려는 경향으로 설명하고 있는데, 여기에서 인간의 행동을 움직이는 힘은 인간이 가지고 있는 다양한 욕구(동기)들이다. 매슬로우는 인간의 욕구(동기)는 타고난 것이며, 그것들은 강도와 중요성에 따라 일종의 계층적 단계로 배열되어 있다고 가정하고 있다. 가장 기본적인 욕구는 생리적 욕구이며, 그 다음으로 안전과 안정에 대한 욕구, 어딘가에 소속되고 사랑 받고 싶은 욕구, 자신과 타인으로부터 존중받고 싶은 욕구, 무언가에 호기심을 가지고 탐구하고 싶은 욕구, 선하고 아름다운 것을 추구하려는 욕구, 마지막으로 자아실현의 욕구의 순이다.

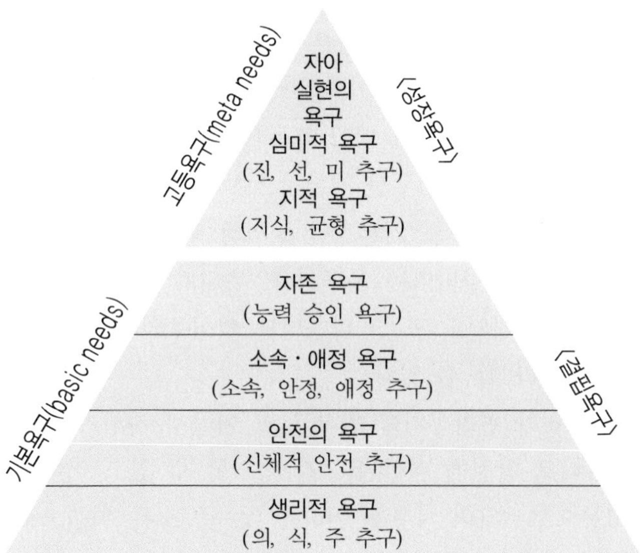

〈그림 1-1〉 Maslow의 욕구 5단계 이론

이상의 욕구들 중 생리적 욕구, 안전과 안정에 대한 욕구, 애정과 소속에 대한 욕구, 자존감의 욕구는 지적, 심미적, 자아실현의 욕구와 대비하여 하위욕구로 분류되는데, 이 욕구들은 충족이 결핍되었을 경우에는 반드시 먼저 충족이 되어야 한다는 의미에서 결손욕구(Deficiency need)라고도 불린다. 이에 비해 지적인 욕구, 심미적인 욕구, 자아실현의 욕구는 상위욕구로 분류되는데, 이 욕구들은 충족되지 않아도 살아갈 수는 있으나 자신이 한 인간으로서 성장하고 발달하며 자신의 잠재가능성을 발휘하면서 살기 위해서는 반드시 충족되어야 하는 욕구라는 의미에서 성장욕구(Being need)라고도 불린다.

그런데, 인간의 다양한 욕구들은 완전히 만족될 수는 없다는 것이다. 따라서 하위 단계의 욕구들이 어느 정도 충족이 되면 다음 단계의 욕구가 발생하고, 또 그것이 어느 정도 충족이 되면 다음 단계의 욕구가 발생하는 것으로 이해할 수 있다.

이러한 이론에 비추어 보면 인간은 기본적인 의식주와 생명을 유지하기 위한 생리적 욕구가 충족되면 다음으로 안전에 대한 욕구가 우세하게 되어 이 욕구가 지배적인 것이 되어 행동을 유발하는 동인(動因)이 된다. 이때의 안전에 대한 욕구는 우선 기본적으로 신체적 위험에 대한 공포로부터 벗어나려는 욕구요, 또 기본적인 생리적 욕구를 충족시키지 못하게 되는 위험으로부터 해방되려는 욕구이다. 우리가 우리의 재산과 직업을 유지시키려는 것은 내일도 또 그 다음날도 의식주의 어려움에 빠지지 않도록 하려는 것이라 할 수 있다.

인간은 누구나 다 편안하기를 원하고 또 이를 유지시키려는 욕구가 있다. 이는 한마디로 안전에 대한 욕구라 정의할 수 있고 이때의 안전이란 한마디로 고통으로부터의 자유를 원하는 것, 즉 모든 위험으로부터 오는 신체와 재산의 손해를 미연에 방지하려는 것을 말한다. 이러한 욕구의 정도는 개인뿐만 아니라 조그마한 집단이나 국가같이 큰 개념의 집단에서도 나타나는데, 즉 후진국일수록 생리적 욕구경향이 강하고 후진국에서 벗어나면 다음으로 안전에 대한 집단적 욕구가 그 집단의 특징으로 나타난다.

대체로 안전은 그 접근방법에 따라 산업현장이나 학교 또는 스포츠 활동시에 많은 차이가 있을 것이나 근본원리는 모두가 같다고 할 수 있다. 산업현장에서는 작업자들의 심신상태와 작업행동을 잘 관찰하여 사고발생의 기초요인을 제거하고, 위급한 사고가 발생했을 때의 구급체계를 구축해야 하며, 시설, 장비의 안전점검과 그에 상응하는 안전조치, 정서면에서 환경의 안전배려가 특히 중요하므로 미연에 계획되어야 한다.

특히, 레저스포츠활동에서는 다른 분야에서와 같이 지도자는 우선 자신의 교육생이나 스포츠 참가자들의 심신상태나 행동, 또한 운동시설, 환경, 장비 등의 문제점을 발견하여 불안전한 요소를 제거하거나 규제하여 안전이 유지될 수 있도록 계획할 필요가 있다. 먼저 스포츠활동시 안전이 유지되려면 안전행동기준을 정해서 실천되도록 연구되고 지도해야 한다. 안전관리를 지도하고 육성하는 과정에서 안전의식을 명확하게 운동자들에게 심어주고 이를 이행할 수 있도록 지도자에 대한 반복교육이 필요하다. 자신이 해보고 싶어하는 레저스포츠를 즐기는데 있어서 신체적 위험이나 공포, 불안이 없어지면 자신의 내면속에 숨어 있는 잠재력을 극대화시켜 마음놓고 자기의 능력을 최고로 발휘하여 스스로 성취감과 만족감을 느낄 수 있을 것이다.

2. 사고와 재해

1) 위험과 위태의 개념

위험(Risk)은 어떤 예기하지 않은 사상이 발생할 불확실성으로 손해를 입을 기회라고 할 수 있으며, 위태(hazard)는 특정한 사고로 인하여 발생할 수 있는 손해의 가능성을 새로이 창조하거나 증가시키는 상태로 물리적, 도덕적, 기강적 위태로 구분할 수 있다.

- 물리적 위태(physical hazard) : 재물이나 사람에게 존재하는 물리적 또는 육체적인 성질, 사정을 말하며, 예컨대 도로의 결빙, 산림의 건조, 인간의 기질, 체질, 잠재적 질병 등이 이에 속함
- 도덕적 위태(moral hazard) : 인간의 정신적 또는 심리적인 요인 등 갖가지 잠재적 사정이나 태도에 기인하는 위험을 말하며 인간이 부정, 부도덕, 사기, 고의 등의 감정이 적극적으로 작용해서 사고를 발생시키거나 증가시키는 상황
- 기강적 위태(morale hazard) : 잠재의식적인 손실욕구의 심리상태로 부주의, 무관심, 기대심, 사기저하, 기강해이 등의 인적 사정을 의미

2) 사고(accident)와 손해(loss)의 개념과 분류

사고(accident)란 뜻밖에 일어난 일이나 계획되지 않은 사건으로 인해 당면한 과업의 정상적인 진행을 저지하거나 방해하는 일로 정의되는데, 예를 들어, 건물이 화재로 인해 손상되었다고 하면 이러한 손해의 원인인 화재가 사고라고 할 수 있다. 사고는 교통사고(traffic accident), 가정사고(home accident), 공공사고(public accident), 직장사고(work accident)로 구분된다.

일반적으로 손해(loss)는 우연한 사고로 인하여 발생하는 불의의 가치감소 또는 소실을 의미하며, 손실, 손상, 훼손, 일실, 상실, 멸실, 감소 등 여러 가지 의미로 사용되고 있다. 손해는 물적손해, 책임손해, 인적손해, 대형재난손해로 구분할 수 있다.

- 물적 손해(property loss) : 건물의 화재손해, 선박의 침몰 손해, 자동차의 충돌손해 등 재산에 생길지 모를 직접적인 손해는 물론 간접적인 손해를 말함
- 책임 손해(liability loss) : 타인의 재산이나 신체에 입힌 손해에 대하여 배상책임의 의무가 법적으로 부과됨으로써 생기는 손해

- 인적 손해(personal loss) : 개인의 생명이나 건강에 관한 모든 손해
- 대형 재난손해(contingency loss) : 태풍, 해일 등 자연재해 및 대형 인위재난에 의한 손해

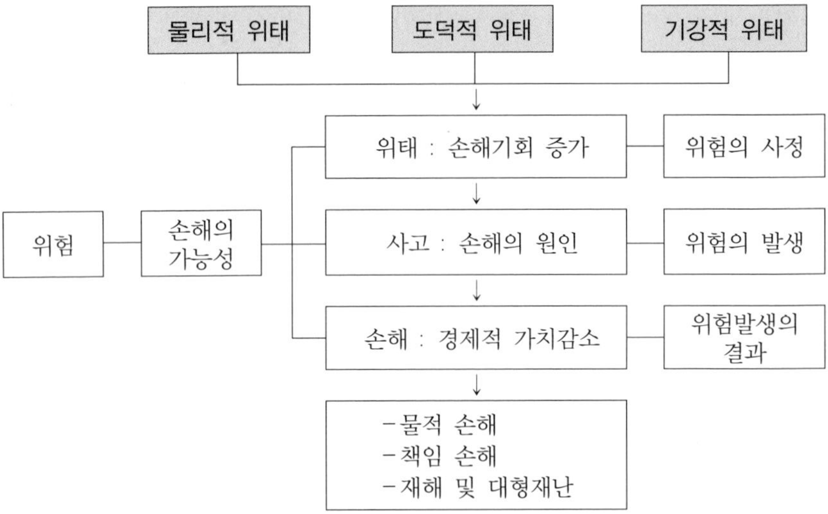

〈그림 1-2〉 위험, 위태, 사고, 손해와의 관계

3) 재해의 개념과 위험성

재해는 사고의 결과로 일어난 인적피해로써 ILO(국제노동기구)에서는 “사람의 상해를 동반하는 사건이 일어나는 것”을 재해라고 규정하고 있으며, 재해는 자연재해와 인위적인 재해로 구분된다.

자연재해는 태풍, 홍수, 가뭄, 해일, 산사태, 지진, 화산폭발, 냉해, 안개, 우박, 눈사태 등의 자연현상으로부터 입는 피해로 지진, 화산폭발을 제외하고는 거의 기상변화가 그 원인이므로 자연재해는 기상재해라고 할 수 있다.

재난(災難, disaster)은 뜻밖에 불행한 일로 학문적으로 분명하게 정립

된 상태는 아니나, 원래 별의 불길한 모습을 상징하는 라틴어에서 유래한 것으로 하늘로부터 비롯된 인간의 통제가 불가능한 해로운 영향으로 풀이된다. 재난관리법 제2조(정의)에서 재난이라 함은 화재, 붕괴, 폭발, 교통사고, 화생방사고, 환경오염사고 등 국민의 생명과 재산에 피해를 줄 수 있는 사고로서 자연재해가 아닌 인위적인 것을 말한다.

자연재해는 홍수, 폭풍, 해일, 벼락 등 현재의 과학기술로서 방지하기 어렵고 예보나 예지기술 등으로 피해를 최소로 줄이는 대책밖에 할 수 없다. 인위적 재해는 사람들이 일으키는 재해로 산업현장이나 학교 생활, 운동장면에서 발생하며, 대부분이 인위적인 재해여서 이를 미연에 방지할 수 있다. 이러한 재해의 위험성은 산업발전이나 문화의 진보를 위한 생산활동뿐만 아니라 통근도중, 가정생활, 학교생활, 레저활동이나 스포츠장면 등에 있어서 잠재하고 있다.

특히, 안전관리 측면에서 문제로 하는 사고는 좁게 다루어지고 흔히 가볍게 생각하여 안이하게 지나쳐 버리는 경우가 태반이다. 대체적으로 사고는 일의 진행상 있을 수 있는데 이런 사고가 곧바로 나의 재해로 이루어지는 것은 있을 수 없으며, 이는 모두가 남하고 관계되는 일로 나하고는 무관하다든지 혹은 저런 일이 설마 나에게 일어날 확률은 거의 없다는 자기과신에 빠지게 되고, 이런 자기과신이 재해의 가장 기본적인 유발요인이 된다.

예를 들면, 빌딩의 건축공사중에 물품이 낙하하였으나 근로자에 닿지 않아 상해를 받지 않았다거나 또는 도로위로 낙하하여 근로자가 아니라 제삼자인 통행인에게 입힐 수도 있는 사건이 발생하였다면 이는 비단 꼭 상해를 일으키는 것만 아니라 "물품의 낙하"라는 사건도 안전관리대상이 되는 사고인 것은 물론이다. 만약 이때 물품의 낙하라는 일의 진행상 있을 수밖에 없다는 그 발상자체가 나중에 재해로 이어질 수도 있는 요인이 된다.

위의 예처럼 산업재해란 사고에 따라 근로자가 상해를 받는 사건을 말하지만 이때 안전관리의 대상으로 하는 사고는 "당면하는 사상의 정상적인 진행을 저지 또는 방해함으로써 사람에게 상해위험을 일으키거나 일으키게 하는 사건"이라고 정의할 수 있다.

4) 재해로 인한 손해

인간은 현재의 행복, 장래의 행복, 가족의 행복을 위하여 일을 하고 있다. 그러나 직장내에서의 작업이나 스포츠 활동중에 다치거나 생명을 잃게 되면 모든 것이 헛되게 되고 만다. 사고가 나서 다친 본인은 육체적 고통을 받게 되며, 가족들은 정신적 고통을 당하게 된다. 또 일생동안 장애자가 될 수도 있고 장래 희망도 사라진다.

사고와 재해와의 관련을 명백히 하기 위해 미국의 하인리히(Heinrich)가 발표했던 <1:29:300의 법칙>은 유명하다. 즉 1회의 중상 재해가 발생했다고 하면 그 사람은 같은 원인으로 29회의 경상재해를 일으키고, 또 같은 성질의 무상해 사고를 300회 동반한다고 하는 것이다. 즉, <그림 1-3>과 같이 중상재해의 저변에는 다수의 경상재해와 무상해 사고가 있고, 더욱이 무수한 불안전행동과 불안전상태가 있다는 것이다.

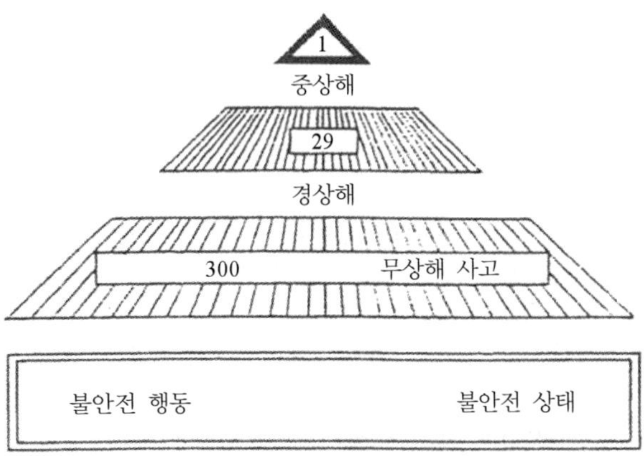

〈그림 1-3〉 중상재해의 연계성(Heinrich)

사고가 발생하면 인적, 물적 피해로 사람에게 상해가 나타나고 인적, 물적, 경제적인 손실이 생긴다. 현장에서 작업을 하던 중 작업자가 기계에 접촉되어 사망을 했다면, 사망자로 인하여 손해배상, 장례비, 생산중단, 업무중지, 제삼자의 협조 등 직접손실과 간접손실이 현장에 나타난다. 직접손실은 정부나 회사의 보상비(요양비, 휴업보상비, 장애보상비, 유족보상비, 장례비) 등이며, 간접손실은 인적손실, 물적손실, 생산손실, 기타 등으로 구분되는데, 하인리히는 직접손실비용 1에 간접손실비용 4로 재해비용을 산출하도록 제안하였다. 우리나라 노동부도 재해비용 계산은 1대 4의 비율로 적용하고 있다. 물론 업종에 따라 1대 100이 될 수도 있고 1대1이 될 수도 있을 것이다. 1대1의 비율은 전 산업의 평균값으로 활용되고 있다.

재해가 발생하면 우선 개인적으로 활동능력이 상실되고 다른 사람들에게는 그 직업이나 운동에 대한 부정적인 인식까지 초래하게 되어 그 영향은 다음과 같이 산업재해와 스포츠 산업 모두가 동등하게 인적, 사회적, 경제적 손실을 초래한다.

1) 본인 및 가족에 영향	2) 직장 동료에 영향	3) 사회적 영향
· 신체적 고통 · 정신적 고통 · 수입감소 · 지출증대 · 가족의 불행 초래	· 능률 저조 · 신뢰도 저하 · 동료의 시간, 돈 지출 · 사고 처리로 인한 업무 지연 · 보상치료경비 지출	· 손해 배상 · 실업 또는 도산 위기 · 업체/단체에 대한 부정적 이미지 확산 · 사고 직업/운동의 기피

3. 재해발생의 원리

재해는 항시 원인이 있어서 일어난다. 안전을 위한 법령이나 규칙이 정비되어 있어도 그것을 지키지 않으면 재해는 일어날 수밖에 없다. 사람은 신이 아니므로 행동이 완벽할 수 없기에 가끔 실수를 저지르기도 하지만 이 한번의 실수가 평생 또는 일시적인 장애가 되거나 생명을 영원히 잃어버리기도 한다.

특히, 정해진 것이 지켜지지 않아서 무심코 지나치거나 안이하게 행동함으로써 위험에 무뎌지고 위험에 무뎌지면 괜찮다는 자기과신에 빠지게 된다. 이 결과 순간의 부주의나 실수가 종종 회복될 수 없는 치명적인 결과를 가져오기도 한다. 따라서 안전한 생활을 위해서는 이와 같은 사고를 일으키는 과정을 정확히 알아야 한다.

1) 재해발생의 구조

일반적으로 재해의 형태는 다음과 같은 세 가지 종류로 크게 나누어 볼 수 있다.

(1) **집중형**: 각 요소가 각각 독립적으로 결합하는 형태

(2) **연쇄형**: 어떤 요소가 원인이 되어서 다른 요소를 일으키고, 또 그것이 다른 요소를 일으키는 것과 같이 요소가 연쇄적이며, 차례로 발전하는 형태

(3) **복합형**: 집중형과 연쇄형이 서로 혼합되는 형태

하나의 재해는 많은 원인으로 이루어지고 있어서 적게는 몇 개 많게는 수십개의 요인에 의해서 이루어지고 있다. 이러한 재해조사에서 종종 조사자의 입장에서 아주 편리한 요인 한두 개만 탐지하여 그 재해의 모든 구성 내력을 알 수 있다는 착각에 빠지게 되어 사후 조사가 부실해지곤 한다. 따라서 이러한 조사는 큰 결함이므로 조사자의 입장에서가 아닌 아주 사정이 나쁜 요인까지도 철저히 조사해 될 수 있는 대로 많이 파악해 볼 필요가 있음에 각별히 주의해야 한다.

재해요인의 관계는 그 배열과 재해원인의 중요도로 나누어 고찰할 수 있다. 먼저 요인의 배열을 모델로 생각하면 연쇄형과 집중형으로 나누어

볼 수 있다. 물론 실제적으로 나타나고 있는 재해사례에서 보면 위의 두 가지가 혼합되어 나타나는 재해가 많이 있으며, 또 같은 연쇄형이라고 하더라도 단순연쇄형과 복합연쇄형의 두 가지로 다시 분류될 수 있다. 이제 요인의 하나 하나를 표로 나타내고 재해를 *표시하여 그림으로 그려보면 <그림 1-4>와 같이 된다.

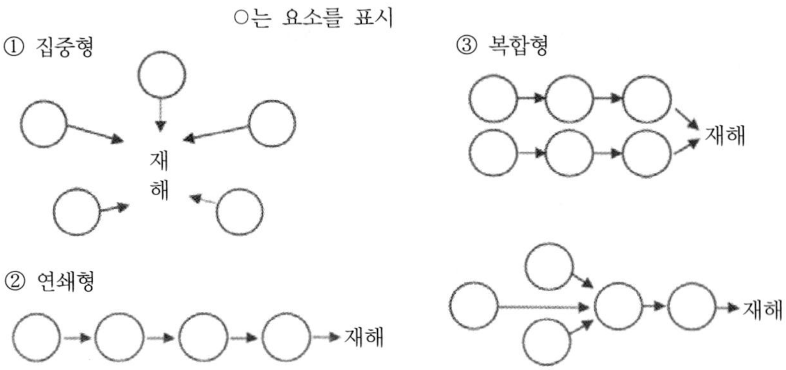

〈그림 1-4〉 재해요인(원인)의 연결 모양

위 그림과 같은 재해요인의 연결모양은 시간과 장소적인 관계에서 생각해 볼 것으로 *표와 같은 재해가 같은 장소에서 같은 시간에 일어났다는 경우로 이러한 것들은 어디까지나 형(form)과 분류도(figure of classification)인 것으로 실제의 재해에 대해서는 ○표(요인)의 수와 관계라는 것이 무수히 변화하게 될 것이다.

연쇄형(form of chain)이란 우선 어떤 요인이 발생한다면 그것이 근원(origin)으로 되어서 다음 요인이 생기게 되고 또 그것이 원인으로 되어서 다음 요인을 일어나게 하는 것과 같이 요인이 연쇄적으로 하나하나의 원인을 만들어 가는 모양인 것이다.

이와는 달리 집중형(form of concentration)이란 재해가 일어난 장소에 그 어떤 시기에 일시적으로 요인이 집중하는 재해형태이다. 가령 운동장에서 야구선수들이 타격연습을 하고 있을 때 우연히 운동장 쪽으로 진입하는 외부인 즉 학교장의 출두요구에 학교에 막 들어오는 학부형의 예로써 야구선수들은 학부형이 운동장에 진입하는 것을 보지 못한 것의 요인(1), 학교장은 마침 운동선수의 타격연습시간에 학부형이 맞추어 오게된 요인(2), 학부형은 야구선수가 운동장에서 타격연습을 하는 것을 몰랐던 요인(3), 이런 여인들에 의해 학부형이 야구선수가 타격한 공에 의해 중상을 입었다. 이러한 스포츠 사고 사례는 (1)~(3)의 요인이 일시에 그 장소에 모여서 재해를 구성하고 있는 경우로 위에서 설정된 세가지 요인 중에 어느 하나가 빠지면 재해를 방지할 수 있다.

2) 도미노 이론

재해의 구성요인이 앞에서 설명한 바와 같이 시간적인 경과상에서 연쇄적으로 반응한 결과로 재해가 발생된다는 도미노 이론(theory of domino)은 하인리히가 최초로 설명하였다.

(1) 하인리히의 도미노 이론

하인리히는 안전사고에 대해 이론적인 설명을 함에 있어서 다섯 개의 체스장기의 말을 이용함으로써 도미노라는 표현을 사용했는데 그것은 <그림 1-5>와 같은 것이다.

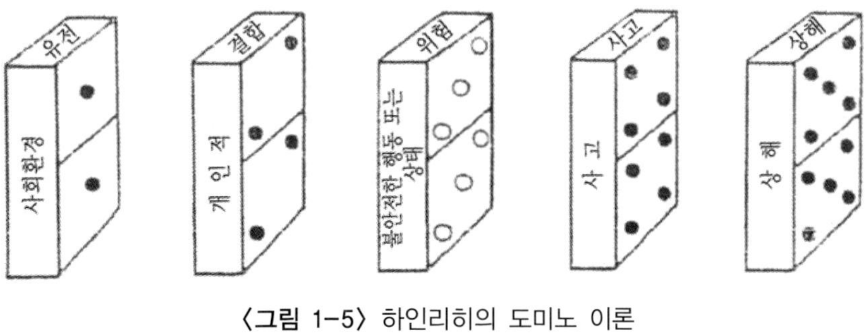

〈그림 1-5〉 하인리히의 도미노 이론

위의 그림 중 ①의 사회가정적 요소는 성격의 바람직하지 못한 특성을 개발하거나 교육을 방해할 수 있는 것으로 가정불화, 거친 성격, 사회적 부적응 행동 등이 있고, ② 개인적 결함은 개인적 결함요소로 건방진 태도, 지식부족, 격렬한 성질, 육체적 결함 등 유전되었거나 학습되어져 생긴 결정은 불안전한 행동 또는 기계물리적 위험의 존재에 가장 가까운 동기가 된다.

③ 불안전한 행동이나 상태는 인간의 난폭한 행동 등 인간의 불안전한 모든 행동과 불충분한 조명, 기계, 기후 등 기계적이거나 물리적인 위험은 직접적으로 사고를 초래한다.

④ 사고: 상해의 원인이 되는 추락, 타박 등의 사건

⑤ 상해: 사고로부터 직접적으로 기인되는 골절이나 열상과 같은 상해

이와 같은 5개의 요인은 어느 하나만이라도 배제함으로써 재해는 거의 일어나지 않을 것이다.

(2) 버드의 개선된 도미노 이론

하인리히의 도미노 이론을 개선한 것이 버드(Frank Bird)의 도미노 연쇄이론이다. 최근의 연쇄에 있어서 중요한 다섯 가지 손실관리인자는 <그림 1-6>에 묘사한 도미노의 순서대로 설명될 것이다.

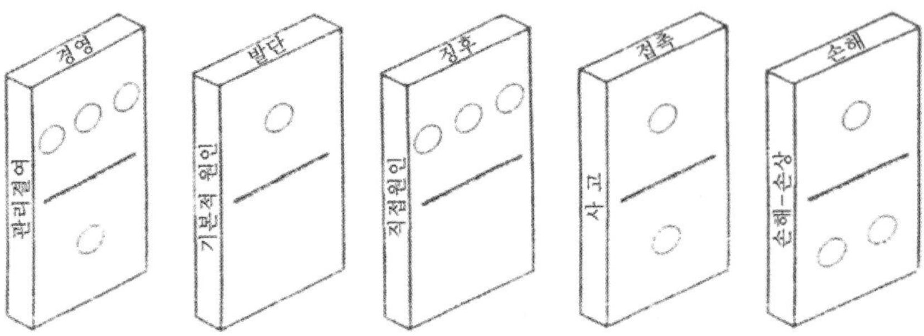

〈그림 1-6〉 버드(Frank Bird)의 도미노 연쇄이론

우선 하인리히의 도미노 이론이 개인에게 국한된 이론이라면 버드의 도미노 이론은 집단관리에 적용되는 이론이라 할 수 있다.

① 관리의 결핍 – 경영

여기서 관리라는 용어는 전문경영의 네 번째 기능(계획 – 조직 – 지도 – 관리)에 해당한다. 관리라는 용어는 일반적인 공정제어, 손실의 방지와 관련된다. 간단히 말하면 손실관리경영은 ① 계획에 있어서 현재의 계획 개발의 단계에서 요구된 결과를 위해 경영자가 고용해야만 하는 작업활동의 명확화(예를 들면 사고조사, 설비검사, 작업분석, 개인의 의사전달, 감독훈련, 고통과 선택 등) ② 명확화된 각 작업활동에 있어 수행을 위한 표준설정 ③ 설정된 표준에 의한 측정경영수행 ④ 현재의 계획을 향상이나 확장시킴에 따른 교정수행을 말한다.

산업현장에서 손실경영관리자는 강도가 낮은 모든 사고가 장기간에 걸쳐 계획성 없이 일어나기 때문에 관리경비를 투자하여 이를 최적으로 이용하기 위해 전문적 경영관리시스템을 적절히 이용해야만 한다. 이러한 시스템은 사고와 사건을 제어할 수 있는 신뢰성이 있어야 한다. 이때의 경영관리계획은 사고, 사건연쇄에 있어서 조직화된 손실관리대책을 포함해야만 한다.

② 기본적 원인 – 발달

손실관리시스템의 부재는 사고, 사건의 근본적인 원인과 관계되는 개인과 작업에 관계된 인자이다. 개인적인 인자는 지식이나 기술의 결핍, 부당한 동기, 신체적 정신적 문제를 포함하고, 작업인자는 부적당한 작업표준, 부적당한 구매, 비정상적인 사용이나 소모 등이다. 전문경영자는 이러한 근본적인 요인을 명확히 함으로써 효율적인 관리시스템을 설립할 수 있다.

③ 직접 원인 – 징후

이 요인은 사고 사건의 연쇄에 있어서 가장 중요한 인자로 예를 들면 권위없는 지시, 안전장치를 무시하는 것, 불안전한 위치를 택하는 것, 부적당한 지도, 소홀한 경비나 안전대책 등의 불안전한 시스템과 문제의 직접요소에 대한 적절한 대책을 체계적으로 세워야 한다.

④ 사고 – 접촉

사고란 원인론적 함축보다는 기술적인 면이 강하게 함축되어 있다. 접촉이란 용어는 정상적 신체과정을 방해하는 에너지의 근원적인 것으로 사고와 관련되어 환경적 보건, 화재손실, 관리훈련, 종합손실된 관리계획에 나타난다. 사고는 연쇄과정에서 접촉단계로 관계되어져 비낌, 휨, 희석, 강화, 표면수정, 분리, 차단, 방지, 흡수, 보호의 원리적용은 손실관리의 수단으로써 자주 사용되는 대책이다.

⑤ 상해 – 파손, 손실

연쇄의 인자에서 사용된 것으로서의 상해는 정신이상, 신경병뿐만 아니라 외형상의 상해와 질병이나 작업장 노출로 인한 조직적인 노력을 포함한 모든 개인의 신체적 해를 포함한다. 손상(damage)이란 용어는 화재를 포함한 모든 형태의 재산손해를 넓게 포함한다. 이는 개인의 교육, 재산, 신체적 손상에 있어서 신속한 응급조치와 회복, 재산손해의 경우에 있어서는 신속하게 회복시키는 행동과 구조, 훈련된 개인에 의한 화재소화를 포함한 화재장치의 활성화를 포함할 수 있다. 손실감소를 최종 목표로 하기 위해 연쇄의 마지막 단계에 접촉단계로써 언급하였다.

4. 위험상황과 사고발생의 원인

1) 위험상황

어떤 작업을 시작하여 끝날 때까지 아무런 장애없이 순조롭게 진행한다면 바람직한 일이나, 작업을 시작하다 보면 주변 환경이나 시설 및 자료를 취급할 경우 비정상적인 사람의 행동이나 정상에서 벗어나 이탈하는 상황이 되고 시간이 지남에 따라 안전성을 잃은 채 진행됨으로서 사고재해의 가능성이 예측되는 상태가 된다. 이러한 상태를 위험상황이라 말한다.

이러한 상황을 제거하려면 수시로 현장을 세밀하게 관찰하여 정상에서 벗어난 것과 또는 정해진 기준이나 규정이 잘 지켜지지 않고 버려 둔 상태가 있는가를 조사하여 빨리 정상 상태로 회복시켜야 하는데, 이 과정을 점검이라 한다. 위험상황을 수시로 점검하여 안전성을 확보해야 정상적인 목적을 달성할 수 있다. 사람들은 자기가 맡은 업무를 추진하다 보면 집중했던 의식이 그 초점에서 멀어져 희미해지거나, 분리되거나, 중단되거나, 그것에 대응력이 떨어지는 상태가 발생하여, 현존하고 있는 위험요소를 발견하지 못하고 지나쳐 버리는 경우가 발생한다.

즉 작업중에 잡담을 한다, 구두 뒤축을 꺾어 신고 다닌다, 소매 끝을 너덜거리게 단추를 빼놓았다, 회전하는 물체에 떨어진 부품을 꺼내려고 손을 넣는다, 일이 바빠서 급하게 뛰어다닌다. 무리한 자세로 조립되고 있는 제품을 눈을 가까이하여 본다, 허리를 비틀어서 물건을 운반한다, 허리를 굽혀 물건을 잡는다.

이상과 같은 상황은 위험이 항상 나타나 있고 예측되는 사고가 기다리는 상황이다. 인간은 행동을 하는 동안 주변 환경 조건에 따라 온도, 습도, 조명, 소음 등이 허용된 기준을 넘을 경우 불쾌감이나 신체기능이 떨어져 주위력을 지속하기가 어렵게 되고 착각을 일으키게 되어 점검을 잃어버리거나 장애물에 접촉하는 실수를 범하게 된다.

또 기기류의 표시 방법이나 조작방향이 인간의 심리적인 요건과 자연성이 합치되지 않아 판단의 혼란이나 잘못 판단을 하게 된다. 또 위험신호를 잊어버리고 이상한 행동을 갑자기 일으킨다. 자기의 관심을 작업외의 다른 곳에 몰두하며 작업할 때 위험상황의 감지가 안 된다. 이와 같은 부주의 현상이 위험상황을 부추킨다. 하지만 인간의 특성에 따라 이 같은 위험 상황이 대부분 인간의 실수에 의해서 만들어지거나 방치되고 있다.

이러한 위험상황을 막기 위해서 부주의를 만드는 원인을 파악하면 이에 대한 적절한 대책이 만들어 실천할 수 있도록 적절히 조치해야 한다.

(1) 의식수준 저하를 방지하기 위해서는 온도, 습도, 소음, 조도, 진동 등 물질적 환경조건 범위를 적절하게 유지하고 작업시간중에 일정한 휴식을 할 수 있도록 하여 피로를 줄이며, 연속작업시 위험상황을 제거해야 한다.

(2) 의식혼란에 대한 대책은 인간이 조작할 기계나 설비를 인간의 능력이나 특성에 맞도록 설계, 제작하여 인간이 실수를 해도 기계자체에서 안전하게 해결될 수 있는 방법의 구상을 도입한다.

(3) 의식중단에 대한 대책은 고혈압, 심장질환 등 지병을 가지고 있는 사람을 위험작업에서 제외시키거나, 작업자의 신체적 특성이나 정신적 특성을 평가하여 그 특성에 맞는 직무를 제공한다.

(4) 의식을 우회시키기 위하여 눈으로 확인하는 점검을 철저히 해야 한다. 부하의 작업자의 표정, 안색, 행동 등을 살펴 상대의 생리적, 심리적 특징을 파악한 뒤 적절한 지도, 조언을 한다. 안전 카운셀링이나 대화를 통해 작업자의 고충을 해소시켜 주어야 한다. 위험상황을 사전에 제거함으로써 사고로 이어질 수 있는 상황을 없앨 수 있고, 작업자의 행동도 올바르게 지도함으로써 안전이 확보되게 될 것이다.

2) 사고발생의 원인

사고는 반드시 어떤 원인이 있기 때문에 일어난다. 이와 같은 필연적인 인과관계를 잘 파악하여 어떠한 원인이 사고를 일어나게 만들었는가를 알아야 한다. 사고를 일으키는 이러한 원인은 과학적인 기법으로 추적하여 찾아낼 수 있다. 예를 들면 "정해진 것이 지켜지지 않아 사고가 발생했다"면 왜 알고도 정해진 것이 지켜지지 않는가를 추적하면 "바쁘기 때문에 지키지 않았다". "그 정도는 괜찮을 것이다" 등의 이유를 들게 된다. 위험에 무뎌지면 습관화되어 표준상태가 무시되어 사고가 발생한다는 사실을 알게 된다. 이 작은 문제가 중대재해라는 큰 문제로 이어진다.

사람은 이미 정해진 것에 대해서 저항감을 느끼고 자기와는 관계가 적은 것으로 생각해 버린다. 따라서 "정해진 것을 지켜라"는 명령조보다 "정해진 것은 반드시 지킨다"는 자율의식을 실천하는 협력을 하였을 때 이해하고 마음의 동요를 억제하지 않으면 자기에게 손해가 된다는 사실을 깨달아 스스로가 지키고 실천하겠다는 의지를 가져야 할 것이다. 위험에 무뎌진 사람이 사고를 일으키게 되면 경험이 적고 위험에 무디지 못한 사람이 일으킨 것보다 큰 사고가 발생된다. 이것은 위험에 무디므로 자신의 자만에 빠져 엉뚱한 행동을 순간적으로 하게 되기 때문이다.

사고가 일어나는 원인은 크게 네 가지로 나누어 볼 수 있다. 천재지변 등 불가항력적인 것과 물적인 시설상의 문제가 되는 것으로 사람의 행동이 불안전하여 설비상에는 전혀 문제가 없는 상태에서 행동의 잘못으로 일어나는 경우, 불안전한 행동과 불안전한 시설이 복합적으로 엉겨서 일어나는 경우가 있다. 그러나 이러한 원인은 여러 가지 원인이 시간이 지남에 따라 직접적인 원인이 되기도 하고 간접적인 원인이 되어 일어나게 되기도 한다.

(1) 불안전한 상태 요인

가해물이 불안전하게 되어 있는 상태를 표시하는 것으로 가해물의 위험한 배열, 설비자체의 결함, 강당, 체육관, 운동장, 실습장, 장치의 결함, 보호구 복장 상태 결함, 부적당한 조명, 부적정한 배기, 과다한 소음, 교실 결함, 경계표시의 결함 등을 들 수 있다.

(2) 불안전한 행동 요인

금지되어 있는 사항을 어겨서 행동으로 나타나는 원하지 않은 행동이다. 경고 또는 안전지시 무시나 미준수, 안전장치를 허가없이 제거, 감독이 철저하지 못함, 위험한 장소에의 접근, 기계장치의 용도외 사용, 기계 운전중 주유, 수리, 점검, 고의로 위험상태 만들기 등이 여기에 속한다.

위험 상태를 보고도 방치하거나 불안전하게 쌓아 놓거나, 장난, 잡담, 안전 보호구 복장을 적용하지 않는 등의 원인이 있다.

(3) 불안전한 개인적 요인

본인 또는 타인의 육체적 정신적 성격에서 나타나게 되는데, 사고 발생시는 간접 원인에 속한다. 이러한 인적 요소는 선천적인 요소와 후천적인 요소로 나누는데, 선천적인 요소는 주로 정신적인 기능의 결함에 속하는 것으로 지능, 성격, 판단 등으로 나타나며, 후천적인 요소로는 불량한 태도, 불충분한 지식, 미숙한 기능, 기량, 능력이 이에 속한다. 이러한 개인적인 요소가 원인이 되어 직접 불안전 행동으로 나타나게 된다.

(4) 가정환경, 유전, 사회적 요인

가정에서 부모들이 가정교육을 잘못시켜 나쁜 습관이 잘못 지도된 비정상적인 태도나 습관이 일어날 잠재요인이 있다든지, 가정의 나쁜 유전인자가 작용하여 정신적, 육체적으로 개인적 요인을 연계시킨다든지, 그 가정이 속한 사회환경적 요소가 성장과정에 개성을 바르지 못하게 육성시키는 기초 요인이 된다면 불안전한 행동의 기본이 된다.

5. 사고예방의 원리

1) 재해 예방의 원칙

재해를 예방하기 위해서는 4가지 원칙이 있다.

(1) 인재는 원칙적으로 예방이 가능하다. 재해가 발생하기 전에 미연에 예방하는 데 중점을 둔다. 따라서, 인재의 발생원을 조사하고 위험성 물질의 적정 관리가 필요하다. 안전은 사전 예방 대책에 중점을 두고 관리하여 재해 요인이 될 가능성이 있는 것을 미리 제거시켜 예방 할 수 있는데, 이것이 예방 가능의 원칙이다.

(2) 재해는 사고로 인한 피해로 손실을 발생시킨다. 배관에서 가스가 누출되거나 분출되어 화재 폭발이 일어나면 많은 손실이 생긴다. 손실은 사망, 상해 등 인적 손실과 원자재, 반제품, 완제품의 손실, 오손 설비의 파괴 등 물적 손실이 있는데 이러한 손실과 재해는 우연히 일어나는 경우도 있다. 이것이 손실 우연의 원칙이다.

(3) 사고는 필연적인 원인이 있어서 발생한다. 사고와 손실은 우연히 있을 수 있지만 사고의 원인은 필연적이다. 여러 가지 원인들이 복합적으로 서로 연계하여 결정적인 순간에 사고가 발생한다. 사고는 직접 원인에 의하여 발생되고 직접 원인은 간접 원인에 의해서 발생되는 계기가 된다. 간접 원인에는 기술적 원인, 교육적 원인, 신체적 원인, 정신적 원인, 관리적 원인이 있는데, 이중에 어느 것이 연계되어 사고가 일어나는 계기가 되고, 이 요인은 학교 교육적 원인이나 사회적, 역사적 원인이 계기가 되고 있다. 이것이 원인 연계 원칙이다.

(4) 재해가 발생하는 것을 제거하려면 일어나기 전에 대책을 적절하게 선택하여 사고가 발생되지 않도록 해야 한다. 여러 가지 원인의 대책으로 기술적 대책 또는 공학적인 대책이 있는데, 여기에는 교육적 대책, 관리적 대책 또는 규제적 대책이 있다. 이것들 중에 가장 적절한 대책을 선정하고 선정된 대책은 신속하게 시기를 놓치지 않고 확실하게 실시해야 한다.

재해를 예방하기 위해서는 이상과 같은 원칙을 적절하게 활용하여 <그림 1-7>과 같은 재해예방 계획을 수립하고 실시하는 종합적인 안전대책이 요구된다.

단계	내용	방법
제5단계	개선방안의 적용	기술, 교육, 단속
제4단계	개선방안의 선정	기술적 개선, 교육훈련
제3단계	원인분석	직접원인, 간접원인
제2단계	사고발생 요인의 발견	조사 및 안전점검
제1단계	조직의 구성·운영	안전관리자, 안전담당자

〈그림 1-7〉 재해예방 원칙

2) 위험요소의 발견과 분석

사고는 반드시 어떤 원인이 있어서 발생된다. 그러면 발생하는 원인이 무엇인가를 정확히 찾아서 분석하지 않으면 위험요소를 제거시키지 못하므로 연속적으로 재해의 싹이 트게 된다. 그 원인이 인적인 불안전 행동요소인지, 물적인 불안전 상태인지, 이것을 둘러싼 복합적인 환경에 있는지 등을 면밀히 검토하여 대책을 세워 실시해야 한다. 사고가 일어날 수 있는 문제점이 왜 생기는지를 6하 원칙에 의해서 자문 자답하면 근본적인 문제로 집약될 수 있고, 이것을 반대로 생각하면 대책을 착안할 수 있다.

분석은 과학적인 기법의 활용이 필요하다. 이 분석은 항상 왜라는 의문점을 가지고 열의와 신념으로서 근본적인 원인을 찾아 제거시키는 노력이 필요하다. 임기 응변식 위험 발견은 오래 가지 못하고 효과도 없기 때문에 계획적이며 치밀하게 검토하여야 한다. 사고의 원인으로는 작업관리가 나쁘다, 작업방법이 나쁘다, 작업배치가 부적당하다, 안전기준이 없거나 있어도 무시한다, 무리한 생활습관이 있다 등의 인적 원인과 시설결함이 있다, 정리정돈이 안 된다, 보호구가 미비하다, 주변 작업환경이 나쁘다 등의 물적 원인으로 집약이 된다. 따라서 이에 따른 적절한 방법이 제시되도록 해야 한다.

안전에 대한 과학적 분석 방법은 다음 5단계로 추적해간다.

제 1단계는 사실을 올바르게 파악한다.

제 2단계는 원인을 조사하고 생각한다.

제 3단계는 사실에 비추어서 요인을 검토한다.

제 4단계는 대책을 생각하고 검토한다.

제 5단계는 결정된 대책을 철저히 지키고 실행한다.

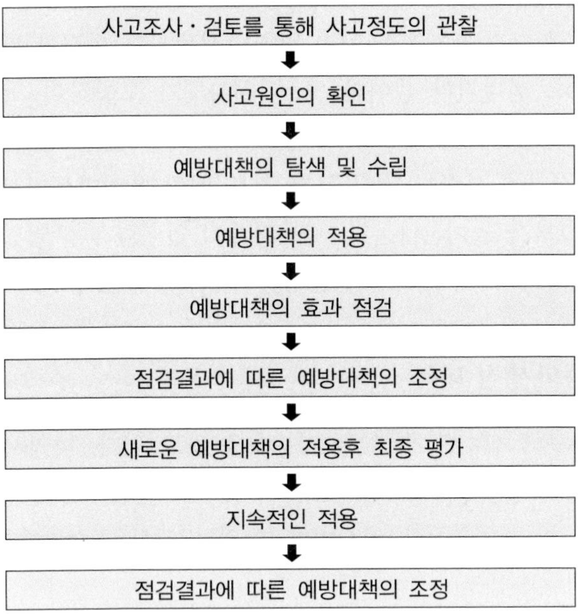

〈그림 1-8〉 안전사고 예방의 관리절차

<그림 1-8>과 같이 표준화된 안전사고 예방의 관리 절차를 통해 그 원인을 파악해서 규명하고 대책을 세워 적용시키며, 이를 모든 조직원들에게 교육하고 이해시키고, 납득시켜 자발적 의지를 가지고 실행에 옮기도록 지도해야한다. 지속적인 적용과 이에 따른 점검으로 미흡한 부분을 보완하고 그 결과를 반성하여 반복시키는 과정을 통하여 안전을 확보할 수 있다.

3) 기계, 기구의 안전화 교육

안전을 확보하기 위해서는 생산의 도구가 되는 기계설비의 근본적인 안전화가 필요하다. 사람이 잘못 조작하여도 기계의 위험이 제거될 수 있는 시스템이 되도록 설계 단계부터 안전성과 신뢰성을 검토하여 안전이 확보되도록 해야 한다. 예를 들면, 세탁기 뚜껑을 열면 작동이 중지되도록 리미트 스위치를 부착하고 사람의 손이 위험부분에 들어가면 기계가 멈추도록 한다거나(프레스 안전 장치), 선풍기가 회전할 때 손을 가져가면 멈추도록 한다거나 등이다. 또 기계자체가 오동작이 되어도 그 기계에서 위험이나 사고로 이어지지 않도록 2중3중 안전조치를 취할 필요가 있다. 승강기에 사람이 많이 타면 경보 벨이 울린다든지 문이 닫히지 않는 경우 경보가 들어온다든지, 자동기계에 안전덮개를 열면 기계가 멈추고 경보등이 들어와 조작이 멈춘다든지 등의 안전 장치가 그 예이다.

4) 안전 행동의 촉진 대책

인간은 누구나 실수할 수 있는 가능성을 갖고 있다. 따라서 안전에 관한 교육을 통해서 많은 새로운 정보를 공급하고 안전하게 실행할 수 있는 능력을 길러 안전 기능을 숙련시키며, 안전한 의식을 습관화시켜야 한다.

6. 안전교육

1) 안전교육의 필요성

안전(Safety)은 먼저 사고(Accident)에 관한 문제에 대한 중요성과 함께 사고방지 프로그램의 필요성을 반드시 이해하여야 한다. 따라서 안전교육을 통해 사고형태에 따른 대략적인 사망 및 부상자의 수, 사고로 인한 비용 등 피해정도와 사고의 원인을 파악할 수 있고, 이를 토대로 안전 프로그램과 안전조직을 구성하여 각 조직의 전문적인 역할을 부여할 수 있다.

항상 어떤 행동의 실행에 있어서 동반되는 위험이 있을 것인데, 위험성이 크면 안전도가 적고 반면 안전도가 크면 위험성이 적다. 과학자들과 안전 조사자들이 이러한 위험의 가능성 및 사고를 측정할 수는 있지만 한 개인의 안전에 수반되는 모든 요소들을 조절할 수는 없다. 예를 들어, 어떤 사고에서 생존자는 사망자와 같은 위험에 처하였으나 차이점은 생존자들은 위험을 극소화시키려고 시도하기 때문에 그 결과가 일반적으로 좋다는 사실에 비추어 볼 때, 같은 상황을 적당히 조절하거나 위험을 감소시킴으로써 그들은 가능한 한 보다 적은 비용으로 가장 큰 이익을 얻을 수 있었기 때문에 안전교육이 필요한 것이다.

따라서, 안전교육을 받은 사람은 사고를 예견할 수도 있고 방지할 수도 있는 것으로 간주할 수 있다. 사고에 대한 이해와 지적인 적용은 안전교육을 받은 사람들에게서 위험의 잠재성을 줄일 수 있는 것이다. 안전교육의 역할은 개개인의 안전지식을 확대시키는 것에 있다. 이를 통해 비의도적 행동을 줄임으로써 위험을 피할 수 있는 가능성과 기대를 높이는 것으로써 잠재적인 사고를 감소시킨다는 점에서 안전교육은 매우 중요하다.

2) 안전에 영향을 주는 요소

어느 누구도 절대적으로 위험으로부터 자유로울 수는 없다. 일상생활은 우리에게 잠재적인 위험을 주고 있다. 예를 들면 길을 건너는 것, 차를 운전하는 것, 계단을 올라가는 것, 이 모든 것이 위험을 수반한다. 위험을 줄이고 안전 실행활동에 필요한 4가지 요인은 아래와 같다.

첫째, 행동자, 실행자의 활동자체의 어려움의 이해

둘째, 행동자의 능력수준

셋째, 행동자의 직접적 및 간접적 상태

넷째, 환경 및 분위기

위의 네 가지 요소들은 서로 연관되어 있으며, 만약 이 요소의 어느 하나라도 조절될 수 없다면 실행자는 위험에 처하게 된다.

3) 안전교육의 요소

안전 교육은 개인의 위험을 적게 줄임으로써 안전도를 최대한으로 갖게 하는 지식, 태도와 기술에 대한 교육으로 사고방지의 기초단계에 효과적인 방법이다. 근대에 들어와서는 사고의 형태, 개인의 피해와 상해 비용에 관련된 통계적 정보, 그리고 추정된 원인들을 종합하여 안전대책을 수립함으로써 확실히 안전문제영역을 인식하는 데 도움을 준다.

현실적으로 안전에 대한 교육의 필요성이 증가되고 있다. 안전교육을 통해 개인이 불안전한 상황에 처할 때 일어나는 긴장과 압박에 대해 진정한 해결의 실마리를 풀어줄 수 있기 때문에 안전훈련은 각 개인에게 행해져야 한다. 이러한 안전교육은 가정, 직장, 학교, 그리고 사회환경을 포함하는 모든 상황에서 위험과 안전에 관한 새로운 지식과 대처 방법을 제공할 수 있을 것이다.

안전교육은 세 가지 요소들로 구성된다.

(1) 지식은 잠재적 사고와 문제 영역에 대한 인식을 가지게 한다.

(2) 태도는 사람에게 행동변화를 하게 하며 잠재적 가치를 판단하도록 한다.

(3) 기술개발은 개인이 여러 가지 상황하에서 조리있고 안전하게 행동하도록 한다.

안전한 삶을 위해 각 개인이 학습해야하는 것은 일상생활에서 만나게 될 많은 위험을 이해하고, 환경에 적절히 적응하게 하는 태도를 개발하며, 또 잠재적인 위험상황을 이겨낼 수 있도록 하는 기술을 연마하는 것을 포함한다. 이 과정을 통하여 끝없이 다양한 환경에서 자기 자신을 보호하는 일반적인 습관을 얻을 수 있을 것이다.

안전교육을 받지 못한 사람은 위험한 상황을 알지 못하거나 그 구성요인을 지각하지 못하며, 또는 그 상황이 위험하다는 것조차 모를지도 모른다. 불안전한 조건이나 상태 그리고 행동들을 인식하지 못함으로써 어떤 사람은 위험을 한번도 깨닫지 못한 채 수많은 잠재사고를 경험하게 될 수도 있는 것이다.

그러나 안전에 대해 교육을 받은 사람은 안전을 인식하고 제거해야 할 위험한 요소가 어디에 있는지를 알기 때문에 이 사람은 불안전한 환경과 인적요인을 예상할 수 있어서 불안전한 많은 상황을 피할 수 있게 된다. 따라서 지식, 적절한 기술, 그리고 바람직한 태도 등 안전교육의 세 가지 요소가 그 사람으로 하여금 안전한 대처를 실행할 수 있게 하는 것이다.

4) 안전교육의 인식

사고란 복합적일 때 불안전한 상황이 되는 것이다.

첫째, 불안전한 조건이란 사건이 일어나고 있는 환경적인 것이다. 예를 들면 비오는 날씨 또는 복잡한 고속도로이다.

둘째, 불안전한 사건이란 예상 밖의 외적 요소의 발생이다. 예를 들면 폭발이나 갑자기 차앞에 다가서는 무책임한 운전자들이다.

셋째, 불안전한 상태란 인간의 육체적, 감성적, 심리학적인 고통의 총집합이다. 깊이 없는 인식, 분노, 화내는 것, 그리고 신경정신적 경향이 그 예이다.

넷째, 불안전한 행동이란 목적 지향적 자극에 대한 개인의 행동적 반응이다. 과속으로 차를 모는 것으로 설명될 수 있다.

모든 불안전한 행동은 불안전한 상황을 만드는 내부작용이다. 불안전한 상황은 복합적인 내부행동의 결과이다. 모든 불안전한 상황에서 그 상황의 발생을 결정지어주는 결정의 순간이 있다. 이때 위험순간을 피한다는 것은 위험상황과 그 사건 발생사이의 이용 가능한 시간의 함수이다.

한 사람이 적절한 손상을 입기 전에 다행히 사고 상황을 피할 수 있을 때 좋은 결과가 일어난다. 위험상황에 대한 지식은 설정될 수도 있고 강화될 수도 있다.

잠재적인 사고를 경험한 안전교육을 받지 못한 사람은 위험한 상황을 알지 못하거나 그 구성요인을 지각하지 못한다. 또는 그 상황이 위험하다는 것조차 모를지도 모른다. 불안전한 조건, 사건, 상태 그리고 행동들은 인식되어지지 못하는 것이다. 어떤 사람은 위험을 한번도 깨닫지 못한 채 수백번의 잠재사고를 경험하게 될 것이다.

안전교육은 사고방지의 기초단계에 효과적인 방법이다. 안전에 대해 교육을 받은 사람은 안전을 인식하고 제거해야 할 위험한 요소가 어디에 있는지를 안다. 이 사람은 불안전한 환경과 인적요인을 예상할 수 있어서 불안전한 많은 상황을 피할 수 있게 된다. 지식, 적절한 기술, 그리고 바람직한 태도가 행동을 할 수 있게 해준다. 따라서 피할 수 없는 환경은 잘 발생하지 않는 것이다.

안전한 삶을 위한 학습은

(1) 매일의 생활에서 만나게 될 많은 위험을 이해하는 것

(2) 환경에 적절히 적응하게 하는 태도를 개발하는 것

(3) 잠재적인 위험상황을 이겨낼 수 있도록 하는 기술을 연마하는 것을 포함한다.

이 과정을 통하여 학생들은 그들을 보호해 주는 특정의 습관뿐만 아니라 끝없이 다양한 환경에서 보호하는 일반적인 습관을 얻어야만 한다.

제2장

교통안전

1. 운전과 인간 특성
2. 안전운전 요령
3. 차량 운행 및 관리 요령
4. 자동차 고장시 응급처치
5. 교통사고 발생시 조치 절차

1. 운전과 인간 특성

대부분의 교통사고는 운전자의 과실에 기인하고 그 과실의 근본은 운전자로서의 조건의 결여에 있다. 안전운전을 위해서 운전자는 심신이 건강해야 하며, 시각, 지각과 반응동작이 균형있게 일치할 뿐만 아니라 자기 억제력이 강하고 주의집중 능력이 있어야 한다.

운전적성이란 운전에 적합한 시력, 청력, 운동능력, 정신적 판단능력 등을 골고루 갖추어 교통정보에 대하여 신속·정확한 인지와 인지된 정보를 분석·종합하여 정확한 판단과 신속한 조작으로 이어지는 과정에 적합한 능력을 소지한 것을 말한다. 운전적성과 밀접하게 관련된 특성은 반응특성, 시각특성, 성격특성, 피로와 운전행위 등을 들 수 있다.

1) 반응특성

운전자의 감각수용기(눈)를 통하여 입수된 위험상황에 관한 정보에 대응하는 행동은 운동기관(손, 발)이 동작(브레이크)을 시작함으로서 개시되며, 이때 운동기관의 동작이 완료되기까지의 시간을 반응시간이라 한다. 운전자의 반응은 보통 돌발사태에 대응하여 브레이크를 밟는 시간(눈과 발의 반응시간)으로 측정한다.

반응시간은 자극을 주는 감각의 종류, 신체부위에 따라 달라지며, 반응을 일으키기 전에 판별을 필요로 하는 자극 수에 따라 선택반응시간이 다르기 때문에 자극이 복잡해질수록 반응시간은 길어진다. 또한, 반응시간은 제시된 자극의 성질에 따라 다르게 나타나고, 자극의 강도에 따라 약간의 차이가 있다. 연령과 성별에 따라 차이가 있어서 어린이, 고령자, 여자 등은 반응시간이 길다.

한편 피로, 음주 등이 반응시간의 길이를 길데 한다. 음주의 경우 위스키 60ml정도의 소량에서는 오히려 반응시간이 짧아진다. 그러나 이 경우 착오반응수가 늘어남으로서 치명적인 위험요인이 수반된다.

2) 시각특성

운전은 약 90%가 시각에 의존하기 때문에 시각은 운전자로서의 가장 훌륭한 신체상의 요건으로 다음과 같은 점이 중요시된다.

(1) 정지시력

정지한 상태에서 물체를 볼 수 있는 시력을 「정지시력」이라 한다. 한 곳을 주시하면 주시점의 물체는 뚜렷하게 보이나, 주시점에서 2도를 벗어나면 시력은 1/2로, 10도를 벗어나면 1/5로 줄어들어 주시점 이외의 다른 곳은 부주의 상태가 되므로, 운전중에는 한곳을 오래 주시하지 말고, 전방을 넓게 고루 살펴보아야 한다.

(2) 동체시력

주행 중 운전자의 시력을 동체시력이라고 한다. 동체시력은 자동차의 속도가 빨라지면 그 정도에 따라 점차 떨어진다. 또한 동체시력은 개인차가 있어서 20대보다 30대가 즉 연령이 많아질수록 저하율이 크다. 같은 개인에 있어서도 피로하게 되면 저하하게 된다. 일반적으로 동체시력은 정지시력에 비해 30%정도 낮다.

(3) 야간시력

야간운전이 주간운전보다 어렵다는 것은 누구나 동감하는 사실로 야간시력은 일몰전에 비하여 약 50% 저하된다. 이는 우리 눈의 망막상에 있는 추체와 간체라고 하는 세포의 기능 차이에 의한 현상으로 추체는 낮에 활동하고 간체는 야간에 활동함으로써 일몰시에는 양쪽의 세포가 다같이 제기능을 발휘하지 못하기 때문에 발생한다.

(4) 암순응과 명순응

밝은 장소에서 어두운 곳으로 들어가서 눈이 익숙해져서 시력을 회복하는 것을 암순응이라고 하며 반대의 경우를 명순응이라 한다. 암순응에 걸리는 시간은 일반적으로 명순응에 걸리는 시간보다 길어서 완전한 암순응에는 30분 혹은 그 이상 걸리기도 한다. 따라서 급격한 명암의 변화는 순응에 장애를 일으킨다. 특히 암순응은 교통의 실제장면에서 명순응보다 많은 장애를 일으킨다.

예를 들면, 고속도로의 터널입구 부근은 비록 터널내가 100룩스 정도의 조명이라도 일만룩스에서 100룩스 내외로 옮기는 명암의 차에 눈이 순응되지 않아 10초 전후에 이르는 시각장애를 일으켜 사고의 원인이 된다. 이에 반하여 터널에서 나올 때의 시각장애는 1초 전후이므로 별로 문제될 것이 없다. 이러한 시각장애를 방지하기 위해 터널입구, 지하보도 입구부에 조명시설이 설치되어 있는 것과 「터널내 점등운행」을 운전자에게 환기시키고 있는 것도 이 때문이다.

(5) 시야

정지한 상태에서 한 물체에 눈을 고정시키고 양쪽 눈으로 볼 수 있는 좌우의 범위를 시야라고 한다. 정상적인 시력을 가진 사람의 시야는 180도~200도 정도이다. 한쪽 눈의 시야는 좌우 각각 160도 이다. 그러나 색채를 식별할 수 있는 범위는 약 70도 이다.

(6) 주행시 공간

주행시공간의 특성주행 중 운전자의 시각은 정지상태에 비하여 여러 가지 특성을 지니고 있다. 운전자 주변의 경치는 끊임없이 이동(변화)한다. 가까운 거리에 있는 대상물일수록 급속히 이동하는 것처럼 보이며 중간 정도의 거리에 있는 것은 조금은 확인되지만 한번 놓친 것은 주행중 다시 보기 힘들다. 먼 대상물만이 움직이지 않고 천천히 바라볼 수 있다.

운전자는 고속도로에서 300m~600m 전방에 주시점을 두고 운전한다. 고속운전이 될수록 주시점은 멀어진다. 이것은 멀리서부터 교통상황을 인지하고 만일의 긴급사태에 단 1초의 여유라도 더 가지고 대처하라는 자연스런 운전자의 심리의 결과이다.

(7) 색각

교통공학에서 색채조절의 의미는 안전표지, 노면표지, 안내판 등의 시인성과 식별력을 향상시키는데 있으며, 색채가 갖는 심리적 생리적 효과에 의해서 안전의식이 향상, 기분의 전환, 진정감을 갖게 할 수 있다.

가장 멀리에서 약한 빛으로 알아보기 쉬운 색광은 적－녹－황－백색의 순이며, 표면색을 읽기 쉬운 것은 흑/황, 녹/백, 적/녹, 청/백, 흑/백색의 순이다(사선의 윗 부분은 표면색, 아랫부분은 바탕색). 전체적으로 적/황색이 주의를 가장 잘 환기시킨다.

특히 색의 혼합, 농도, 명도의 식별능력을 말하는 색맹에는 적록색맹, 황청색맹, 회색의 농담밖에 보이지 않는 전색맹 등이 있는데, 적・황・녹색을 분별할 수 없으면 신호등을 볼 수 없으므로 위험하다.

3) 성격특성

「운전은 그 사람의 성격을 반영한다」는 말이 있다. 확실히 이와 같은 측면이 강하게 나타난다. 침착한 사람은 침착하게 운전을 하고, 성급한 사람은 성급하게 운전을 하기 마련이다. 가령 성급한 사람인 경우에는 속도가 빨라지기 마련이고, 추월이 많아지게 될 뿐만 아니라 틈만 생기면 앞지르기를 서슴치 않으며 1초만이라도 앞서고자 안간힘을 다한다. 결국 언젠가 사고와 직면하게 될 수도 있는 것이다.

사람에 따라서는 아주 성급한 성질을 지니면서도 운전석에 앉기만 하면 낚시꾼 모양으로 느긋해지는 사람도 없는 것은 아니나 일반적으로 그렇지 못한 경우가 대부분이다. 무엇 때문에 그렇게 서둘러야 하는지 운전자의 심리상태를 이해하기 곤란해지는 경우가 매우 많다. 사고다발자의 성격은 타인을 생각하지 않고 싸움을 하려고 하는 일촉즉발의 운전자가 많으며, 적극적이기는 하지만 내적 자기통제가 약하고 반항심이 강해서 불만을 갖기 쉽다는 것이다. 이에 반하여 우수운전자의 성품은 온후하고, 따뜻한 정이 들고, 남과 다투기를 좋아하지 않고 협조적이며, 주위를 융화하는 태도의 사람이 많고, 세심하고 주의 깊으며 직업의식에도 철저하고, 향상을 위한 노력을 하고, 사물을 냉정하게 객관적으로 관찰하고, 자기의 결점을 잘 알고 있으며 진실하고 착실하며 머리를 숙일 줄 안다.

이를 정리해 보면 안전운전에 필요한 성격은

- 안전에의 의식 : 사람의 생명에 대한 존엄성이 뿌리 박힌 신중성
- 상호성 : 보행자나 다른 차량에게 길을 양보해주는 겸허한 성품을 지니고 타인과 좋은 인간관계를 만드는 협조적인 성품
- 안정된 정서, 평정한 태도 : 자기의 감정을 억제, 통제 할 줄 아는 능력과 성품을 갖고 환경에 지배되지 않는 자주성
- 일에 대한 애정, 생활에 대한 즐거움을 갖고 운전을 좋아하며 이를 자랑으로 알고 책임을 느낄 줄 아는 성품 등을 들 수 있다.

4) 피로와 운전행위

운전작업에 있어서 "인지→판단"의 작업은 운전자들에게 정신적 피로를 유발시키고, 자동차의 "조작"은 육체적 피로를 느끼게 한다. 이 밖에도 한정된 공간과 앉은 자세에서 계속적으로 손과 발만을 사용하게 되므로, 차량을 조작하는데서 오는 피로와는 또 다른 육체적 피로를 느끼게 된다. 이와 같이 운전작업에서 오는 피로는 운전자의 운전작업에 상당한 영향을 미치게 된다. 즉 정신적 피로는 감각이나 지각이 감퇴·둔화되어서 인지의 부족으로 판단착오를 일으키게 되고, 그것이 심해지면 감각기에서 중추로 가는 자극이 적어지게 되어, 의식이 저하되고 수면상태로까지 빠지게 되는 것이다.

육체적 피로가 운전작업에 미치는 영향으로서는 근육의 피로가 쌓이게 되면 신체기능이 저하되어, 유사시 동작이 제대로 되지 않아 작업능률이 떨어지게 되고 나아가서는 교통사고의 요인이 되기도 한다. 이와 같이 피로는 잠재적 사고라 할 수 있는 "운전자의 잘못", "주의력 집중의 편재", "외부의 정보를 차단하는 졸음" 등을 발생시켜 결국 직접적

사고를 유발하는 요인이 된다. 피로로 인하여 사고가 발생하는 과정을 그림으로 나타내면 다음과 같다.

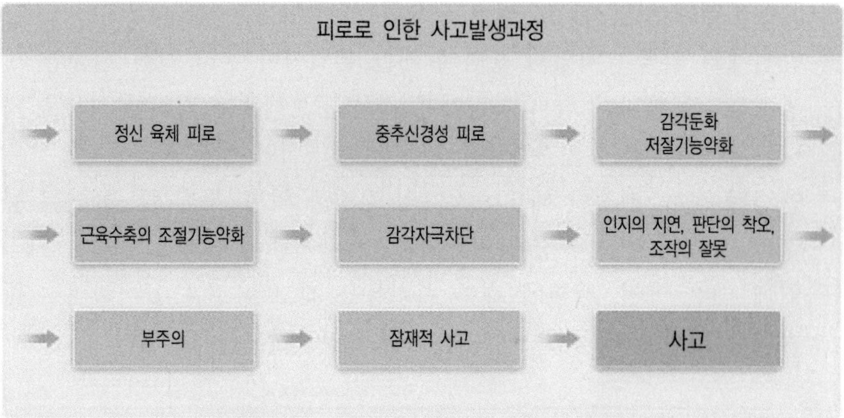

〈그림 2-1〉 피로로 인한 사고발생과정

❑ 장거리 운전시 조치 사항

장거리 운전 등을 할 때에는 다음의 조치를 하여, 주의력의 저하와 피로를 방지하는 것이 좋다.

- 출발전에 충분히 휴식을 취한다.
- 운전 중에는 눈을 계속 움직인다.
- 과식하거나 알콜 성분이 들어 있는 음료수를 마시지 않는다.
- 차창을 열어 차내에 신선한 공기를 소통시킨다.
- 2시간 정도 계속 운전한 뒤에는 반드시 5~10분간 휴식을 취한다.
- 출발 전에는 충분히 휴식을 취한다.

❑ 음주가 인체에 미치는 영향

특히, 음주는 피로를 유발하는 중요한 요인으로 작용하는데, 음주가 인체에 미치는 영향을 살펴보면 다음 표와 같다.

〈표 2-1〉 주취 증상과 인체에 끼치는 영향

구분	음주량	혈중농도(%)	증 상
미취	소주 약 2~5잔	0.05~0.15	- 기분이 좋아서 결단이 빠르나 오판하기 쉽다. - 안면과 경부의 피부가 충혈 된다. - 침착성이 없어진다. - 이 정도의 취기는 오히려 능률이 향상되는 것으로 느끼나 사실은 운동신경이 저하되고 있다. - 혈액중의 알코올 농도 0.05%의 경우 반응시간은 정상시의 2배이고 0.1%가 되면 4배가 된다.
경취	소주 약 6~9잔	0.15~0.25	- 자기 자신이 술에 취했다는 것을 알게 된다. - 기분이 극히 좋아지고 쾌활해지며 운동신경이 마비되어 비틀거리게 된다. - 말이 다소 흐려지고 화제가 자주 변하게 된다. - 감각이 둔하게 되며 작은 상처를 입어도 모르게 된다. - 주의력이 산만하고 판단력이 둔하기 때문에 운전사고를 내기 쉽다.
심취	소주 약 10~13잔	0.25~0.35	- 운동신경의 마비가 극심하며 보행이 자유롭지 못하다. - 언어는 전혀 알아듣지 못하게 된다. - 여러 가지 신체적 반사작용이 현저하게 저하된다. - 신체적 마비로 의식이 점점 흐려진다.
만취	소주 약 14잔 이상	0.36% 이상	- 장소를 가릴 것 없이 아무데나 쓰러지게 되고 혼수상태에 빠진다. - 근육의 힘이 빠져 중심을 잃게 된다. - 대·소변을 함부로 하게 된다. - 호흡이 완만해지고 체온도 떨어진다. - 때에 따라 호흡이 곤란해지고 방지하면 사망한다.

〈표 2-2〉 음주 단속 기준

혈중알콜농도	형사처벌	내용(벌금)	행정처벌
0.05~0.09%	형사입건	50만원~1백만원	100일정지, 벌점100
0.10~0.15%	형사입건	50만원~1백만원	면허취소, 벌점100
0.16~0.25%	형사입건	1백만원~2백만원	운전면허취소
0.26~0.35%	형사입건	2백만원~3백만원	운전면허취소, 2년간 면허취득자격정지
0.36% 이상	형사입건(구속)	2년이하의 징역	운전면허취소
0.05%이상에서 인사사고 났을 때	형사입건(구속)	2년이하의 징역	운전면허취소
음주측정불응	형사입건	형사입건	운전면허취소

2. 안전운전 요령

1) 운전자세

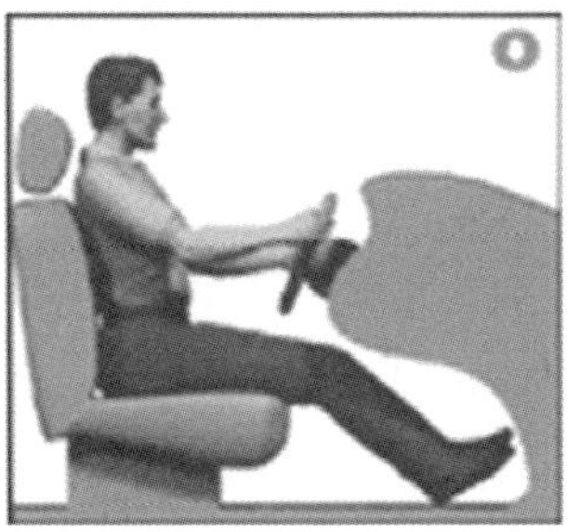

- 앉은 자세를 부드럽게 한다.
- 등과 허리는 시트에 밀착시켜 앉는다.
- 눈은 상면 15도 각도로 앞을 바라보는 자세로 한다.
- 핸들 윗부분을 잡았을 경우에 팔굽이 조금 구부러지는 정도로 시트를 조절한다.

- 핸들은 9시 15분 또는 에어백이 장착되었을 경우에는 10시 10분 위치로 두손으로 잡는다.
- 클러치 페달을 꽉 밟았을 때 다리가 조금 굽혀지는 정도로 시트를 조절한다.
- 안전벨트가 배가 아닌 골반에 위치하도록 단단히 착용한다.
- 발뒷굼치를 바닥에 붙이고 발목으로 가속페달을 부드럽게 조작한다.
- 변속을 한 후에는 클러치 페달에서 발을 뗀다.

2) 방어운전

자동차 1천만대 시대의 우리나라 운전자들은 추월이나 끼어들기와 같은 공격적인 운전을 하면서도 방어에는 미숙한 경우가 많은데, 위험한 상황을 미리 피하거나, 또는 위험한 상황을 만들지 않는 운전기술을 방어운전이라 말한다.

(1) 정보수집

오늘날과 같은 변화무쌍한 교통상황에서 방어운전을 제대로 하기 위해서는 유용한 정보가 요구된다. 다양한 자료원으로부터 제공되는 많은 정보는 안전운전에 긴요하다. 그러나 정보의 인지는 빠르고 정확해야 한다.

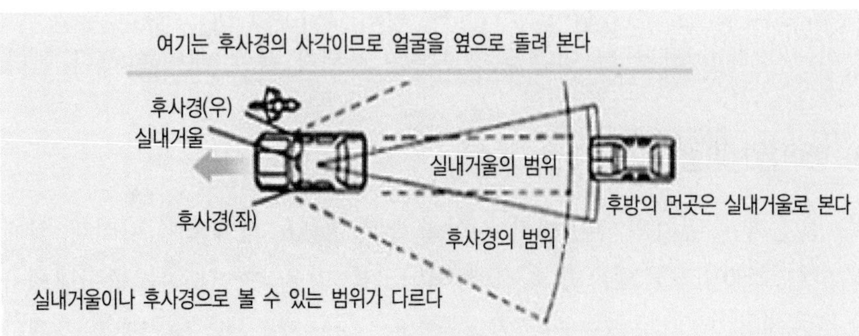

〈그림 2-2〉 운전자의 시야와 사각지대

(2) 반성과 자세

운전의 세계에서 흔히 볼 수 있는 현상은 다른 차의 잘못에 대해서는 신경과민이지만 자기 자신의 독선적인 운전 따위에 대해서는 그것을 느끼지 못하고, 비록 느꼈다고 하더라도 반성하지 않는 경향이 강하다.

(3) 조심성

자신을 보호하는 가장 좋은 방법은 언제든지 다른 운전자의 형태를 잘 관찰하는 것입니다. 또한 운전중에 졸음이 오거나 기분이 나쁠 때는 무리하게 운전하지 말아야 합니다.

(4) 최악의 상태 예상

「상대 자동차가 양보할 것이다」, 「보행자가 알아서 멈추거나 피해갈 것이다」라는 막연한 기대보다는 「그렇지 않을 것이다」라고 생각하며 대처해야 한다.

(5) 양보정신

운전할 때는 자기중심적인 생각을 버리고 상대방의 입장을 생각하며 서로 양보하는 마음의 자세가 필요하다. 운전자 상호간에도 서로 상대방의 입장에서 운전해야 한다. 운전은 자기 혼자만 하는 것이 아니라 주위에서 같이 달리는 자동차의 운전자와 길을 건너고자 하는 많은 보행자를 같이 생각해야 하는 것 인만큼 양보하는 자세가 몸에 베도록 해야 한다.

3) 방어운전기법

(1) 운전자는 앞차의 전방까지 시야를 멀리 둔다. 장애물이 나타나 앞차가 브레이크를 밟으면 즉시 브레이크를 밟을 수 있도록 준비태세를 갖춘다.

(2) 뒤차의 움직임을 룸미러나 사이드미러로 끊임없이 확인하면서 방향

지시등이나 비상등으로 자기 차의 진행방향이나 운전의도를 분명히 알린다.

(3) 교통신호가 바뀐다고 해서 무작정 출발하지 말고 주위 자동차의 움직임을 관찰한 후 진행한다.

(4) 보행자가 갑자기 나타날 수 있는 골목길이나 주택가에서는 상황을 예견하고 속도를 줄여 충돌을 피할 시간적 공간적인 여유를 확보한다.

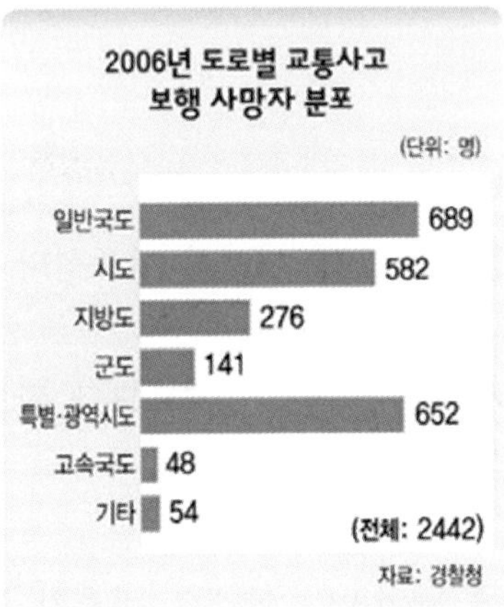

〈그림 2-3〉 보행자 사고의 분포

(5) 일기예보에 신경을 쓰고 기상변화에 대비해 체인이나 스노타이어 등을 미리 준비한다. 눈이나 비가 올 때는 가시거리단축, 수막현상 등 위험요소를 염두에 두고 운전한다.

(6) 교통량이 너무 많은 길이나 시간을 피해 운전하도록 한다. 교통이 혼잡할 때는 조심스럽게 교통의 흐름을 따르고 끼어들기 등을 삼가 한다.

(7) 과로로 피로하거나 심리적으로 흥분된 상태에서는 운전을 자제한다.

(8) 앞차를 뒤따라 갈 때는

- 앞차가 급제동을 하더라도 추돌하지 않도록 차간거리를 충분히 유지한다.
- 4, 5대 앞차의 움직임까지 살핀다.
- 대형차를 뒤따라갈 때는 가능한 한 앞지르기를 하지 않도록 한다.

(9) 뒤에 다른 차가 접근해 올 때는

- 속도를 낮춘다.
- 뒤차가 앞지르기를 하려고 하면 양보해 준다.
- 뒤차가 바짝 뒤따라올 때는 가볍게 브레이크 페달을 밟아 제동등을 켠다.

(10) 진로를 바꿀 때는

- 상대방이 잘 알 수 있도록 여유있게 신호를 보낸다.
- 보낸 신호를 상대방이 알았는지 확인한 다음에 서서히 행동한다.

(11) 교차로를 통과할 때는

- 신호를 무시하고 뛰어나오는 차나 사람이 있을 수 있으므로 반드시 안전을 확인한 뒤에 서서히 주행한다.
- 좌우로 도로의 안전을 확인한 뒤에 주행한다.

(12) 밤에 마주오는 차가 전조등 불빛을 줄이거나 아래로 비추지 않고 접근해 올 때는

- 불빛을 정면으로 보지 말고 시선을 약간 오른쪽으로 돌린다.
- 감속 또는 서행하거나 일시 정지한다.

(13) 밤에 모퉁이길을 통과할 때는

- 전조등을 상향과 하향을 번갈아 켜거나 껐다 켰다 하여 자신의 존재를 알린다.
- 주위를 살피면서 서행한다.

(14) 횡단하려고 하거나 횡단 중인 보행자가 있을 때는

- 속도를 줄이고 주의하여 진행한다.

- 보행자가 차의 접근을 알고 있는지 확인한다.

(15) 어린이가 진로 부근에 있을 때는

- 어린이와 안전한 간격을 두고 진행한다.
- 서행 또는 일시 정지한다.

(16) 다른 차의 옆을 통과할 때는

- 상대방 차가 갑자기 진로를 변경할 수도 있으므로 미리 대비한다.
- 충분한 간격을 두고 통과한다.

(17) 대형 화물차나 버스의 바로 뒤를 따라서 진행할 때에는 전방의 교통 상황을 파악할 수 없으므로, 이럴 때는 함부로 앞지르기를 하지 않도록 하고, 또 시기를 보아서 대형차의 뒤에서 이탈하여 진행한다.

(18) 신호기가 설치되어 있지 않은 교차로에서는, 좁은 도로로부터 우선 순위를 무시하고 진입하는 자동차가 있으므로, 이런 때에는 속도를 줄이고 좌우의 안전을 확인한 다음에 통행한다.

4) 교통흐름과 방어운전

(1) 운전자는 자기의 안전뿐만 아니라 주위 차량에 대하여도 잘 생각하면서 달리는 것이 결국은 자기의 운전환경을 보다 안전하게 만드는 것이다. 흔히 저속으로 달리기만 하면 안전하다고 생각하여 주위의 교통의 흐름을 무시하고 자기 차만 천천히 달리는 광경을 보게 되는데 이러한 행동은 다른 차의 운전자들을 짜증스럽게 하여 무리한 추월을 하게 만들어 도리어 위험하다.

(2) 주행 중에는 전후 좌우에서 달리는 차의 성질을 알아차려 그때그때에 적절한 대응을 하면서 달리는 것이 안전하다. 택시, 초보운전자, 대형트럭, 덩크로리, 노선버스, 우편차, 밴, 쓰레기 수거차 등은 제각기 특유한 주행방법과 버릇이 있다. 이런 차들의 주행방법을 빨리 이해하여 각 차에 적합한 대응 운전기술을 몸에 익혀야 한다.

(3) 주위 자동차 운전자를 당황하게 하는 당돌한 행동을 하여서는 안된다. 주행 중에 차선을 변경하거나 좌·우회전 할 경우에는 미리 3초 혹은 30m 전방에서부터 그 사실을 「방향지시등」을 사용하여 주위 자동차에게 알리도록 한다. 그 이유는 주위 자동차의 운전자가 불의의 상황변화에 놀라거나 당황하지 않고 행동하게 하는데 있으므로 모든 경우에 위험예고를 할 필요가 있다.

(4) 시가지 등에서 많은 차가 줄지어 흐르고 있을 때는 무리하게 끼어들면 접촉 혹은 충돌사고 등을 유발하므로 무리하게 끼어들지 않도록 한다.

3. 차량 운행 및 관리 요령

1) 계절별 관리요령

(1) 봄

- 겨울철에 제설작업으로 인한 염화칼슘이 묻어 있으므로 하체까지 세차한다. 엔진룸은 먼지만 털어주고 닦아주면 된다.
- 불필요한 장비를 싣고 다니면 연비가 저하되므로 월동장비를 정리한다.
- 스노우 체인을 그냥 방치하면 녹이 슬어 사용하지 못하게 되므로 오일을 사용하여 깨끗이 닦아서 보관한다.
- 겨울에는 온도가 낮아서 별 문제가 없지만, 기온이 올라가면 냉각성능이 문제가 될 수 있으므로 냉각수나 냉각수 호스 등을 점검한다.
- 각종 오일을 점검한다.
- 차계부를 살펴보고 교환주기가 지난 소모품은 교환한다.

(2) 여름

- 휴가철을 대비하여 타이어, 벨트, 예비타이어 등을 점검하고 여행후에

는 여행장비를 모두 치운다.

- 기온이 올라가므로 냉각수, 냉각수 호스 등 냉각장치를 세심히 점검한다.
- 장마철을 대비하여 와이퍼 작동상태를 점검하고 와이퍼 블레이드에 손상이 있으면 교환한다.
- 다른 계절보다 비가 많이 오므로 수막현상을 방지하기 위해 타이어의 마모상태를 점검하고 마모정도가 심하면 교환한다.
- 자동차 내부에 습기가 차지 않도록 통풍과 환기를 자주 시켜 준다.
- 에어컨 가스를 보충하는 등 에어컨의 상태를 점검한다.
- 세차장에서 차체하부까지 세차를 한다.
- 자동차 문과 트렁크까지 열어 환기를 시킨다.
- 각종 오일을 점검하고 장거리 여행일 경우에는 엔진오일을 교환해 주는 것이 좋다.
- 비포장 도로를 많이 달렸을 경우에는 휠밸란스와 얼라이먼트를 점검한다.
- 배터리 (+), (−) 터미널 장착상태를 확인한다.

(3) 가을

- 장거리 여행을 대비하여 타이어, 벨트, 예비타이어 등을 점검한다.
- 배터리의 상태를 점검하여 이상이 있으면, 겨울이 오기전에 교환한다.
- 기온이 하강하여 서리가 끼게 되므로 열선상태를 점검한다.
- 일교차가 심해 히터 사용이 시작되므로 히터상태를 점검한다.

(4) 겨울

- 엔진동파를 방지하기 위해 부동액을 점검하고 필요하면 보충하거나 교환한다.
- 스노우타이어, 체인 등 월동장비를 점검하고 트렁크에 휴대한다.

- 스노우체인의 장착 요령을 숙지하고 사용 후에는 녹이 슬지 않도록 잘 닦아 보관한다.
- 겨울철에는 다른 계절보다 전기의 사용량이 많으므로 히터, 전조등, 열선 등 전기배선을 점검한다.
- 에어컨을 1주에 한번 정도 가동시켜 에어컨의 성능유지에 만전을 기한다.

2) 연료절약 운전방법

(1) 에너지 소비효율이 높은 자동차를 구입한다.

배기량이 큰 중형이나 대형차일수록 연비(km/ℓ)가 낮다.

(2) 급출발을 하지 않는다.

급출발을 하면 1회에 12cc정도의 연료가 낭비된다. 만약 하루에 10번 정도 급출발을 하게 되면 120cc가 낭비되는 셈이므로 연비를 10km/ℓ로 보았을 때 1.2km를 달릴 수 있는 양의 연료를 그냥 버리게 되는 것이다.

(3) 급가속을 하지 않는다.

주행중에 급가속을 10번만 하면 급출발 때와 마찬가지로 120cc의 연료가 길바닥에 버려지는 셈이다. 이 연료만 아껴도 1.2km는 더 갈 수 있다.

(4) 자동차의 속도에 맞춰 빨리 기어변속을 한다.

기어변속은 자동차의 속도·도로상황·교통량 등에 맞춰 엔진의 무리가 없는 한 높은 기어를 사용하여 주행하는 것이 연료가 절약된다.

(5) 필요없는 물건 10kg정도를 차에 싣고 10km만 달려도 20cc의 연료가 더 들어간다. 이 연료라면 200m정도는 더 달릴 수 있다.

(6) 공회전 상태에서 5분정도 정차한다면 약 70cc의 연료가 흔적도 없이 사라진다. 이렇게 낭비되는 연료를 아낀다면 700m는 더 달릴 수 있다. 공회전이 길어지면 지체없이 시동을 끄도록 한다.

(7) 타이어 공기압은 연비와 관계있다. 타이어 공기압이 적정 공기압보다 0.5㎏/㎥ 적은 상태에서 50km를 주행하면 130cc를 더 달릴 수 있는 기름을 포기하는 것과 같다.

(8) 보통 시내 중행에서는 40km, 자동차 전용도로에서는 80km정도 정속운전을 하면 생각보다 많은 연료가 절약된다. 고속도로에서는 90~100km 정도의 속도로 정속 주행하면 연비가 부쩍 좋아진 것을 느낄 수 있다.

(9) 에어컨은 꼭 필요할 때만 사용한다.

에어컨을 켜게 되면 켜지 않았을 때보다 최대 20%정도 연료소비가 증가된다.

(10) 운전을 무계획적으로 하여 5분 정도 시간이 더 걸렸다면 약 200cc의 연료가 낭비되어 2km를 더 주행할 수 있는 연료를 길바닥에 버리는 셈이 된다.

3) 기본공구 및 휴대안전용품

(1) 잭 핸들 및 잭(Jack handle and Jack)

승용차에는 기계식을, 트럭・버스 등 대형차에는 유압식을 주로 사용하는데, 평탄한 곳에 차를 세운 뒤 주차브레이크를 당기고 지정된 위치에 사용해야 한다.

(2) 휠 너트 렌치(Weel nut wrench)

타이어 렌치라고도 불리는데, 타이어를 교환할 때에 휠 너트를 풀거나 죄는 데 사용합니다. 발로 내리치는 등 무리하게 사용하지 않도록 조심해야 한다.

(3) 오픈 렌치(Open wrench)

스패너라고도 하며 볼트와 너트의 분해·조립에 사용되며 인치와 미터의 치수가 있다. 볼트의 모서리가 상하거나 헛돌지 않도록 크기가 맞는 것을 사용해야 하며, 밀지 말고 당기는 방향으로 힘을 가해 사용한다.

(4) 드라이버(Drive)

끝 모양에 따라 십자(+)드라이버와 일자(−)드라이버로 나누어지고, 나사의 끝 부분에 홈을 정확히 맞추어 사용해야 한다. 기본으로 제공되는 드라이버는 일자와 십자를 바꾸어서 끼울 수 있는 제품이 들어 있다.

(5) 플라이어(Plier)

일반적으로 많이 사용하는 펜치(pincher)나 니퍼(nipper)로 사용할 수 있으며 중앙부는 잡고 고정하기 위해 사용되므로 이 부분으로 너트를 돌리면 안된다. 무리하게 돌리면 너트의 머리부분을 깎아 내거나 물건을 정확히 잡을 수 없게 된다.

(6) 공구 주머니

기본으로 제공되는 공구를 넣을 수 있는 주머니로 공구를 분실하지 않고 관리할 수 있다.

(7) 안전표시판(삼각대)

교통사고가 발생하거나 자동차가 고장이 발생하여 뒤따르는 자동차에게 위험을 경고하기 위해 사용한다. 트렁크에 꼭 휴대하고 다녀야 한다.

(8) 배터리 점프선(Jump cord)

배터리가 방전되었을 경우에 시동을 걸기 위해 필요하며 아래의 조건에 맞는 것으로 준비한다.

- 너무 짧지 않은 것 : 너무 짧으면 노상에서 고장시 자동차를 바로 옆에 대지 않으면 점프할 수 없다.
- 너무 가늘지 않은 것 : 가늘면 저항이 증가하여 제대로 배터리 점프가 되지 않는다.

(9) 견인체인 또는 로프

자동차가 웅덩이나 길가 배수로에 빠졌을 경우에 다른 자동차의 도움으로 탈출하기 위해서 필요하다. 가격도 비싸지 않으면서 유용하게 사용할 수 있다.

(10) 휴대용 공기펌프

타이어의 공기압이 낮을 때 보충하기 위해서 필요하다. 타이어에 펑크가 발생하여 공기가 조금씩 샐 경우에는 예비타이어로 교환하기보다는 휴대용 펌프로 공기압을 높인 후 가까운 정비업소를 방문하여 수리하는 것이 효과적이다.

(11) 물통

냉각수가 부족하여 엔진이 과열되었을 때 냉각수를 보충해야 하는데 물을 담을 통이 없어 낭패를 당하는 일은 없다.

(12) 기타

이외에도 장갑, 토시, 앞치마 등을 준비하면 고장시 좀더 안전하게 응급조치 할 수 있다.

4. 자동차 고장시 응급처치

1) 배터리 방전시 응급조치

(1) 현상

- Key를 "ON"으로 했을 경우에 자동차의 모든 전기장치가 작동되지 않는다.
- 계기판의 경고등이 희미하게 점등된다.
- 시동을 걸었을 때 "딱 딱" 소리만 나면서 시동이 불가능하다.
- 오랜시간 동안 운행을 하지 않고 주차를 했을 경우에도 배터리가 방전되어 시동이 불가능하게 된다.
- 배터리액이 부족할 경우에 인디게이터의 색깔이 적색으로 나타나 시동이 불가능하게 된다.

(2) 점검방법 및 조치

- 경음기를 눌러보거나 전조등을 켜서 배터리의 방전 유무를 확인한다.
- 배터리 옆면을 살펴보아 배터리 액이 있는지 점검한다.
- 배터리 (+), (−) 케이블을 흔들어서 케이블의 장착상태를 확인한다.
- 배터리 케이블을 분리해서 배터리 단자와 케이블의 접촉부위를 확인한다. 이때는 항상 (−)케이블을 먼저 분리한다.
- 발전기와 연결되는 휴즈를 확인한다.
- 배터리가 방전된 경우에는 배터리 점프로 시동을 건다.
- 점프 케이블이 없을 경우 수동변속기 자동차는 밀어서 시동을 건다. Key는 "ON" 위치에 놓고 기어를 2~3단을 넣은 후 클러치를 밟은 상태에서 자동차가 탄력을 받으면 클러치를 떼어서 시동을 걸면 된다. 이때 자동차를 미는 사람이 넘어질 수 있으므로 매우 주의해야 한다.

(3) 점프선을 이용한 배터리 점프 방법

- 방전차(+), 시동차(+), 시동차(-), 방전차(-)의 순으로 케이블을 연결한다.
- 시동차의 시동을 걸어 놓은 상태에서 방전차의 시동을 건다.
- 시동후 케이블을 제거하고 10~20분 정도 대기한 후 시동을 끄고 다시 시동을 걸어 충전상태를 확인한다.
- 시동이 걸리면 발전기의 충전상태는 정상이다.
- 시동이 걸리지 않으면 발전기의 충전상태를 점검해야 한다.

(4) 확인사항

- 시동후에는 배터리에 부하가 많이 걸리는 에어컨이나 전조등을 사용하지 않고 운행한다. 운행을 하지 못할 상황이면 30분 이상 시동을 걸어 놓는다.
- 오랫동안 주차할 경우에는 배터리의 (-)터미널을 탈거해 놓는다. 오랫동안 주차하면 배터리는 완전 방전되므로 교환한다.
- 운행이 적은 자동차는 일주일에 한두번 정도 시동을 걸어 배터리를 충전해 준다.

2) 타이어 펑크

(1) 예비 타이어 및 공구

- 예비타이어는 트렁크 바닥 커버 밑에 볼트로 체결되어 있다.
- 공구(잭키, 잭키 핸들, 휠너트렌치, 스패너, 드라이버)등을 확인한다.

(2) 타이어 교환시 주의사항

- 자동차를 안전하고 평탄한 곳으로 이동시키고, 후방의 자동차에게 고장임을 알리기 위해 비상등을 켜고 삼각대를 설치한다.

- 시동을 끄고 수동변속자동차는 기어를 1단 또는 후진에, 자동변속자동차는 “P”위치에 놓고 고임목이 있으면 펑크난 타이어의 대각선 방향의 타이어에 설치한다.
- 자동차를 잭으로 올린 경우에는 엔진시동을 걸거나 자동차 밑으로 들어가지 않는다.

(3) 타이어 교환

① 휠캡이 있으면 드라이버로 휠캡을 탈거하고 탈거할 수 없는 경우에는 바로 휠너트를 푼다.

② 휠너트 렌치를 사용하여 휠너트를 한바퀴 정도만 풀어놓는다. 너무 많이 풀지 않아도 된다.

③ 잭 설치위치에 잭을 설치하고, 잭핸들을 사용하여 자동차를 들어올린다.

④ 타이어가 지면에서 떨어질 때까지 올린 다음 휠너트를 완전히 풀고 타이어를 분리한다.

⑤ 분리된 타이어는 잭 옆의 차체 밑에 넣어 잭이 넘어져서 생길 수 있는 안전사고에 대비한다.

⑥ 예비타이어로 교환한 후 손으로 휠 너트를 조인 후 휠너트 렌치를 사용하여 적당히 조인다.

⑦ 잭 핸들을 사용하여 자동차를 내린 후 휠너트를 대각선 방향으로 완전히 조인다.

⑧ 탈거한 휠캡을 끼우고 예비타이어와 공구들을 원위치 시키고 주변을 정리한다.

⑨ 가까운 정비업소를 찾아 펑크난 타이어를 수리하고 예비타이어와 다시 교환 해 준다.

3) 기동전동기 불량

(1) 현상

- 엔진 시동 시 기동전동기는 작동하지 않고 "딱딱" 소리만 발생한다.
- 엔진 시동 시 시동이 되지 않는다.

(2) 점검방법 및 조치

- 자동변속기의 경우 "P", "N" 위치 확인한다.
- 수동변속기의 경우 클러치 페달을 정확하게 눌러 밟았는지 확인한다.
- 배터리 터미널의 연결과 접지상태 등 배터리 상태를 점검한다.
- 기동전동기에 약한 충격을 주어 시동한다.
- 배터리는 이상이 없고 기동전동기의 고장으로 판정될 경우에는 수동변속기 차량은 밀어서 시동을 건다.

(3) 밀어서 시동을 걸 때의 주의사항

- 점화스위치(Key)를 2단 "On"상태에 두고 클러치 페달을 밟은 상태에서 2단, 또는 3단에 기어를 넣는다.
- 밀어서 자동차가 탄력을 받으면 클러치페달에서 발을 뗀다.
- 뒤에서 미는 사람이 넘어져서 다치지 않도록 주의한다.
- 시동이 걸리지 않은 상태에서는 브레이크와 파워핸들이 제대로 작동하지 않으므로 넓은 장소에서 자동차를 밀도록 한다.
- 시동이 걸리면 시동이 꺼지지 않도록 운전하면서 정비업소로 이동하여 수리한다.

4) 타이밍 벨트 절손

(1) 현상

- 주행중에 갑자기 시동이 꺼진다.

- 다시 시동을 걸 경우 시동이 불가능하다.
- 엔진 시동시에 평소보다 엔진이 빠르게 회전한다.

(2) 점검방법 및 조치

- 커버의 점검창이 있으면 점검창으로 타이밍 벨트로 구동되는 캠축의 회전여부를 확인한다.
- 점검창이 없으면 엔진오일 주입구를 열고 오일의 순환여부를 살펴 캠축의 회전 여부를 확인한다.
- 점검 후 회전하지 않으면 견인한다.

5) 자동변속기 불량 및 오일 누설

(1) 현상

- 운행중 시동은 걸려 있으나 주행이 불가능할 경우
- "D", "R" 레인지로 변속시 시동이 꺼지는 경우
- 출발이 어렵고 가속이 되어도 변속이 되지 않는 경우
- 주차후 바닥에서 포도주색의 오일이 떨어져 있는 경우

(2) 점검방법 및 조치

- 자동변속기 오일을 점검한다. 오일의 양, 색깔, 점도 등을 점검하고 이상이 있으면 바로 정비업소를 방문하여 오일을 교환하여야 하며, 오일 교환을 미루게 되면 자동변속기가 심한 손상이 생길 수도 있다.
- 이상이 있으면 무리하게 주행하지 않고 견인한다.

6) 엔진과열

(1) 현상

- 계기판의 온도게이지가 High로 올라간다.

- 전동팬이 작동하지 않는다.
- 전동팬은 작동하지만 엔진이 과열된다.
- 에어컨을 켰을 때 전동팬이 작동하지 않는다.

(2) 점검방법 및 조치

- 온도게이지가 High로 올라가면서 엔진이 과열되면 에어컨을 켜본다.
- 에어컨을 켜서 냉각팬과 콘덴서팬이 같이 구동이 되면 냉각팬 자체는 이상이 없다. 그러나 구동이 되지 않으면 냉각팬에 이상이 있는 것이다.
- 휴즈와 릴레이를 점검하고 이상이 있으면 교환한다. 릴레이는 주행에 지장이 없는 품번이 같은 다른 릴레이를 응급조치로 사용한다.
- 냉각팬의 작동이 이상이 없는데도 엔진이 과열되면 냉각수의 양을 점검(부족하면 보충)한다.
- 엔진이 과열된 상태에서 라디에이터 캡을 열면 냉각수가 분출되어 위험하므로 엔진의 온도를 낮춘 후에 점검해야 한다.
- 라디에터와 연결되는 위, 아래 호스를 만져보아 온도차가 있으면 정온기(서모스텟)가 이상이 있는 것이다.

(3) 확인사항

- 발전기 벨트가 끊어지면 워터펌프가 작동되지 않아 엔진이 과열된다.
- 라디에이터의 냉각수온도 스위치가 작동하지 않아도 엔진이 과열된다.
- 라디에이터 팬이 작동하지 않을 때는 컨넥터 접촉불량이 원인인 경우가 많다.
- 냉각수의 온도가 높을 때에는 냉각수가 분출될 우려가 있으므로 보조탱크쪽에도 헝겊을 덮어두고 작업을 하는 것이 안전하다.
- 뜨거운 상태에서는 라디에이터 캡을 절대로 열지 않는다.

7) 브레이크 고장

(1) 현상

- 브레이크 페달이 스폰지처럼 푹 들어갈 경우
- 브레이크액의 부족
- 계속적인 브레이크의 사용으로 인한 베이퍼록 현상의 발생
- 브레이크 라이닝 타는 냄새가 나면서 제동이 잘되지 않을 경우
- 계속적인 브레이크의 사용으로 인한 페이드 현상 발생

(2) 점검방법 및 조치

- 브레이크 오일의 양과 점도 등을 점검한다. 브레이크 오일에 에어가 찼을 경우에는 2인이 1조가 되어 에어빼기 작업을 실시한다. 에어빼기 작업을 할 수 없는 경우에는 자동차를 세우고 브레이크 라이닝의 온도를 낮춘 후에 서행하면서 정비공장으로 이동한다.

(3) 용어 해설

- 베이퍼 록 현상 : 브레이크액이 브레이크 마찰열에 의해 과열, 비등되어 기포가 발생하여 브레이크 페달을 밟아도 브레이크가 제대로 작동되지 않는 현상
- 페이드 현상 : 브레이크의 마찰면이 과열되면 마찰력이 저하되어 브레이크의 성능이 떨어지는 현상

8) 핸들조작이 힘들고 핸들이 떨릴 경우

(1) 발생이유

- 공기압이 부족할 경우
- 파워벨트가 끊어졌을 경우
- 휠밸런스가 맞지 않을 경우

- 휠얼라이먼트가 잘못 되었을 경우

(2) 점검방법 및 조치

- 공기압이 부족한 경우는 휴대용 공기펌프를 이용하여 충전하거나 정비업소를 찾아 보충한다.
- 파워벨트가 끊어졌을 경우에도 핸들 조작은 가능하므로 안전운행하면서 정비업소로 이동한다. 예비벨트가 있다면 현장에서 교환하면 된다.
- 특정 속도에서 핸들이 떨릴 경우에는 휠밸런스가 맞지 않는 경우이므로 정비업소를 방문하여 수리한다.
- 웜엄기어의 마모가 심하여 웜엄기어를 교환했을 경우에는 교환하기 전보다 핸들 조작이 힘들게 되는데 이것은 정상이다. 어느 정도 기간이 지나면 원래의 조향상태로 회복된다.

9) 이상한 냄새가 날 경우

(1) 현상

- 휘발유 냄새가 날 경우
- 오일타는 냄새(엔진오일의 부족, 배기매니폴드에 오일이 묻은 경우)
- 고무타는 냄새(전기계통의 누전과 타이어의 과열)
- 브레이크 라이닝 타는 냄새(내리막길에서 과도한 브레이크 사용)

(2) 점검방법 및 조치

- 냄새가 나는 경우에는 바로 주행을 멈추고 원인을 찾는다.
- 휘발유 냄새가 날 경우에는 연료라인의 누설을 점검한다.
- 오일타는 냄새가 날 경우에는 먼저 오일경고등을 확인한 후 엔진오일의 양과 엔진주변에 엔진오일이 묻어 있는지 확인한다.
- 고무타는 냄새가 날 경우에는 전기계통의 누전을 확인하고, 장시간

주행으로 타이어가 과열되지 않았는지 점검한다.

10) 이상한 소리가 날 경우

(1) 현상

- 엔진에서 소리가 발생하는 경우
- 특정 기어단에서 소리가 날 경우
- 요철이 심한 곳을 지날 때 소리가 날 경우
- 브레이크 페달을 밟을 때 소리가 날 경우

(2) 점검방법 및 조치

- 운전중에 이상한 소리가 날 경우에는 벽이 있는 조용한 장소를 주행하면서 소리가 나는 곳을 찾는다.
- 기어를 중립으로 하고 시동을 껐을 때 소리가 나지 않으면 엔진과 변속기쪽에 이상이 있는 것이다.
- 소리가 계속해서 나면 현가장치나 제동장치 쪽에 이상이 있는 것이다.
- 엔진에서 소리가 날 때에는 엔진 RPM을 높였다 낮췄다 하면서 소리가 나는 곳을 점검하고 긴 드라이버를 사용하여 드라이버의 끝은 엔진쪽에 손잡이는 귀에 대고 소리를 들어보면 소리를 잘 들을 수 있다.
- 기어를 넣었을 때와 넣지 않았을 때를 비교하여 변속기에서 발생되는 소리인지 아닌지 점검한다.
- 요철부위를 지날 때 소리가 날 경우에는 현가장치를 점검한다.
- 브레이크 페달을 밟을 때 소리가 나는 경우에는 브레이크 패드와 라이닝의 마모상태와 표면상태를 점검한다.

11) 와이퍼가 고장일 경우

(1) 현상

- 와이퍼가 작동되지 않을 때
- 앞 유리창이 잘 닦이지 않을 때
- 워셔액이 분출되지 않을 때

(2) 점검방법 및 조치

- 와이퍼 휴즈를 검검한다.
- 휴즈가 이상이 없을 때는 와이퍼 모터로 연결되는 배선의 접촉불량을 점검한다.
- 비누와 담배가루 등을 바르면 어느 정도 효과를 볼 수 있지만, 비가 많이 오는 경우에는 안전을 위해 운행을 멈추는 것이 좋다.
- 기름때, 타르 등 이물질이 묻었을 경우에는 세척제로 깨끗이 닦아주고, 와이퍼가 마모되거나 노화된 경우에는 교환하도록 한다.

12) 경음기가 고장일 경우

(1) 현상

- 스위치를 눌러도 소리가 나지 않는 경우
- 스위치를 누르지 않아도 계속해서 소리가 나는 경우

(2) 점검방법 및 조치

- 경음기 휴즈를 점검한다.
- 경음기의 스위치와 경음기의 접지 부분을 점검한다.
- 소리가 계속 나는데 원인을 찾을 수 없을 경우에는 경음기 휴즈를 분리하거나 경음기로 연결되는 배선을 찾아 컨넥터를 분리하여 소리가 나지 않게 한 후에 수리한다.

13) 각종 램프가 점등되지 않을 경우

(1) 현상

- 방향지시등이 빨리 깜빡인다.
- 전조등 한쪽 전구만 점등된다.

(2) 점검방법 및 조치

- 키를 뽑고 휴즈를 점검한다.
- 휴즈가 끊어졌으면 예비휴즈로 교환한다.
- 예비휴즈가 없을 경우 주행에 지장이 없는 다른 휴즈로 대치한다.
- 휴즈에 이상이 없을 경우에는 해당 전구를 살펴보고 이상이 있으면 교환한다.
- 전구의 필라멘트가 끊어지지 않았을 경우에는 전구가 꽂히는 소켓부위의 접촉불량을 점검한다.

(3) 확인사항

- 할로겐 전구는 표면에 이물질이 묻으면 쉽게 손상되므로 맨손이나 오염된 장갑으로 전구표면을 만지지 않는다.
- 전조등은 꼭 취급설명서에 나와 있는 규격품으로 교환한다.
- 점검하기 쉬운 휴즈부터 확인한다.
- 예비전구는 항상 휴대하도록 한다.

* **전구의 종류 :** 전조등, 안개등, 미등, 방향지시등, 후진등, 실내등, 트렁크 룸램프, 번호판 등

5. 교통사고 발생시 조치 절차

교통사고가 발생하였을 경우 이에 신속하고 적절하게 대처하기 위하여 평소에 다음과 같은 교통사고 현장조치 절차를 숙지하고 있어야 한다.

1) 사고시 상황 판단

교통사고 발생시 상황을 판단하고 부상자에게 접근하여 신속한 조치는 물론, 피해자를 구출하여 병원으로 이송하는 것이 중요하다. 사고 상황의 판단시 고려해야할 사항으로, 차량의 수와 종류, 손상정도, 부상자의 수와 부상정도, 그리고 추가의 위험요소를 확인해야 한다.

2) 인명구호

❍ 응급조치

교통사고 현장은 사망자와 중상자의 구분이 모호할 때가 많다. 물론 의사를 대동하였을 때는 그 식별이 용이하나 의사가 없다 하여 당황하면 중상자 중에는 응급조치가 지연되어 생명을 잃는 경우가 있다. 따라서 평소 구급법에 의한 일반지식을 습득하였다가 필요시 적절한 응급조치를 취하여야 한다.

❍ 환자 후송

- 병원은 사고현장에 가장 가까운 외과 응급실 또는 종합병원을 선택하여야 한다. 가까운 곳에 병원이 있음에도 불구하고 지정병원이 아니라 하여 멀리까지 수송하여서는 안된다.
- 병원수송은 중상자순으로 하여 운송도중 생명을 잃게되는 급박한 상황에 대비, 부상자의 인적사항을 알아두어야 한다.

- 부상자의 구호는 최단시간에 조치하여야 하기 때문에 타운행 차량 및 운행인의 협조를 얻어 운송구호하고, 경우에 따라서는 의사를 사고현장에 동행하여 응급조치를 취하여야 한다.
- 교통사고에 의한 부상은 외상 이외의 뇌출혈, 뇌진탕, 내장파열 등이 있으므로 부상자의 상태를 주의하여야 하며, 한번보고 경상으로 인정하여 버리는 일이 없도록 하여야 한다.
- 부상자는 모포 등을 이용하여 보온조치를 하여야 하며, 절명이 임박한 부상자의 경우 이외에는 요구한다 하여도 음료수를 주어서는 안된다.
- 부상자를 운송할 때에는 가급적 부상부위가 움직이지 않도록 하여야 하며, 특히 골절상인 경우에는 더욱 주의하여야 한다.

3) 사고장소의 표시

사고가 발생하면 차량의 정지위치, 자동차의 손상정도, 타이어 흔적, 혈흔, 도막편, 파손 유리조각, 기타 산재물이 없어지지 않도록 보존하여야 하나, 교통회복을 위하여 이와 같은 자료를 이동시켜야 할 필요가 있을 때에는 그 형태를 스프레이 등으로 표시하면서 최소한의 이동을 하여야 한다. 이 경우 사전에 사진기로 현장의 상황, 자료의 존재상황을 촬영하고, 약도를 작성해 둔다.

4) 사고신고

교통사고가 발생한 경우, 그 교통사고를 일으킨 차의 운전자등은 경찰공무원이 현장에 있을 때에는 그 경찰 공무원에게, 경찰공무원이 없을 때에는 가장 가까운 경찰관서(경찰서, 파출소, 지구대를 포함한다)에 지체없이 사고가 일어난 곳, 사망자수 및 부상정도, 손괴한 물건 및 손괴정도 그밖의 조치상황 등을 신속하게 신고하여야 한다. 다만, 운행중인 차만이 손괴된 것이 분명하고 도로에서 위험방지와 원활한 소통을 위하여 필요한 조치를 한 때에는 그러하지 아니한다(도교법 제50조②). 그러나 긴급자동차 또는 부상자를 운반중인 차 및 우편화물 자동차 등의 운전자는 긴급한 경우에는 승무원으로 하여금 신고를 하게 하고 운전을 계속할 수 있다(도교법 제50조 ⑤).

5) 현장 자료수집

사고 현장에서 수집하여야 할 자료는 다음과 같다.

❍ 사고차량으로부터의 자료수집

- 부속품 또는 차체의 파손조각
- 전조등, 전면유리, 후사등의 유리파편
- 차체에 부착되어 있는 특유의 먼지나 적제함의 적제물 등
- 연료, 브레이크 오일, 엔진오일 등이 유류
- 타이어 흔적(스키드 마크나 요마크 등)의 사진촬영

❍ 증인 및 목격자 확보

피해자나 피해차량으로부터의 자료수집

- 피해자의 피복 등에 나타난 타이어 흔적
- 가해차량의 접촉부분이 예상되는 흔적이나 차체에 부착되어 있는 물질 등

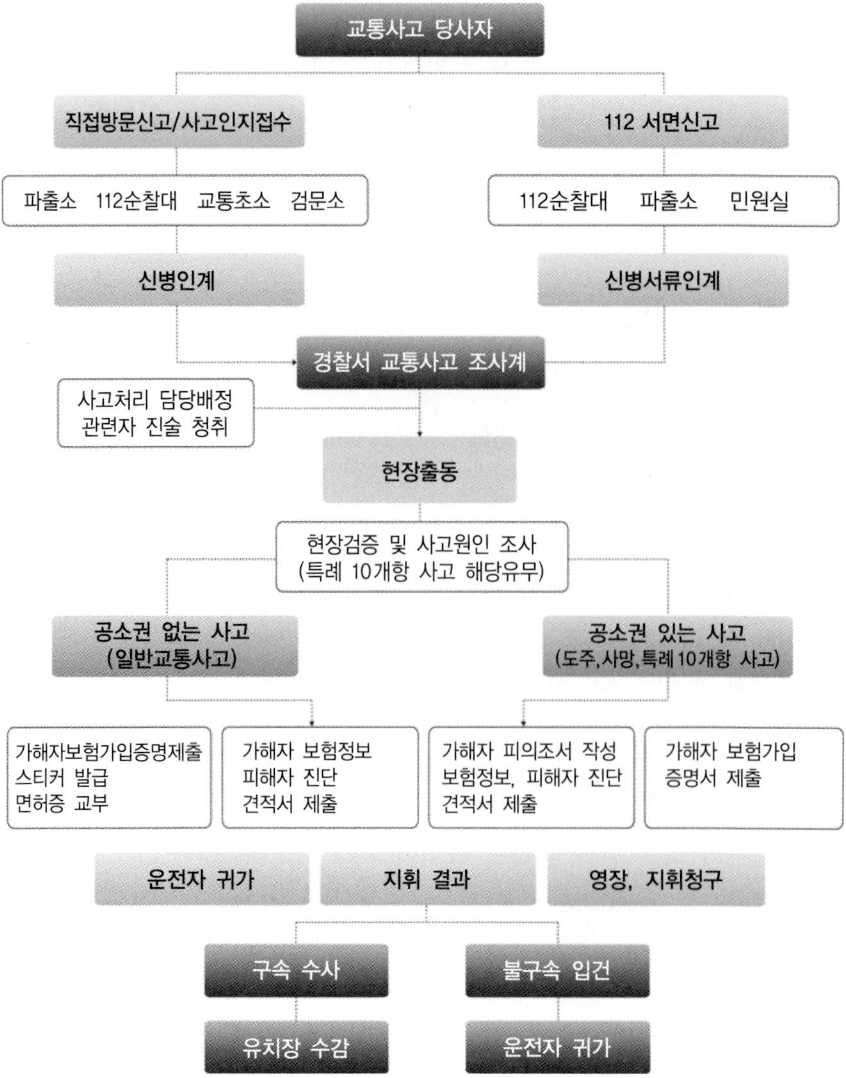

〈그림 2-4〉 교통사고 처리 절차

제3장

가정안전

1. 가정안전의 전개 방안
2. 가정내 사고발생의 위험요소
3. 가정안전을 위한 제언
4. 주거공간별 안전수칙

1. 가정안전의 전개 방안

요즘은 사회 전반적으로 안전에 대한 관심은 그 어느 때보다 높다. 왜냐하면 사고는 예고 없이 우리 모두에게 불시에 다가오며, 우리를 불행하게 만들기 때문이다. 하지만 사고는 예측할 수는 없지만 여러 가지 방법으로 사전에 예방할 수도 있고, 사고에 따라 대처함으로써 그 피해를 줄일 수도 있다.

특히 우리가 살고 있는 사회의 기본집단인 '가정'의 안정이 보장됨으로서 우리는 마음 편안하게 살아갈 수 있을 것이다. 인간의 발달단계로 볼 때, 타인의 도움을 필요로 하는 아동과 장애자, 노인들은 그들을 위한 안전대책이 필요하다. 가정은 이들의 안전을 위해 가능한 예방과 배려를 해주어야한다.

1) 가정안전을 위한 생활태도

가정안전에서는 가족 모두가 서로 협조하고 서로를 이해하고 각자가 필요한 존재임을 확신할 데 가정의 모든 일과 가족원에게 관심을 가지게 된다.

가족안전이란 가족을 사고로부터 안전하게 지키는 것으로써, 항상 안전을 염두해 두고 위험요소를 찾아서 고치고, 비상시 취할 사항을 미리 익히고 알아둘 할 필요가 있다.

2) 아동과 노인의 안전

(1) 아동

아동은 아직 무엇이 위험하고 안전한지 구별하지 못한다. 다만 그들은 욕구만이 있다. 무엇이든 입에다 넣고, 구멍이 있는 곳은 후비고, 낮고 좁은 공간을 좋아한다. 그리고 남을 생각하지 못하고 나만을 생각하는 자기중심적인 사고를 가지고 있는 것이 아동의 특성이므로 그로 인한 정신적, 신체적 사고가 많이 발생하고 있고, 그 후유증은 오래 남아 아동의 인생에 나쁜 영향을 주기도 한다.

또한, 여성의 취업의 증가로 아동을 돌봐야하는 부모가 직장생활을 하면서 아동들이 위험한곳 즉, 방에 혼자 있게 한다던가, 위험한 작업장의 이곳저곳에 방치되어 있다가 사고를 당하는 경우도 많이 발생하고 있다.

이러한 문제는 가정내에서 해결할 수 있는 문제가 아니라 사회가 해결해 주어야 할 문제이다. 생계문제 때문에 직장생활을 하는 경우에 아이의 안전을 위해 부모에게 직업을 포기하라는 제안을 할 수 없기 때문이다.

〈표 3-1〉 가정에서의 영유아 안전사고 유형

순위	유형	비율
1위	자상(칼이나 유리에 베이는 것)	29.0%
2위	화상	24.2%
3위	낙상/추락	14.5%
4위	질식	13.2%
5위	미끄러짐	8.7%
6위	교통사고	6.4%
7위	익수/익사	2.0%
8위	중독	1.0%
9위	감전사고	1.0%

* 출처 : 영유아의 사고 유형 실태조사(송인자, 한정석, 1998)

〈표 3-2〉 가정의 위험유발 요인의 노출

순위	요인	비율
1위	화장품	83.0%
2위	가정상비약	52.7%
3위	칼, 가위, 면도날	48.6%
4위	작은 장신구	42.7%
5위	비닐백, 비닐랩, 고무풍선	42.2%
6위	다리미	40.5%

7위 땅콩, 바둑알, 동전	38.4%
8위 세제/표백제	38.2%
9위 반짇고리	28.8%
10위 성냥/라이터	23.2%
11위 수은건전지	23.2%
12위 살충제	19.3%
13위 공구통	17.3%
14위 송곳, 압핀, 바늘	12.5%
15위 왁스, 광택제	4.3%

* 출처 : 영유아의 사고 유형 실태조사(송인자, 한정석, 1998)

〈표 3-3〉 어린이 안전사고 발생가능 장소

1위 화장실/목욕탕	58.0%
2위 부엌/주방	55.2%
3위 계단	50.6%
4위 엘리베이터	41.2%
5위 베란다/옥상	38.7%
6위 마당/아파트 복도	12.5%
7위 방	9.4%
8위 현관	8.9%
9위 거실/마루	6.4%
10위 창고	3.6%

* 출처 : 영유아의 사고 유형 실태조사(송인자, 한정석, 1998)

(2) 노인

노인은 신체적인 면에서도 급격한 쇠퇴를 가져오지만 그보다 심리적으로 더 많은 쇠퇴 경향을 가진다. 주위의 가족들은 그들이 건강을 잃지 않고 유지할 수 있도록 지속적으로 운동을 하거나 일을 할 수 있도록 도와주어야 한다.

호흡을 급격히 하는 심한 운동을 하지 못하고, 성인병, 골다공증상 등의 신체적인 증상을 나타내고 있다. 이에 따라 적당한 식이요법이 중요하나 많은 사람들이 다양한 약을 복용하고 이에 대한 부작용으로 사고를 당하는 경우도 많다.

2. 가정내 사고 발생의 위험요소

대형사고의 원인도 알고 보면 사소한 부주의에서 비롯되는 경우가 많고, 가정의 일상생활에서도 많은 위험요인이 방치된 채 무감각한 상태로 생활하고 있기 때문에 사회의 크고 작은 위험요인도 가정의 철저한 안전점검 태세가 습관화되지 않는 한 그대로 방치되어 있는 셈이다. 따라서 여기에서는 가정에서의 안전에 관하여 세부적으로 그 위험요인과 대책에 대해 알아보고자 한다.

우선 가정내에서의 안전점검분야를 7개로 나누어 자세히 살펴보면,

1) 추락의 위험성

(1) 건물의 옥상이나 베란다의 난간이 설치되어 있는지? 설치상태는 견고한지 수시로 흔들어 보며 점검한다.
(2) 계단의 안전난간 상태와 파손여부를 점검한다.
(3) 계단의 입구와 꼭대기에서 추락할 위험이 없는지 점검한다.

2) 미끄러지거나 넘어질 위험성

(1) 방, 마루, 화장실, 부엌, 마당 등에 기름이나 물이 흘러서 미끄러질 위험이 없는지? 바닥이 얼어서 미끄럽지는 않은지 점검해야한다.
(2) 걸려 넘어질 장애물이 실내나 집주변에 흩어져 있지는 않은지 수시로 확인해야 한다.

3) 전기(전기쇼크, 전기화상 등)에 관한 위험성

(1) 어린이들의 손이 닿을 수 있는 장소에 위치한 콘센트에 안전 덮개를 씌웠는지 확인한다.
(2) 각종 전열기구(밥솥, 다리미, 전자렌지, 선풍기, 냉장고, 세탁기 등)가 표준 규격제품인지? 전력 사용량이 적절한지 확인한다.
(3) 한 개의 콘센트에 여러 가지 전열기구가 문어발식으로 연결되어 있지는 않은지 점검한다.
(4) 각종 전열기구의 코드가 손상되지 않았는지? 접속부분의 마모, 열화 상태 등을 점검한다.
(5) 전기 배선 연결부분의 접속 상태, 배선의 불량 유무 등을 점검한다.

4) 화재발생의 위험성

(1) 인화성 물질이 방치되어 있지 않은지 점검한다.
(2) 겨울철 난방기구에 연료를 주입할 때는 불을 껐는지 확인한다.
(3) 완전히 연소되지 않은 연탄불이 인화성, 가연성 물질 근처에 버려져 있지 않은지 점검한다.
(4) 유류, 연탄 및 가스보일러 등을 재사용하게 되면 미리 청소와 고장이 있는지 점검하고 전문업체에게 의뢰하여 보수한다.
(5) 가정용 소화기의 비치, 위치확인 및 작동방법을 숙지하고 있는지 점검한다.

5) 가스폭발의 위험성

(1) 가스밸브(콕크)의 점검요령 습득과 작동상태를 수시로 확인 점검한다.
(2) 가스용기의 설치시 위치의 적합성과 안전캡이 부착되어 있는지를 점검한다.
(3) 가스용기 압력계의 정상작동여부를 점검한다.

(4) 가스레인지 연결부분의 가스누설 유무를 점검(비눗물 사용)한다.
(5) 가스공급호스의 노화 파손이나 손상유무를 점검한다.
(6) 가스폭발의 위험성 및 폭발방지에 관한 요령을 익힌다.

6) 연탄 가스중독의 위험

(1) 연탄아궁이와 연통(굴뚝)의 균열 부분이 있는지 점검한다.
(2) 가스감지기의 정상작동여부를 점검한다.
(3) 환기장치의 적합성, 설치 및 환기상태를 점검한다.

7) 기타 여러 가지 위험요인

(1) 선풍기의 안전망 설치여부 및 상태를 점검한다.
(2) 날카로운 못이나 칼, 가위 등 다칠 위험이 있는 물체가 아이들의 손이 닿는 곳에 방치되어 있지 않은지 점검한다.
(3) 동전, 약품, 성냥, 라이터, 풍선, 비닐 등 아이들에게 유해하거나 위험할 수 있는 물질이 잘 관리되고 있는가 점검한다.
(4) 승강기의 탑승방법, 조작방법, 비상시의 응급대처요령 등이 잘 습득되어 있는지 점검한다.
(5) 등·하교시의 교통안전, 놀이터에서의 안전, 자전거나 롤러스케이트, 인라인 등을 탈 때의 안전 요령이 잘 교육되고 있는지 점검한다.

3. 가정안전을 위한 제언

가정은 인간에게 가장 편안하고 안전한 곳이어야 한다. 가족원을 비, 바람, 들짐승으로부터 안전하게 지켜주어야 한다는 것은 가정의 가장 기본적인 의미이다. 그리고 가족원들은 가정의 안전을 지키고, 안전을 예방하고자 하는 노력이 있을 때 우리의 가정을 안전하게 지킬 수 있고 더불어 이 사회의 안전이 보장될 것이다.

가정에서의 소홀하기 쉬운 위험요소를 살펴보면 다음과 같다.

1) 가구는 넘어지지 않도록 안전한 장소와 위치에 배치한다.
2) 계단에는 손잡이를 설치한다.
3) 손에 닿지 않는 곳은 사다리를 사용한다.
4) 전기기구의 코드는 걸어다니는 곳에 설치하지 않는다.
5) 과다한 왁스는 미끄러질 위험이 있음으로 위험하다.
6) 엎질러진 물이나 기름은 즉시 닦아낸다.
7) 물건을 운반할 때 시야가 보이도록 한다.
8) 층계나 빈번한 통로는 밝게 한다.
9) 부서진 마루나 마모된 바닥은 미리 수선하고 위험하거나 날카로운 모서리는 안전하게 대책을 세워 위험을 방지한다.
10) 샤워나 욕조에는 혹시 모를 위험에 대비해 손잡이를 설치하고 비누나 미끄러운 것을 바닥에 놔두지 않고 있는 즉시 치운다.

4. 주거공간별 안전수칙

1) 방과 거실

(1) 이층 침대는 되도록 사용하지 않는 것이 좋다. 침대의 높이는 어린이들이 혼자서 오르내릴 수 있을 정도가 좋다. 또한 어린아이의 침대에는 충분한 높이의 보조난간을 설치한다.

(2) 실내에 있는 가구도 때로는 사고를 유발한다. 책장, 옷장, TV 기타 무거운 물건들이 아이들을 향해 넘어진다면 심한 부상을 당하거나 때로는 목숨을 잃을 수도 있다. 따라서 키가 크고 무서운 책장은 벽에 붙여 두고, 높은 곳에 아이들의 시선을 끄는 물건을 올려놓지 않

는다. 어린이들이 높은 곳에 있는 물건을 꺼내기 위해 책장이나 장식장에 올라가다가 가구와 함께 넘어질 수 있기 때문이다.

(3) 벽에 무거운 물건을 걸지 않는다. 특히 어린아이의 손이 닿는 곳에는 아무것도 걸지 않는다. 그림 액자를 포함하여 벽에 걸린 무거운 물건이 안전하게 걸려 있는지 항상 점검한다.

(4) 쉽게 움직일 수 있는 가구는 테이블 위에 놓아서는 안된다. 왜냐하면 가구가 아이들의 머리위에 떨어질 우려가 있기 때문이다.

(5) 창문의 모양에 따라 안전 고리를 설치하고 2층의 창문에는 반드시 안전망이나 난간을 설치한다.

(6) 창틀위에 어린이용품을 올려놓지 않는다. 아이들이 이것을 꺼내기 위해 기어 올라가 사고가 날 수 있다.

(7) 가위, 칼, 송곳, 못, 톱 등 날카로운 물건이나 공구는 어린이 손이 닿지 않는 곳에 보관한다.

(8) 어린이 방에서 사용하지 않는 콘센트는 아이들이 쇠젓가락과 같은 뾰족한 것으로 찔러 감전되지 않도록 막아놓는다.

(9) 난방기구를 사용하지 않을 때에는 밸브를 잠가두거나 플러그를 빼두어야 한다.

(10) 거실 탁자 위에 담배, 라이터나 성냥을 놓아두지 않는다.

2) 주방

(1) 부엌바닥은 미끄럽지 않도록 왁스칠은 가능한 하지 말고, 물기가 있을 때는 즉시 닦는다.

(2) 씽크대 문을 열고 닫을 때 아이들의 손가락이 문에 끼지 않도록 하고 모든 찬장과 서랍은 줄로 묶는 등의 잠금 장치를 하거나 어린아이들이 손쉽게 열 수 없는 버튼용 개폐방지 손잡이를 부착한다.

(3) 칼이나 포크, 가위, 채칼, 열려있는 깡통 등 날카로운 물건은 어린이

들의 손이 닿지 않는 곳에 보관하고 위험한 물건임을 아이들에게 알려주어 만지지 않도록 한다.

(4) 어린아이가 가스레인지를 만지지 않도록 하며 항상 중간 밸브를 잠그고 가스누설 자동 차단 장치를 반드시 설치한다.

(5) 어린아이들이 쓰레기통을 뒤질 수 있으므로 깡통 뚜껑은 안으로 집어넣어 양옆을 찌그러뜨리고 예리한 물건을 버릴 때는 매우 조심한다.

(6) 튀김요리를 할 때는 아이들의 접근을 막도록 하며 기름을 식힐 때는 장소를 잘 선정하여 화상 사고를 미연에 방지하도록 한다(튀김용 그릇 등은 바닥에 두지 않는다).

(7) 엄마가 일하는 곳에 멀리 떨어진 곳에 어린아이의 놀이장소를 마련하되 아이도 엄마를 마주볼 수 있고 엄마도 일하면서 아이를 살펴볼 수 있는 장소를 선택한다.

(8) 주방(부엌)에는 만일의 화재나 사고를 대비하여 간이용 소화기를 설치한다.

3) 욕실(화장실)

(1) 미끄러져 넘어짐

미끄러운 욕실바닥, 물, 비누 등이 욕실에서 미끄러져 넘어질 위험요인들이다. 욕실의 벽이나 욕조 바로 옆에 손잡이 봉을 부착하여 미끄러질 때 잡을 수 있도록 하면 사고를 예방할 수 있다.

(2) 전기의 위험

전기로 인한 쇼크와 감전은 욕조와 샤워실에 있는 사람이나 샤워 후 젖은 상태에서 전기 스위치를 켜거나 전기제품을 사용하다가 발생한다. 젖은 바닥에 서 있거나 욕조안에 있을 때는 절대 전기제품이나 조명시설을 만지지 않아야 한다.

(3) 화상

아이들이 수도 손잡이를 마음대로 조작해서 갑자기 뜨거운 물이 쏟아지지 않도록 주의 시켜야한다.

(4) 익사

어떠한 이유라도 아기나 어린아이들을 욕실에 남겨두지 않아야 한다. 어린이들은 아주 적은 양의 물에도 익사할 수 있고 변기 속으로 머리부터 빠지면 어른들의 도움없이 혼자 벗어날 능력이 없기 때문에 욕실 문을 항상 닫아두고 우연히 아이들이 욕실에 들어가지 않도록 주의하여야 한다. 누군가가 발견하기도 전에 익사할 수 있으므로 항상 주의하여야 한다.

(5) 자상 또는 창상(베임 또는 찔림)

유리컵, 면도날 등 만지면 베이거나 찔릴 수 있는 물체들은 잘 관리하고 가능하면 안전한 다른 제품으로 바꾸어 사용하며, 유리컵은 바닥에 떨어져 깨지면 심한 부상을 입을 수도 있으므로 깨지지 않는 플라스틱 컵이나 금속으로 된 제품으로 바꾸어 사용하고, 다 쓴 면도날은 즉시 치워서 아이들의 손이 닿지 않도록 하여야 한다.

(6) 유해물질이나 약품

의약품, 구강세척제, 알코올, 수면제 등 약품은 어린이들의 손에 닿지 않도록 잘 보관하고 화장품이나 이상한 호기심을 유발할 수 있는 용기 등을 변기 위에 장에 넣어 아이들이 변기를 밟고 그것을 꺼내려다 부상 당하는 일이 없도록 가능하면 욕실에 그럼 불필요한 것들을 보관하지 않는다.

4) 계단

(1) 계단은 항상 밝게 조명되어야 하며 불필요한 물체나 물이 흘러있지 않아야 한다.

(2) 높이가 다른 계단이나 너무 낡은 계단은 매우 위험하다. 계단의 높이가 다르거나 그 마모 정도가 심한 상태라면 보수를 서둘어야한다

(3) 계단에 양탄자를 깔 경우에는 계단의 크기가 줄어든다. 또한 양탄자가 낡으면 낡은 천에 걸려 넘어질 수 있으므로 계단 표면에는 아무것도 깔지 않는 것이 좋다.

5) 창문, 베란다

창문이나 베란다에서 발생하는 어린이 안전사고는 참으로 심각한 상태이다. 베란다에서는 가급적 어린이 혼자 놀지 않도록 하며, 베란다에는 아이가 딛고 올라설 수 있는 의자나 상자 등을 치우도록 하여야 한다. 창문이나 베란다에서 일어나는 대부분의 추락 사고는 시설의 안전 상태가 불량하여 일어난다.

(1) 아주 어린 영아도 닫혀진 창문이나 문을 열 수 있으므로 문이나 창문에는 잠금장치를 하여 어린아이가 함부로 창문을 열수 없게 한다.

(2) 베란다는 밖이 보이는 곳이므로 아이들의 호기심을 자극하는 곳이다. 따라서 베란다에서 아이들이 물건을 높고 올라가는 것을 막기 위해 발판이 될 수 있는 물건은 두지 않는다.

6) 승강기 · 에스컬레이터

우리는 일상생활 중 아파트와 빌딩, 병원, 백화점 등에서 승강기와 에스컬레이터를 많이 이용하고 있으며, 승강기와 에스컬레이터 없는 생활은 상상할 수 없을 만큼 그 중요성이 갈수록 커지고 있다. 생활속에서 승강기와 에스컬레이터를 많이 이용하게 되면서 사고 또한 흔히 발생하

고 있다. 따라서 승강기와 에스컬레이터를 이용할 때 유의해야 할 사항을 살펴본다.

(1) 승강기 안전 이용 수칙

우리는 일상생활 중 아파트와 빌딩, 병원, 백화점 등에서 승강기를 많이 이용합니다. 이제 승강기 없는 생활은 상상할 수 없을 만큼 그 중요성이 갈수록 커지고 있습니다. 이토록 중요한 승강기를 올바로 이용하지 않으면 고장이나 사고가 발생할 수 있기 때문에 다음과 같은 이용 수칙을 꼭 지켜야 한다.

- 정원 및 적재하중의 초과는 고장이나 사고의 원인이 되므로 엄수하여야 한다.
- 조작반의 인터폰 및 비상정지스위치 등을 장난하지 말아야 한다.
- 승강기 내에서 뛰거나 구르는 등의 행동을 하지 말아야 한다.
- 어린이와 노약자는 가급적 보호자와 함께 이용하도록 하여야 한다.
- 문턱에 이물질이 끼거나 틈새에 물이 들어가지 않도록 해야 한다.
- 화재 시에는 승강기를 타지 말고 비상계단을 이용해야 한다.
- 출입문에 기대면 도어개폐 시 손이나 옷자락이 딸려 들어가므로 조심해야 한다.
- 정전이나 고장 등으로 승강기 안에 갇히면 인터폰으로 구조를 요청하고 보수업체, 119구조대 등의 구조를 받을 때까지 침착하게 기다린다.

〈그림 3-1〉 승강기 안전 표시

(2) 승강기 안전 문화

승강기는 많은 사람이 이용하는 공동 시설물이므로 올바른 이용수칙과 함께 에티켓을 준수하여야 한다. 특히 승강기를 "타거나 내릴 때 질서 지키기", "어린이와 노약자에게 우선 양보", "뒤에 오는 탑승자를 위해 버튼 누르기" 등의 기본적인 에티켓을 지키면 본인은 물론 이용자 모두가 상쾌하게 이용할 수 있고 사고예방에도 도움이 된다.

- 승강기를 타고 내릴 때는 질서를 지킨다.
- 어린이와 노약자가 먼저 타고 내릴 수 있도록 양보한다.
- 승강기 버튼으로 장난치지 말고 승강기 안에 휴지나 오물을 버리지 않는다.
- 승강기 안에서 떠들지 말고 담배를 피우지 않는다.
- 승강기 안에서 발을 구르는 등 충격을 주지 않는다.
- 뒤에 타는 이용자를 위해 열림 버튼을 눌러준다
- 정원이 초과되면 맨 나중에 탄 승객이 내린다.

(3) 승강기 고장시 안전구조

평소에 제대로 운행되던 승강기가 갑작스러운 정전이나 고장이 발생해 승강기 안에 갇히게 되는 경우가 있다. 이럴 때는 당황하고 조급한 마음으로 카 문을 열고 탈출을 시도하다가 승강기 통로 아래로 추락하는 사고를 당할 수 있다. 이용 중이던 승강기가 갑작스러운 정전이나 고장을 일으켰을 때는 절대로 당황하지 말고 침착하게 탑승구 내에 부착되어 있는 인터폰으로 관리사무실 등에 알려 전문가로부터 안전한 구조를 받아야 한다.

- 정전 등의 이유로 실내조명이 꺼지더라도 당황하지 말고 인터폰으로 연락하여야 한다.
- 임의로 판단하여 탈출을 시도하지 말아야 한다.
- 구조의 요청으로 구출되는 경우 반드시 구출자의 지시에 따라야 한다.

- 승강기 문을 강제로 개방하지 말아야 한다.

(4) 에스컬레이터 안전수칙

백화점, 대형 할인매장 등의 유통시설과 지하철역 등에 설치, 운행되는 에스컬레이터와 수평보행기의 이용에 따른 안전사고가 갈수록 늘어나고 있다. 특히 어린이들이 안전수칙을 제대로 지키지 않아 많이 발생하는 에스컬레이터 사고는 발판의 가장자리에 옷자락이나 신체의 일부가 끼여서 일어나는 사례가 대부분 이지만, 수평보행기의 경우처럼 서로 교차하는 지점의 삼각부에 머리를 부딪쳐 부상을 입기도 한다. 따라서 다음과 같은 안전이용수칙을 지켜 사고를 예방해야 할 것이다.

- 옷이나 물건 등이 틈새에 끼이지 않도록 주의해야 한다.
- 핸드레일 밖으로 몸을 내밀지 말아야 한다.
- 디딤판 위에 앉지 말아야 한다.
- 어린이나 노약자는 보호자가 손을 잡고 타야 한다.
- 사고 발생시에는 비상정지버튼을 조작하여 작동을 멈추게 해야 한다.

제4장

화재안전

1. 화재의 원인과 특성
2. 화재시 행동요령
3. 화재발생 후 조치사항
4. 화재예방 요령
5. 소화기 및 옥내 소화전 사용법

1. 화재의 원인과 특성

1) 열의 전달

물리학의 자연 법칙 중에서 몇 가지는 열의 이동과 관계가 있다. 열 흐름 법칙이라는 것이 있는데, 이것은 열이 뜨거운 물질에서 찬 물질로 흐르는 성질을 말하는 것이다. 밀착되어 있는 두 물체 중에서 더 찬 물체는 서로 같은 온도가 될 때까지 열을 흡수한다. 따라서 열은 불이 난 건물을 통과하여 이동할 수가 있는 것이다.

(1) 전도

열은 두 물체가 서로 직접 접촉하거나 열전도체를 사이에 끼워서 이 물체에서 저 물체로 전도되게 할 수도 있다. 열이 이동하는 대표적인 예로, 6～7개 떨어진 방안에 있는 목재를 충분히 점화하도록 배관을 뜨겁게 하는 지하실 화재이다. 이동할 열량과 통과율은 열이 통과할 물질의 전도성에 따라 다르다. 모든 물질의 전도율이 모두 다 같은 것은 아니다. 알루미늄, 구리, 철 등은 전도체지만, felt, 천, 종이 같은 섬유질은 전도율이 낮다.

액체와 기체는 미분자의 운동 때문에 절질 도체이고, 공기는 상대적으로 저질 도체이다. 이것이 바로 외부공기 온도에서 더 격리시키기 위해 공기층을 넣은 이중벽과 덧창문을 하는 이유이다. 유리섬유 같은 고체를 잘게 썰어서 섬유처럼 만들고, 이불처럼 싸서 양질의 절연체를 만드는데, 그 이유는 그 물체 자체가 비전도체이고 솜 안에 공기 주머니가 있기 때문이다.

(2) 대류

대류란 공기나 액체가 움직임에 따라 열이 이동하는 것을 말한다. 유리그릇으로 물을 데울 때, 유리를 통하여 그릇 안의 움직임을 관찰한 수 있다. 그 물속에 톱밥을 넣으면 움직임은 훨씬 더 분명해진다. 물이 데워지면 팽창하고, 더 가벼워져서 상승 운동을 한다. 이와 같이 스팀 방열판 근처의 공기가 전도에 의해 데워지면 팽창하고, 가벼워져서 상승 운동을 한다. 더운 공기가 상승하면 보다 차가운 공기는 보다 낮은 곳으로 내려온다. 액체와 기체가 데워질 때 생기는 이 운동은 열의 전도에서 이야기한 분자의 움직임과는 다른 대류에 의한 열의 움직임이다.

건물 안에 데워진 공기는 팽창하여 위로 올라간다. 이런 이유로 화재는 대류 때문에 대부분 위쪽으로 퍼진다. 그렇기 때문에 기류는 열을 어떤 방향으로라도 끌고 갈 수 있는데, 대류의 흐름은 일반적으로 바닥에서 바닥으로, 방에서 방으로, 공간에서 공간으로 열이 흐르도록 한다. 복도, 올라가는 계단 공간, 승강기 통로, 벽과 벽 사이, 다락방을 통하여 불이 확산하는 것은 주로 대류가 그 원인이다. 대류열이 상승하는 것을 막는 천장이나 다른 장애물을 만나면 대류열은 천장을 따라 옆으로 번져갈 것이다. 천장 공간에 다다르면 뒤에서 올라오는 보다 더 뜨거운 공기가 밀어서 대류 열은 일반적으로 보통 버섯모양이 된다. 대류는 진화 작업이나 환기 작업을 하는데 복사나 전도보다 더 큰 영향을 미친다.

가끔 열이 이동과는 관계가 없다는 생각을 실수로 한다고 해도 불꽃에 직접 접속하는 것은 실제로 대류열의 한 형태이다. 가연성 증기가 방출하는 지점에서 어떤 물질이 가열되면 그 증기는 점화되어 불꽃이 발생할 수 도 있다. 마찬가지로 다른 가연성 물질이 타고 있는 증기나 불꽃이 닿으면 가연성 물질 역시 점화되어 탈 수 있을 만큼 뜨거워 질 수 있다.

2) 화재의 특성

연료는 물질의 세 가지 상태 즉, 고체, 액체, 기체 중 어떤 상태로라도 있을 수 있지만 오로지 기체만 연소되며, 액체나 고체 연료가 연소되려면 가열되어 기체 상태로 바뀌어야 한다. 즉, 열작용을 통한 물질의 화학적 분해를 말한다. 기체 연료는 액체에서 기화하여 방출된다. 이 과정은 끓어서 증발한 물이나 태양광 때문에 증발한 통속에 든 물과 같다. 양쪽 모두의 경우에서 열은 액체를 증발시키는 원인이 된다. 일반적으로, 액체연료의 증기화 과정은 고체연료가 승화과정을 행하는 것보다 적은 열이 필요하다. 기체 연료는 이미 점화될 수 있는 상태이기 때문에 가장 위험하다. 승화도 기화도 되지 않게 연료로서 준비해야 할 것인데, 이런 연료를 담아 놓기가 가장 어렵다.

(1) 연료의 성격

고체 연료는 연료의 점화성에 중대한 영향을 미치는 확실한 모양과 크기를 지니고 있다. 첫 번째 고려할 사항은 표면적인데, 이건 연료의 양에 대한 연료의 표면적의 비율을 말한다. 이 표면적율이 크면 연료입자는 더 작아지고 더 미세하게 나누어지고(통나무와 톱밥의 반대비교), 점화성은 무시무시하게 커진다. 표면적이 커지면 열 이동이 쉬워지고, 물체는 한층 빨리 뜨거워지고 승화가 빨라진다.

고체연료의 물리적 위치는 소방대원과 아주 밀접한 관계가 있다. 고체연료가 수직으로 있을 때는 수평으로 있을 때 보다 화재가 훨씬 빨리 퍼질 것이다. 화재 확산의 신속성은 전도와 복사뿐 아니라 대류를 통한 열 이동의 증가 때문이다.

액체연료는 사람에게 해롭고 진화하는 데는 어려움이 커지는데, 액체는 용기의 모양을 따르지만 엎질러졌을 때는 액체는 땅 바닥 모양으로 납작해지고 흘러서 낮은 지역으로 모이는 물리적 특성이 있다.

밀도는 함께 묶여 있는 물질이 얼마나 단단히 묶여 있는가를 나타내는 정도이다. 빽빽한 물질은 무겁다. 크기가 같은 배에 한 척은 2사람이 타고 다른 한 척에는 20명이 타고 있다고 가정해보면 2척의 배가 크기는 같은 지라도 20명이 탄 배가 더 무겁고 더 빽빽하다.

물에 대한 액체의 밀도를 비중이라고 한다. 비중이 1보다 작은 액체는 물보다 가볍고 비중이 1보다 큰 액체는 물보다 무겁다. 만약 어떤 액체의 밀도가 1이라면, 그 액체는 물과 고르게 섞일 것이다. 흥미있는 것은 대부분의 가연성 액체는 비중이 1이하라는 것이다. 이것은 만약 소방대원이 가연성 액체 화재와 부닥쳤을 때, 물을 잘못 끼얹으면 불이 물위에 뜨고 퍼져서 모든 것에 불을 붙일 수도 있다는 뜻이 된다.

액체 연료의 수용성 역시 중요한 요소이다. 알코올과 polar 솔벤트는 물에 녹는다. 많은 섞으면 알코올과 다른 polar 솔벤트는 타지 않을 것이라고 말할 정도까지 묽어질 수 있다. 대체로, 액체 탄화수소는 물에 녹지 않고 물위에 뜨기 때문에 물만으로는 기름을 씻어낼 수 없는 이유이다. 또한, 기름이 물에 녹지 않기 때문에 물과 비누를 써야 기름이 녹는다.

어떤 진화작용제가 탄화수소(불용성)에 효과적이고, polar 솔벤트(가용성)에 효과적인가에 대해 연구해야 할 것이다. 오늘날에는 위의 두 가지 형태의 액체 연료에 효과가 있는 다목적 거품제를 사용한다.

액체에서 발산하는 증기의 휘발성 또는 안정성이 불을 조절하는데 영향을 끼친다. 모든 액체는 많건 적건 간에 증기를 발산한다. 가연성 증기를 많이 뿜어내는 액체는 쉽게 불이 붙기 때문에 위험하다.

증기밀도 또는 기체의 밀도는 공기에 대한 증기의 밀도를 말한다. 증기밀도는 휘발성 액체와 기체형 연료와 관련이 있다. 기체는 그것을 담고 있는 그릇모양을 따르지만 특정한 양은 없다. 증기가 공기보다 밀도가 낮으면 상승하여 흩어진다. 가스나 증기가 공기보다 무거우면, 이런 경우가 앞의 경우보다 더 보통으로 일어나는 일인데, 땅바닥에 딱 붙어서 바람과 지형에 따라 움직인다. 가장 가벼운 메탄을 제외한 모든 탄화수소는 밀도가 1보다 크고 땅으로 내려앉아 붙어서 낮은 지역으로 흘러가서 정말 위험하게 된다. 에탄, 프로판, 부탄 같은 일상적인 가스가 공기보다 무거운 탄화수소의 예이다.

(2) 혼합 기체

가스 상태로 바뀐 연료는 연소되기 위하여 먼저 산화제와 결합해야 한다. 일반적인 산화제가 공기 중에 있는 산소이다. 연료 증기와 산화제의 혼합은 그 연료가 연소할 수 있는 범위 안에서 혼합되어야 한다. 산화제의 양에 대해 연료 증기가 너무 많지는 않고 충분해야 한다는 것이다. 만약, 연료 증기가 너무 많으면 혼합물이 연소하기에 너무 많이 타지 않는다. 만약 충분하지 않으면, 연소시키기에는 너무 모자라서 타지 않는다. 증기 연료 혼합물의 양에 따라 탈 수 있는 한계가 있지만 그래도 연소온도는 보통 70°F(21℃)이다. 이런 한계는 온도에 따라 약간의 변화가 있다.

(3) 연소 과정

연료와 공기가 적당히 섞였을 때 그 다음엔 혼합가스가 점화 온도 또는 스스로 계속 연소할 수 있는 온도까지 상승해야 한다. 불이 타는 데는 기본적인 2가지 양식이 있는데, 활활 타는 것과 겉면만 타는 것이다. 활활 타는 연소는 벽난로 안에 있는 통나무가 타는 것 같이 불 사면체(연료, 열, 산소 그리고 자유로운 화학적 연쇄반응)로 설명된다. 표면 또는 Smoldering mode의 연소 양태는 연소의 3요소(연료, 열, 산소)로 설명된다.

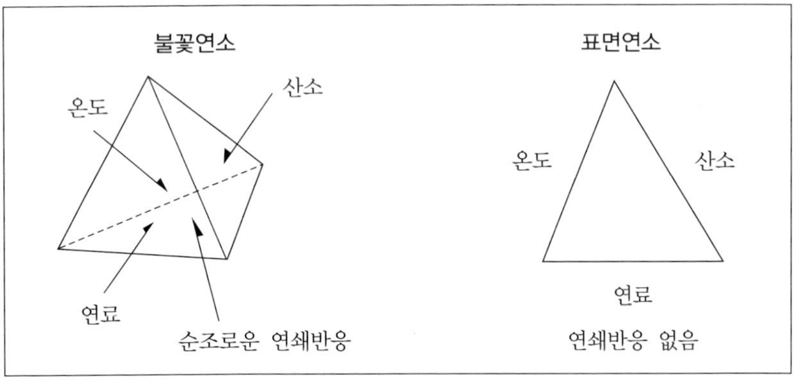

〈그림 4-1〉 연소의 3요소

연료는 모두 고체이거나 액체이고 또 산화라고 하는 화학반응에서 산소와 결합할 수 있는 기체라는 것을 알 수 있다. 충분히 높은 온도의 연료는 자유로운 산화작용제가 있으면 점화될 것이다. 에너지가 열이 있는 한 연소는 계속된다. 보통은 공기중에 있는 산소가 산화작용제이다. 질산소다, 염소산칼륨 같은 물질을 연소하는 동안 스스로 가지고 있는 산소를 내놓아 산소가 없는 곳에서도 탈 수 있다. 과학자들은 연소하는데 화학적 연쇄 반응이 일어나는 것을 부분적으로만 이해하지만, 연료를 뜨겁게 하면 산소와 결합하여 탈 수 있도록 하는 물질속에 있는 증기가 빠져나올 수 있다는 것도 잘 알고 있어야 한다. 연소가 계속되기 위해서는 그런 물질이 계속 빠져 나와야 한다.

고체와 액체의 자활 연소 반응을 방열 귀환(歸還) 때문이다. 방열 귀환은 계속하여 증기를 만들기 위한 에너지를 공급하는 복사열이다. 충분한 열이 끊임없이 있을 때나, 이 방열 귀환이 증가할 때는 생산되는 열에 따라 불이 일정하게 남아 있거나 커지거나 할 것이다. 열이 연료로 되돌아 올 때 이것을 열의 양성 균형이라고 한다. 열이 발생하는 것보다 없어지는 것이 더 빠르면 열의 음성 균형이 생긴다. 연소가 계속되기 위해서는 열의 양성 균형이 필요하다.

계속 타게 하는데 쓰이는 산소와 양은 중요하다. 앞에서 말한 대로 보통 상황에서 공기중에는 산소가 21%정도 포함되어 있다. 그렇지만 소방대원은 산소가 21%보다 적은 상황에 자주 마주친다. 이런 것을 볼 수 있는 가장 일상적인 3가지 상황은 비어있는 저장 탱크 속, 산소가 한정되어 있는 곡식저장고, 그리고 건물 화재이다. 저장 탱크는 깨끗이 비어 있거나, 잔여 가스로 차 있거나, 산소가 부족한 증기로 차 있다. 만약 일하는 사람이나 구조자가 자가호흡장치(SCBA) 없이 그 속에 들어갔다가는 곧 의식을 잃거나 죽을 수도 있다.

건물 화재에서 자주 보이는 산소결핍 상황은 연소과정이 계속되기 위해 불이 산소를 써버려서 생긴 결과이다. 만약 그 건물이 꼭 닫혀 있으면 산소를 많이 써버리고 목숨을 부지하지 못하거나, 게다가 더욱 심각한 문제까지도 발생할 수 있다. 또 산소 농도가 21%이하이면 불이 피지 않고 인명 안전에 나쁜 영향을 끼친다.

인명 안전이라는 관점에서 볼 때 산소결핍 상황에서 작업하는 것과 연관된 증상들을 나열한 것이다. 불의 관점에서 보면, 불의 강도는 산소농도가 18%이하에서 낮아지기 시작하며, 산소농도가 15% 이하에서는 연소가 계속될 수 없다.

3) 화재의 발달 단계

불은 위험요소가 있으면 밤낮을 가리지 않고 언제든지 일어날 수 있다. 화재가 사람이 살고 곳에서 발생하거나, 자동 진화 장치, 또는 감지장치가 설치된 곳에서 발생했을 때는 초기에 발견하여 진화할 수 있다. 건물이 닫혀 있을 때, 사람이 살지 않거나, 방호 장치가 설치되지 않았을 때 화재가 발생한다면, 많이 진행될 때까지 감지되지 않을 수 있다. 닫힌 건물 안에서는 환기할 때를 결정하는 것이 가장 중요하다.

닫힌 방이나 건물에서 발생한 화재는 특히 중요한 특성 2가지가 있다. 첫 번째 특성은 산소의 양이 한정되어 있다는 것이다. 이것이 산소 공급이 제한되지 않는 건물 밖 화재와 다른 점이다. 두 번째 특성은 발생한 화재 가스가 야외에서처럼 흩어지지 않고 구조물과 건물 안에 갇혀 있다는 것이다. 화재가 닫힌 건물이나 방에서 발생했을 때는, 더 큰 피해나 위험을 줄이기 위해서 그 상황에서 신중하고도 빈틈없는 환기 절차를 실행해야 한다. 건물이나 방에 한정된 화재는 세 가지의 주요 전진 단계를 살펴봄으로써 가장 잘 이해할 수 있다. 그 3가지란 초기단계, 끊임없는 연소상태, 뜨거운 연기 상태이다. 소방대원은 화재의 발달 단계중 어느 한 단계와 마주치기 때문에 그런 단계들이 작용하는 것을 알려면 환기절차를 이해하는 것이 중요하다. 세 가지 단계가 서로 얽혀서 Rollover, Flashover, Backdraft 등의 여러 가지 위험한 상태가 일어날 수도 있다는 점을 알아야 한다.

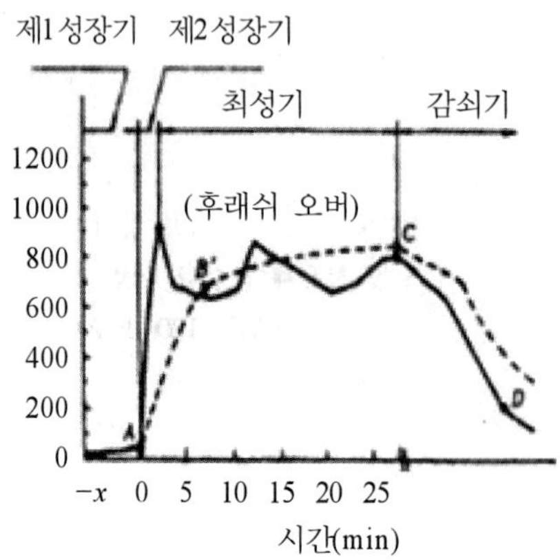

실내 화재의 일반적 경과

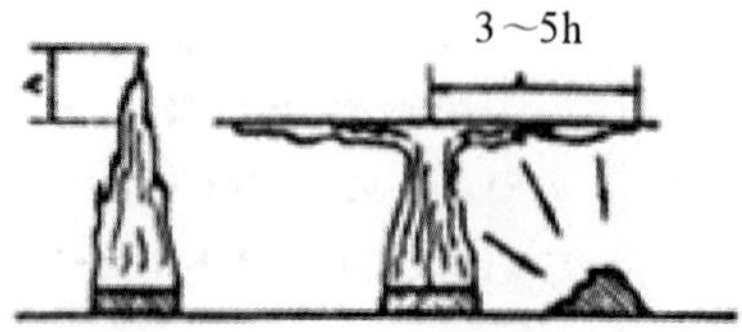

천정면을 따라 확산되는 화재

〈그림 4-2〉 화재의 발달 단계

(1) 초기 단계

초기 단계는 실제로 점화되어 화재가 발생한 가장 이른 단계이다. 이 불은 최초로 점화된 물질에 한정된다. 초기 단계에는 공기 중에 있는 산소가 심각할 만큼 줄어들지 않는다. 그리고 이 때의 불은 수증기를 만들어 낸다. 그리고 적은 양의 이산화황, 일산화탄소, 이산화탄소와 여러 가지 가스를 만들어 낸다. 약간의 열이 발생하고 그 열의 양은 불의 진행 상태에 따라 증가할 것이다. 이 때의 불은 적어도 1000°F(537℃)가 넘는 불꽃을 내고, 이 단계에서 방의 온도는 아직 천천히 상승할 것이다.

○ Rollover

Flashover이라고도 하는 Rollover는 초기 또는 안정 단계 초기에 발생한 연소되지 않은 가연성 기체가 천장근처에 모일 때 일어난다. 이런 아주 뜨겁게 달궈진 기체는 압력이 있어서 화재지역중에서 아직 불이 붙지 않은 곳으로 밀려 나가서 산소와 결합한다. 가스가 탈 수 있는 범위에는 들어 왔을 때 점화되고 더 커져서, 매우 빠르게 퍼지고 천장을 휘감는다. 이것이 호스를 전진시킬 때 소방대원이 몸을 낮추어야 하는 이유이다. Rollover와 Flashover는 방안에 있는 내용물은 타지 않고, 가스만 탄다는 것만 다르다. Rollover는 연료가 없어질 때까지 계속 타고, 중심부를 진화하면 꺼지며, 불 스스로 만든 가연성 액체를 Rollover에 공급하지 못할 때 Rollover는 그칠 것이다.

(2) 안정된 상태로 꾸준히 타는 단계

간단히 말해서 Steady-state burning 단계(Free-burning phase라고도 함)는 연료와 산소가 불이 커지기에 충분한 곳, 그리고 모든 것이 그럴 수 있는 곳에서 타기 시작한 불의 단계라고 생각할 수 있다. 이 단계의 초기 동안에는 산소가 충분히 있는 공기가 불꽃 쪽으로 끌려간다. 이건 대류(열기의 상승)가 한정된 지역의 가정 위쪽으로 열을 운반하기 때문이다. 열기가 위에서 옆으로 퍼져서 아래로 내려오고 보다 차가운 공기는 좀 더 낮은 곳을 찾아 내려와서 결국은 방안의 높은 부분에 있는 모든 가연성 물질에 불을 붙인다. Steady-state의 초기는 불꽃 확산 단계라고도 한다. 이렇게 뜨거운 공기가 있기 때문에 소방대원은 낮은 곳에 있어야 하고 자가호흡장치(SCBA)를 착용해야 한다. 이런 고열 기체는 단 한 번만 마셔도 폐가 타버릴 수 있다. 이런 높은 곳의 온도는 1300°F (700℃)를 넘을 수 있다.

조건이 완벽하다면 드물기는 하지만 불은 Clear-burning이라고 하는 단계가 된다. Clear-burning 단계에는 높은 열을 내고 완전 연소를 한다. 연기가 나지 않거나 아주 적은 양이 난다. 이런 불은 메탄올 계의 경주용 자동차 연료와 같이 아주 깨끗한 연료가 탈 때만 일반적으로 볼 수 있다. 열기둥 현상은 불의 밑에서 위쪽으로 공기가 빨리 움직일 때 일반적으로 후반부에 발달하기 때문에 연료와 반응할 산소가 부족한 곳으로 번지지 않는 한 계속 산소를 써 없앤다. 불은 이 때에 연기(smoldering) 단계로 줄어들지만 산소만 공급되면 빠르게 탄다.

❍ 방전에 의한 단락(Flashover)

단락은 방이나 큰 간의 모든 표면에 불꽃이 번쩍일 때 생긴다. 단락의 실제 원인은 불 자체열의 증강이다. 불이 계속 타기 때문에 화재지역 안에 있는 모든 것들은 점차 온도로 상승한다. 내용물이 점화온도에 이를 때 동시에 점화되고, 그 지역은 모두 화재 지역이 된다. 이런 점화는 거의 순간적이고 아주 극적일 수 있다. 천장 높이로 물을 뿌려서 물체를 점화온도 아래로 끌어 내려서 방을 식히면 단락은 보통 피할 수 있다.

(3) 뜨거운 연기를 내는 단계(Hot-smoldering phase)

Steady-state 다음에는 닫힌 공간이 충분히 밀폐되었다면 불꽃은 없어지고 잉걸불이 된다. 불꽃이 잦아들면 방은 짙은 연기와 가스로 꽉 차게 된다. 가스가 발생하면서 생긴 공기압은 연기와 가스를 작은 틈 사이에까지 억지로 밀어넣을 수 있을 만큼 커진다. 방 온도가 1,000°F(537℃)를 넘어 설 수도 있다. 그 거센 열은 가루를 유리시켜 버린다. 이런 연료 기체는 불 때문에 많아지고, 소방대원에게는 위험이 더 커지고, 공기가 방 안으로 잘못 들어오면 Backdraft가 일어나 수 있다. 방안으로 공기가 들어오지 않으면 결국은 다 태우고 아주 다 타버린 것만 남는다.

❍ Backdraft

Steady-state 후기 단계나 뜨거운 연기(Hot-smoldering) 단계인 화재에 뒤늦게 출동한 소방대원이 건물을 개방할 때 화재과학을 생각하지 않는다면 Backdraft의 위험을 당한다.

Hot-smoldering 단계에서는 불을 유지하기에는 산소가 부속하기 때문에 불완전 연소가 된다. Steady-state 단계의 열은 산소가 더 공급되었을 때 즉각 탈 수 있지만 아직은 타지 않은 탄소 분자와 가연성 연소부산물을 남긴다. 문 또는 창문을 부수거나 적당치 않은 환기작업을 하면 이제껏 없었던 산소를 제공하는 셈이 되어 필요한 산소가 들어오자마자 정체되었던 연소가 다시 시작하는데 이렇게 다시 시작한 연소속도는 폭발이라고 할 만큼 파괴적이어서 Backdraft는 소방대원이 당할 수 있는 상황 중에서 제일 위험한 것이다.

연소는 산화이고 산화는 산소와 다른 요소가 결합하는 곳에서 일어나는 화학적 반응이다. 탄소는 목재, 플라스틱, 다른 여러 가지 것들 중에 많이 있는 요소이고, 나무가 탈 때 탄소는 산소와 결합하여 산소의 유용성에 따라 이산화탄소나 일산화탄소를 만든다. 쓸 산소가 충분치 않을 때는 많은 양의 탄소가 연기 속으로 방출되기 때문에 탄소알갱이가 많은 검은 연기는 Backdraft가 일어날 수 있다는 경고 표시로 간주되고 있다.

다음은 Backdraft가 일어날 수 있는 경우이다.

- 작은 구멍으로 연기가 힘있게 뿜어 나올 때
- 진한 황회색을 띤 검은 연기
- 유폐된 곳의 과도한 열
- 불꽃이 거의 없거나 불꽃이 보이지 않을 때
- 연기가 건물에서 훅훅하고 나오거나 띄엄띄엄 간격을 두고 나올 때
- 연기로 얼룩진 창문
- 소음기에서 나는 것 같은 소리
- 구멍이 생겼을 때 공기가 안쪽으로 갑작스럽고 빠르게 움직일 때

이런 상황은 환기를 잘 하여 덜 위험하게 할 수 있다. 방이나 건물의 가장 높은 곳에 구멍을 내면 열기나 연기가 빠져나가서 폭발 가능성이 줄어든다.

○ 가스가 만든 온도층

가스가 만든 온도층이란 온도에 따라 층을 만드는 기체의 성질을 말하는 것으로 다른 말로는 열성층과 열균형이라고 한다. 가장 뜨거운 기체

는 위로 올라가고 찬 기체는 바닥으로 가라앉는 성질이 있다. 연기는 공기와 가스와 미분자의 혼합물이고 이것은 상승한다. 지붕에 구멍이 있으면 연기는 방이나 건물에서 위로 올라가서 밖으로 나간다.

온도층은 진화작업을 위험하게 한다. 가장 뜨거운 공기나 기체가 위로 올라가는 한 보다는 낮은 곳은 소방대원에게 안전하다. 가장 뜨거운 공기층이 가장 위로 가서 환기구멍을 통해 밖으로 나갈 수도 정상적인 공기층이 물을 적절하지 않게 뿌리면 헝클어진다.

화재지역에 물을 잘못 뿌려서 그 지역이 환기가 되지 않으면 잘못 뿌린 물이 최초 진화작업때 생긴 수증기를 식혀서 응축시킨다. 이 반응이 연기와 수증기가 화재지역의 높은 곳 전체를 순환하게 한다. 연기와 수증기가 만든 이 소용돌이는 정상적인 온도층을 흐트러뜨린다. 이 과정을 불균형이라 하기도 하는데, 일단 정상적인 공기층이 무너지면 그 지역을 깨끗하게 하기 위해서 강제환기를 해야한다.

○ 연소 부산물

불완전 연소는 당연히 덜 탄 연료나 숯을 남긴다. 물질이 탈 때는 화학적 변화를 겪는다. 물질을 구성하고 있는 요소가 연소 과정에서 파괴되지는 않지만 모든 물질은 모양이나 상태가 변한다. 예를 들면, 종이 한 장이 탈 때는 종이에 있던 가스와 습기를 유리시키고 얇은 종이재인 탄화된 고체를 남긴다. 여러 가지 부산물의 무게와 연료가 가지고 있는 원래 무게가 같다는 일단의 설이 있음에도 지금은 연료가 약간의 에너지로 사실상 변화되어서 부산물의 무게가 연료의 무게 보다 약간 가볍다고 알려져 있다.

연료가 탈 때는 열, 빛, 연기, 가스 등 4가지의 연소 부산물이 생긴다. 열은 열의 강도를 나타내는 온도의 정도로 측정되는 에너지로 불을 확산하는 연소 부산물이며, 화상, 탈수, 열, 탈진, 호흡기관 손상에 직접적인 원인이 된다. 불꽃은 눈에 보이면서 타는 기체의 발광체로 타는 기체가 적당량의 산소와 섞였을 때 불꽃은 더 뜨거워지고 빛은 덜 나게 되며, 탄소가 좀 더 완전하게 타는 것은 발광감소의 원인이 된다. 모든 불에서 볼 수 있는 연기는 산소, 질소, 이산화탄소, 일산화탄소가 혼합되어 이루어져 있는데, 결국은 탄소 입자(검댕)와 불타고 있는 물질에서 나온 잡다한 부산물로 나누어진다. 연기의 내용물은 타고 있는 정확한 물질에 따라 변하는데, 액체연료는 일반적으로 진하고 검은 연기를 내며, 오일, 타르, 페인트, 니스, 고무, 황 그리고 플라스틱 제품들은 진한 연기를 낸다.

4) 진화이론

진화는 연소 과정에서 필수적인 요소 중에서 하나 또는 더 많은 요소를 제한하거나 방해함으로써 실행된다. 불꽃을 내면서 연소하는 화재는 온도와 연료를 제거하고 산소를 줄임으로써 진화하고, 또는 억제되지 않은 화학적 연쇄 반응을 멈추게 함으로써 진화한다. 만약 어떤 화재가 Smoldering 상태라면 오직 3가지 조건만이 존재하는데, 온도 내리기, 연료 제거, 산소 제거이다.

(1) 냉각에 의한 진화

진화에서 가장 일반적인 방법중의 하나는 물로 냉각하는 것이다. 이 진화 절차는 불타는데 충분한 증기를 만들지 못할 때까지 연료의 온도를 내릴 수 있느냐에 달려 있다. 착화점이 높은 고체 연료와 액체 연료는 냉각에 의해 진화할 수 있다. 착화점이 낮은 액체와 가연성 기체 연료와 관계 있는 불은 물에 의한 냉각으로는 진화할 수 없는데, 그 이유는 증기 생산을 충분히 줄일 수 없기 때문이다. 냉각은 열의 음성적 균형을 만들기에 적당한 형태로 물을 충분히 뿌릴 수 있느냐에 달려 있다.

(2) 연료 제거에 의한 진화

어떤 경우에는 연료의 근원을 제거함으로써 효과적으로 진화할 수 있다. 연료의 근원을 제거하는 것은 액체 연료나 또는 기체형 연료의 흐름을 멈추게 하거나 불의 진로에 있는 고체 연료를 없애 버리면 되는 것이다. 연료를 제거하는 또 다른 방법은 모든 연료가 소모될 때까지 타도록 놔두는 것이다.

(3) 산소 차단에 의한 진화

한 지역 안에 있는 산소의 양을 줄여서도 진화를 할 수 있다. 산소의 양을 줄이는 것은 이산화탄소와 같은 불활성 기체를 산소가 있던 자리에 몰아 넣거나 거품으로 덮어서 공기와 연료를 분리시켜서 할 수도 있다. 물론, 이런 방법들은 스스로 산화제를 내는 보기 드문 연료에는 통하지 않는다.

(4) 화학 작용제에 의한 진화

Dry chemical과 Halogenated Hydrecarbons(헬런)같은 진화제는 불꽃을 만드는 화학 반응을 방해하여 불이 꺼지게 한다. 이런 진화 방법은 가스와 액체 연료에 효과가 있는데, 그 이유는 가스와 액체가 타는데는 꼭 불꽃이 나야하기 때문이다.

Smoldering 단계의 불은 이 방법으로는 쉽게 진화가 안 되는데, 그 이유는 헬런을 잠그는 그 순간에 연기로 변한 연료에 다시 한번 공기가 접근할 수가 있어서 계속타기 때문이다. Smoldering 화재는 진화할 수 있는 단 한가지 실제적인 방법은 냉각뿐이다.

2. 화재시 행동요령

1) 발화초기의 안전조치

화재가 발생하면 최초 발견자는 큰소리로 다른 사람에게 화재가 발생했다는 사실을 알려야 하고 즉시 소화기, 모래, 옥내소화전 등을 이용하여 소화작업에 임해야 한다. 이때 주의해야 할 사항은 불 끄는 일에만 정신이 팔려 연기에 질식하거나 불길에 갇히는 일이 없도록 하고 소화약제는 화염이나 연기에 방사하는 것이 아니라 화원에 방사해야 한다.

그러나 무엇보다도 중요한 것은 소방서에 신고하는 것으로, 초기소화가 불가능하다고 판단되면 지체없이 소방관서에 화재를 신고하고 대피해야하는데 이때는 연소속도를 늦추기 위하여 반드시 출입문을 닫고 대피하여야 한다.

2) 화재신고

소화기나 물 등을 이용하여 초기소화가 불가능하다고 판단되면 서로 미루지 말고 즉시 소방관서에 화재신고를 해야한다. 일단 화재가 방생하면 최초발견자는 큰소리를 "불이야"를 외치거나 비상벨을 눌러 다른 사람들에게 화재사실을 알려야 한다.

소방관서에 화재를 신고를 할 때에는 침착하게 화재발생 장소, 주소, 주요 건축물 또는 목표물, 화재의 종류 등을 상세하게 설명하여야 하며 침착한 신고를 위해서는 평소에 유사시를 예상한 마음자세와 훈련이 필요하다. 또 만일의 경우를 대비하여 전화기 가까운 곳에 주소나 주요 건축물 또는 목표물 등을 적어서 부착시켜 놓고 유사시 이것을 보고 신고하면 효과적이다.

3) 피난유도 및 대피요령

(1) 피난 유도

불특정 다수인이 출입하는 백화점이나 고층복합건축물 등에 화재가 발생하였을 경우 건물구조를 상세하게 알지 못하는 사람들은 당황하거나 겁을 먹게 되어 이성을 잃고 무분별한 행위를 하게 되므로 화재시에는 그 건물구조에 익숙한 사람이 적절한 피난유도를 해야한다.

- 만일의 경우를 생각하여 피난계획을 세워둔다.
- 과거 수많은 대형참사가 적절한 피난유도가 이루어지지 않아 발생했다는 사실을 직시할 때 평소 피난통로의 확보와 피난유도 훈련을 철저히 실시한다.
- 건물 내부에는 두 개 이상의 피난통로를 설치하여 유사시에는 충분히 활용할 수 있도록 한다.
- 피난 유도시에는 큰소리로 외치는 것보다 가급적 불안감을 느끼지 않도록 차분하고 침착하게 행동하여야 한다.

(2) 대피요령

화재발생시 가장 주의해야 할 것은 유독가스와 연기로 인한 질식이다. 통계에 의하면 화제로 인한 사망중 60% 이상은 화염이 사람의 몸에 채 닿기도 전에 가스와 연기로 인한 질식사망이고 약 20% 정도만이 소사하는 것으로 나타났으며, 이밖에 충분히 피난할 방법이 있는데도 불구하고 당황하거나 공포에 질려 창문으로 뛰어내리거나 다른 건물로 건너뛰다가 사망하는 경우가 상당히 많은 것으로 나타났다. 따라서 화재시에는 당황하거나 무서워 하지말고 빠르고 침착하게 행동하여야 한다.

- 문에 손을 대어본 후 만약 문밖에 연기와 화기가 없다고 생각이 들 때에는 어깨로 문을 떠받친 다음 문쪽의 반대방향으로 고개를 돌리고 숨을 멈춘 후 조심해서 비상구나 출입문을 열고 대피한다.
- 연기속을 통과하여 대피할 때에는 수건 등을 물에 적셔서 입과 코를 막고 숨을 짧게 쉬며 낮은 자세로 엎드려 신속하게 대피하여야 한다.
- 고층건물이나 복합, 지하상가 화재시에는 안내원의 지시에 따르거나 통로의 유도등을 따라 낮은 자세로 침착하고 질서있게 대피하여야 한다.
- 피난시설 및 피난기구 없이 아래층으로 대피할 때는 커튼 등으로 줄을 만들어 타고 내려간다.

- 일단 외부로 대피한 사람은 귀중품을 꺼내기 위해 절대 건물안으로 진입해서는 안된다.
- 아래층으로 대피가 불가능할 때에는 옥상으로 대피하여 구조를 기다려야 하며 반드시 바람을 등지고 구조를 기다려야 한다.
- 화염을 통과하여 대피할 때에는 물에 적신 담요 등을 뒤집어쓰고 신속히 안전한 곳으로 대피한다.
- 고층건물 화재시 엘리베이터는 화재발생 층으로 열리거나 정전으로 멈추어 안에 갇힐 염려가 있으므로 엘리베이터를 절대로 이용해서는 안된다.

* 화재시에는 엘리베이터가 1층에서 멈추게 하고 있다.

(3) 불이 난 건물 내에 갇혔을 때의 조치요령

- 건물 내에 화재발생으로 불길이나 연기가 주위까지 접근하여 대피가 어려울 때에는 무리하게 통로나 계단 등을 통하여 대피하기보다는 건물내에서 안전조치를 취한 후 갇혀 있다는 사실을 외부로 알린다.
- 연기가 새어 들어오면 낮은 자세로 엎드려 담요나 타올 등에 물을 적셔 입과 코를 막고 짧게 호흡한다.
- 일단 실내에 고립되면 화기나 연기가 없는 창문을 통해 소리를 지르거나 물건 등을 창밖으로 던져 갇혀있다는 사실을 외부로 알린다.
- 실내에 물이 있으면 불에 타기 쉬운 물건에 물을 뿌려 불길의 확산을 지연시킨다.
- 화상을 입기 쉬운 얼굴이나 팔 등을 물에 적신 수건 또는 두꺼운 천으로 감싸 화상을 예방한다.
- 아무리 위급한 상황일지라도 반드시 구조된다는 신념을 가지고 기다려야하며 창밖으로 뛰어 내리거나 불길이 있는데도 함부로 문을 열어서는 안된다.

(4) 연기의 성질

최근 화학제품의 보급이 확신됨에 따라 화재시에는 엄청난 유독가스가 발생하고 있다. 화학제품이 탈 때는 보통 목재류가 탈 때보다 10~25배 이상의 연기가 발생하고 청산, 염화수소, 호스겐 등의 유독가스를 발생시키는데, 이 가스는 극히 미량으로도 호흡장애나 마비를 일으켜 죽음으로 몰고 갈 수도 있다. 보통 사람은 일산화탄소 1% 포함한 공기를 약 2분 정도 호흡하면 질식으로 생명을 잃게 된다.

연기가 이동하는 속도는 수평방향으로 1초에 약 1~2m 정도로 보통 사람이 걷는 속도와 같고 수직방향으로 상승하는 속도는 1초에 약 3~5m 정도이다. 그러므로 화재시 막혀있는 장소의 높은 곳은 극히 위험하다.

3. 화재발생 후 조치사항

1) 화재발생 후 복구 요령

복구를 시작하기 전에 염두에 두어야 하는 것은 여러 가지 세척작업중에서 인산나트륨염(Tri-sodium Phosphate)이 있는데 이것은 세탁제로 일반적으로 많이 사용하는 물질로서 어린이나 애완동물의 손길이 닿지 않는 곳에 두고 사용하여야 하며 피부가 민감한 사람은 사용시 고무장갑을 착용하고 적절히 사용할 수 있도록 용기에 붙어 있는 설명서를 읽어 두어야 한다.

(1) 옷감

연기 얼룩과 검은 얼룩은 세탁이 가능하므로 다음 사항을 참고하면 옷감을 희게 할 수 있다.

- 4~6 티스푼의 인산나트륨염(Tri-sodium Phosphate)
- 1컵의 리솔 혹은 가정용 염소표백제

• 1리터의 따뜻한 물과 잘 섞고 옷을 넣은 후 깨끗한 물에 잘 헹구어 말린다.
• 곰팡이를 제거하려면 비누와 따뜻한 물로 얼룩을 씻어낸 다음 햇빛에 말린다.
• 만약 얼룩이 지워지지 않으면 레몬주스와 소금을 사용하거나 가정용 염소표백제의 희석용액을 사용한다.
• 모직, 실크, 레이온, 옷감을 취급할 경우에 처음에는 찌꺼기, 어깨던대를 빼낸 후 옷감이 젖어 있으면 통풍이 잘되는 곳이 두어 말린 다음 가능하면 빨리 옷감을 세탁소에 가져가야 한다.

(2) 주방용구

주방기구, 도마 등은 비눗물로 씻고 헹군 다음 광택제를 사용하여 잘 닦아 둔다. 동제, 양은제는 특수광택제, 레몬조각 위에 소금을 뿌리거나 식초에 헝겊을 적셔 소름을 뿌린 것을 사용하여 잘 닦을 수 있다.

(3) 전기 기구

물 또는 증기에 노출된 가재도구는 전문가에게 서비스 점검을 받기 전에 사용하지 않는다. 이것은 특히 전기기구의 경우에는 더욱 유의해야 한다. 또한 소방관서에서 화재시에는 가스 혹은 전력을 끊어 놓았다면 스스로 조치하려 하지말고 전기 또는 가스 등 관련회사에 서비스를 의뢰하여 시설을 복구하여야 한다.

(4) 식품

세척제 또는 물로써 통조림 식품을 씻으며 병조림된 것도 마찬가지 방법으로 처리한다. 라벨이 떨어져 있으면 유성펜으로 캔 또는 병위에 표시를 해두고 캔이 부풀어져 있거나 녹슬고 눌러져 있을 때에는 통조림된 식품은 사용하지 말아야 하고 냉장고의 작동이 중단되어도 냉동했던 식품은 보존할 수 있다.

냉장고는 적어도 하루 또는 2~3일간은 냉동식품을 보존하는데 충분히 격리 효과가 있다. 또한 식품은 이웃집이 냉장고나 임대한 냉장고에 옮겨두고 냉동된 식품은 신문 또는 담요에 싸두거나 격리된 박스에 보관해야 하며 이때에 행동된 식품은 다시 냉동해 두지 않도록 해야 한다.

냉장고 또는 해동기에서 나는 악취를 제거하기 위해서는 불에 구운 소다와 물의 희석용액을 안에다 넣어 씻거나 4리터를 물에 식초 한컵 또는 가정용 암모니아수를 사용하며, 용기에 담긴 열처리 소다나 숯조각은 냉장고 또는 해동기 안에서 악취를 제거하는데 사용할 수 있다.

(5) 마루깔개

물이 마루장판 밑에 고이게 되면 마루바닥을 뒤틀리게 하거나 악취가 발생되므로 이런 문제가 일어날 때에는 전체 바닥을 제거해야 한다. 마루 장판은 깨지기 쉬우므로 부서짐이 없는 잘 마를 수 있도록 헤드램프를 사용한다.

장판을 조심스럽게 떼어낸 다음 마루가 완전히 마른 후에 시멘트를 다시 바르도록 하여 마루장판에 있는 작은 발포는 조심스럽게 작은 못으로 찔러 공기를 뺀 후 다시 시멘트를 바르도록 한다. 이때 마루가 완전히 마를 때까지 기다려야 한다.

또한 마루깔개와 카펫은 전체를 말려야 하고 깔개를 넓게 펴서 따뜻하고 건조한 공기에 쐬여 가능한 빨리 말려야 한다.

선풍기는 빨리 말리는데 도움이 되며 말릴 때는 반드시 전체를 골고루 말린다. 비록 표면이 마른 것처럼 보이지만 실타래 밑에 숨어 있는 습기는 깔개를 쉽게 썩게 만들므로 카펫 세척 및 보관에 관하여 전문회사에 연락하여 필요한 정보를 얻도록 한다.

(6) 메트리스

집에 있는 내부 스프링 메트리스의 재생은 매우 어려우므로 불가능하다면 전문회사에 의뢰해야 하며, 일시적으로 사용하려면 햇빛에 말려서 사용하여 그 다음에 고무 또는 비닐 시트를 덮어 사용하고 연기에 오염된 것은 내부 깃털과 솜은 악취를 가지므로 불가능하다.

(7) 가죽 · 서적

축축한 수건으로 가죽물품을 닦은 후 건조한 수건으로 닦아낸다. 가죽 지갑과 신발은 모양새를 유지할 수 있도록 신문지를 끼워두고 가방은 열어 두어야 한다. 또한 가죽물품은 열 또는 햇빛에 직접 쪼이지 않도록 하여 철재 섬유 혹은 양가죽솔을 사용하고 찬물과 가죽과 양가죽 자켓을 담구어 씻고 그늘에 말린다.

물에 젖은 서적은 가능한 빨리 처리하여야 하며 가장 좋은 방법은 진공냉장고에 넣어 냉동시키는 것으로써 이런 특수 냉장고는 책의 페이지를 손상없이 습기를 제거해 준다. 진공냉장고가 없을 때에는 일반냉장고에 넣어 두도록 하고 더 자세한 사항은 도서관 관계자에게 조언을 받는 것이 좋다.

(8) 자물쇠

철재 자물쇠는 분리하여 석유로 닦고 가름을 쳐두며 자물쇠가 움직이지 않으면 주사기를 통하여 열쇠 구멍에 기름을 주입한 다음 기름이 골고루 퍼지도록 손잡이를 회전시킨다.

(9) 벽체 가구

벽체, 가구 마루바닥의 검은 얼룩과 그을림을 다음의 방법으로 제거할 수 있다.

- 4~6 티스푼의 인산나트륨염
- 1컵의 리솔 혹은 염소표백제
- 4리터의 따뜻한 물

또한, 세척 시에는 고무장갑을 끼고 물품을 씻은 후 에는 따뜻한 물로서 씻고 전체를 골고루 말리도록 한다.

벽체는 젖어있는 동안에 씻어내고 중성비누 혹은 세제를 사용하고 한번에 조금씩 씻어내며 마루를 함께 닦는 다음 깨끗한 물로써 벽체를 즉시 씻어낸다.

천정은 마지막으로 씻어내며 벽체와 천정이 마를 때까지 수리를 하지 않도록 해야 한다.

벽지 역시 재생이 가능하므로 가장자리나 부분별로 떨어진 풀을 떼어내고 상업용 풀을 사용하여 붙인다. 벽지에 대한 정보를 얻으려면 관련업체에 연락을 하도록 하고 세척이 가능한 벽지는 일반벽지와 같이 씻어내어 정상화시킬 수 있으며 벽지가 떨어지는 것을 방지하기 위하여 위에서부터 중간 방향으로 작업을 진행시켜 나간다.

(10) 목재가구 또는 부착물의 경우

- 가구를 햇빛에 말리지 않는다.(목재는 모양이 뒤틀리고 굽어진다)
- 흙과 오물을 제거한다.
- 서랍을 뺀 다음 다시 넣을 때 안 끼워 질 수 있으므로 전체를 골고루 말린다.
- 딱딱한 솔로 문지르고 용제로 닦는다.
- 젖은 목재는 썩고 곰팡이가 피므로 전체를 말린다.
- 창문을 열고 환기를 한다.
- 곰팡이가 피면 뜨거운 물에 녹인 붕소를 헝겊에 묻혀서 목재를 닦는다.
- 흰 얼룩 또는 막을 제거하려면 가정용 암모니아와 물을 1대 1로 혼합한 용액에 헝겊을 담구어 목재 표면을 문지른 다음 닦아 말리고 왁스로 광을 내거나 1/2컵 테레핀유와 1/2컵 아마인유의 용액에 헝겊을 담구어 목재표면을 닦는다.(테레핀유는 연소성 가연물이므로 불길을 멀리한다)

그 외에 철제양모패드에 광택재를 뿌리고 목재표면을 닦은 다음 부드러운 헝겊과 유약으로 닦는다.

2) 화재발생 후 전기 가스 안전 관리

(1) 전기로 인한 재해예방 요령

- 화재발생시 가능하면 전원차단기를 끄고 대피한다.
- 화재 진화후에는 진화과정에서 다량의 물이 전기시설에 묻어 있는 경우가 많으므로 전기배선 등을 함부로 만져서는 안된다.
- 전기시설의 이상유무 확인은 한국전기안전공사 각 사업소에 의뢰하여 점검토록 한다.
- 전력 공급 재개는 복구공사가 완료된 후 공사업체에서 한전에 요청하여 처리하게 된다.

(2) 가스사고 발생시 응급조치 요령

– 가스사고 발생시 신고요령

- 가스사고 발생시 119로 신고하면 가스안전공사에도 연락이 된다.
- 도시가스 사고인 경우에는 지역 도시가스회사에 신고하고 LPG사고인 경우에는 판매업소에 신고한다.

– 가연성가스 누설시 행동요령

- 콕크, 중간 밸브 및 용기밸브(도시가스는 메인밸브)를 잠근 후 창문과 출입문을 열고 환기를 시켜준다.
- 화기를 멀리하고 진기기구를 절대로 만져서는 안된다.
  (전기스파크 발생으로 폭발의 원인이 된다.)
- 누설부위의 응급조치를 위하여 공급업소(LPG: 판매업소, 도시가스: 도시가스회사)에 연락하여 누설부위에 대한 응급조치를 받는다.

- 화재 및 폭발시 행동요령
- 콕크, 중간밸브 및 용기밸브(LPG: 판매업소, 도시가스: 메인밸브) 등을 잠그고 신속히 안전한 장소로 대피하도록 한다.
- 사고발생 즉시 119에 신고하여 화재진압 및 인명구조 요청을 하고 가스안전공사 또는 공급업소에도 신고를 한다.
- 현장에 도착한 응급조치반에게 잠그지 못한 가스벨브 등의 시설상태를 알려 신속한 조치가 이루어지도록 한다.

- 독성가스 누설시 행동요령
- 주위사람에게 알려 대피하도록 한다.
- 호흡을 중지하고 손수건 등으로 코와 입을 막는다.
- 높은 지대 또는 다른 지역으로 대피한다.
- 그 지역을 이탈하되 바람의 반대방향으로 대피한다.
- 가까운 경찰서 또는 소방관서 가스안전공사 등에 신고한다.
- 즉시 피해자를 바람의 반대방향으로 대피시켜 신선한 공기가 있는 장소에서 옷이나 피부에 부착(흡착)유무를 확인한다.
- 유해물이 옷이나 피부에 부착되었을 때 즉시 옷을 벗기거나 피부 등을 잘 씻어낸 후 담요 등으로 보온한다.
- 의식이 없어 호흡에 장애가 있으면 심장마사지 등 적절한 조치를 취하고, 신속히 119에 신고하여 병원으로 후송한다.

4. 화재예방 요령

1) 전기화재

일상생활에 있어 없어서는 안 될 전기는 우리나라 화재발생 원인 중 많은 비율을 차지하고 있다. 이런 전기화재는 낡은 전기기구나 부실공사로 인해 발생도 하지만 대부분은 전기용품에 대한 지식이나 상식부족 또는 사용하는 사람의 부주의나 방심으로 인하여 전기기구의 과열 및 탄화상태를 일으켜 발생하는 것으로 화재가 날로 증가하고 있는 실정이어서 전기용품을 사용할 때에는 올바른 사용법의 숙지와 세심한 주의가 필요하다.

(1) 주요원인

- 전선의 합선 또는 단락에 의한 발화

전선이나 전기기구의 절연체가 파괴되거나 두 가닥의 전선이 어떤 원인에 의해 서로 접촉하면 순간적으로 큰 전류와 많은 열을 발생하는 현상

- 누전의 의한 발화

전선이나 전기기구 등이 낡아 절연불량 등의 원인으로 전류가 건물내의 금속체를 통하여 흐르게 되어 이로 인한 저항열에 의해서 발열을 일으키는 현상

- 과전류(과부하)에 의한 발화

전선의 허용 전류를 초과한 전류를 과전류라 하며, 에어컨, 전기다리미, 전자레인지, 동력 등을 동시에 사용할 시 적정용량을 초과하여 불이 붙는 현상

- 기타 원인에 의한 발화

규격미달의 전선 또는 전기기계기구 등의 과열, 배선 및 전기 기계기구 등의 절연불량 상태 또는 정전기로부터의 불꽃

(2) 예방요령

- 전기기구를 사용하지 않을 때에는 스위치를 끄고 플러그를 뽑아 둔다.
- 가전제품의 플러그를 뽑을 때에는 선을 잡아당기지 말고 플러그 몸체를 잡고 뽑도록 한다.
- 개폐기(두꺼비집)는 과전류 차단장치를 시설하고 습기나 먼지가 없는

사용이 용이한 위치에 부착한다.

- 개폐기에 사용하는 퓨즈는 규격퓨즈를 사용하고 퓨즈가 자주 끊어질 경우 근본적으로 그 원인이 무엇인가를 규명하고 개선한다.
- 각종 전기공사 및 전기시설 설치시 전문 면허업체에 의뢰하여 정확한 규정에 의해 시공을 하도록 한다.
- 콘센트에 플러그를 깊숙이 꽂지 않으며 흔들려 열이 발생하므로 완전히 꽂아 사용하도록 한다.
- 누전으로 인한 화재를 예방하기 의해서 누전차단기를 설치하고 한 달에 1~2회 작동유무를 확인한다.
- 전선이 꼬이거나 묶어서 사용하면 열이 발생하여 위험하므로 전선이 꼬이지 않도록 한다.
- 전기담요는 자주 밟거나 접어서 사용하면 접힌 부분에 열이 발생하며, 각종 장식용 트리 등에 설치한 소형전구는 너무 오랫동안 사용치 않도록 한다.
- 한 개의 콘센트나 소켓에서 여러 선을 끌어 쓰거나 한꺼번에 여러 가지 전기기구를 꽂는 문어발식 사용을 하지 않는다.
- 비닐전선은 열에 견디는 힘이 약하다. 따라서 백열전등이나 전열기구 등 고열을 발생하는 기구에는 고무코드 전선을 사용한다.
- 비닐전선이나 양탄자 밑으로 지나지 않도록 한다.
- 전기기구 구입시 『전』, 『검』, 또는 『KS』 표시가 있는지 확인하고 사용 전에 반드시 사용설명서를 읽어본다.
- 전선이 쇠붙이나 움직이는 물체와 접촉되지 않도록 한다.

2) 담뱃불 화재

담뱃불로 인한 화재는 전체화재의 10%를 넘고 있다. 담뱃불의 온도는 약 500℃이고 피우고 있을 때에는 약 800℃나 되는 열을 지니고 있다.

따라서 담배는 지정된 장소에서 흡연하는 습관을 가져야 하며, 담배꽁초는 불씨를 완전히 제거한 후 재떨이에 버려야 한다. 국민보건증진법에도 다중출입장소, 공공장소, 일정규모 이상의 건축물에는 반드시 흡연장소를 지정하여 흡연토록 지정하고 있다.

〈그림 4-3〉 금연 시설과 금연 표시

- 주요원인
- 술에 취한 채 잠자리에서 흡연
- 어른들의 무심코 버린 담배꽁초가 발화
- 담배 불씨는 완전히 끄지 않은 채 재떨이를 쓰레기통에 버림으로써 발화

- 예방요령
- 휘발유, 가스, 화약약품 등 인화성이 강한 물질이 있는 장소나 실내에서는 금연을 하며, 이러한 곳에는 "금연구역" 표지판을 붙여 주위를 환기 시켜준다.
- 잠자리에서는 담배를 피우지 않도록 한다.
- 보행중에는 흡연을 삼가고 꽁초를 아무데나 버리지 않는다.
- 흡연은 지정된 장소에서 하도록 하고 꽁초는 반드시 재떨이에 버리도록 한다.
- 불씨가 튀지 않도록 재떨이에 약간의 물을 부어 놓는다.

• 담배를 피울 수 있는 장소는 편리하고 안전한 곳을 택하여 "흡연구역"으로 지정한다.
• 담배를 피우다가 급한 용무로 잠깐 자리를 비울 경우 반드시 담뱃불을 끄고 나가야 한다.

3) 방화(放火)

방화에 의한 화재는 의도적으로 발생하기 때문에 초기진압이 어려워 많은 인명과 재산피해를 가져오는 화재이다. 방화의 원인으로는 가정불화가 가장 많고 부부 또는 친구 등과의 싸움, 비관자살, 주벽, 정신이상 등으로 비정상적인 심리 상태에서 발생하며, 주요 방화장소는 차량, 주택, 음식점, 점포, 작업장 순이다.

– 예방요령
• 빈집 또는 건물의 화재예방을 위해 시건장치 후 외출한다.
• 실내청소 후 내다버린 쓰레기 중 타기 쉬운 물건을 방치하지 않도록 하며 항상 깨끗이 정리정돈 한다.
• 차량방화를 예방하기 위해서 주택가나 도로상에 함부로 주차하지 않는다.
• 주변의 정신질환자에 대한 행동을 항상 예의주시하고 보호자는 성냥이나 라이터 등의 보관에 유의한다.

4) 불장난 화재

어린이는 놀기를 좋아하며 호기심이 많아 하고 싶은 일이 있으면 서슴없이 행하는 습성이 있다. 따라서 어린이들은 성냥, 라이터, 촛불, 모닥불, 폭죽놀이 등 손에 닿기 쉬운 것이면 무엇이든 가지고 불장난을 하게 되므로 어린이들의 각별한 주의가 필요하다.

성냥, 라이터, 난로불, 모닥불, 아궁이불, 전기다리미, 촛불놀이, 폭죽놀이, 화약놀이 등에 의해 발화되며 불장난하는 어린이들은 6세에서 13세 미만의 어린이가 가장 많고 부모가 외출중인 토요일 오후나 일요일, 공휴일 등 학교수업이 없는 날에 많이 발생하고 있다.

– 예방요령

- 성냥, 라이터 등은 어린이들의 손에 닿지 않는 곳에 보관한다.
- 성냥, 라이터, 폭죽놀이, 깡통놀이 등을 하지 않도록 단속한다.
- 어린이들에게 불에 대한 올바른 인식을 갖도록 교육시킨다.
- 어린이들에게 석유난로 등을 켜서는 끄도록 심부름을 시키지 않는다.
- 외출시에는 모든 화기의 안전점검을 하고 어린이들에게 불조심에 대한 주의를 환기시킨다.
- 어린이들에게 119 허위신고 또는 장난전화를 하지 못하도록 교육시킨다.

5) 가스화재

현대생활에 있어 가스는 사용하기에 편리할뿐만 아니라 열량이 높고 공해가 적어 가정이나 직장 등에서 주에너지로 사용되고 있으나 잘못 다루면 가스중독 또는 폭발을 동반한 대형화재를 유발시킨다. 따라서, 가스배관과 연소기 등에 대한 정기점검을 철저히 실시하고 가스사용 안전수칙을 준수하여야 한다.

(1) 연료가스의 종류와 특성

– 액화석유가스 (LPG : Liquefied Pertroleum Gas)

- 프로판과 부탄이 주성분으로 공기보다 1.5～2배정도 무거워 누설되면 낮은 곳에 체류하게 된다.
- 주로 용기에 충전하여 사용하며 수도권 이외 지역의 도시가스로 공급

되고 있다.

- 화학공업의 원료로도 사용된다.
- 순수한 LPG는 아무런 냄새나 색깔이 없으나 가정이나 영업소에서 사용하는 LPG는 누설을 쉽게 감지하기 위하여 마늘 썩는 냄새가 나는 부취제가 섞여 있다.

– 액화천연가스(LNG : Liquefied Natural Gas)

- 메탄이 주성분으로 공기보다 0.65배 가벼워 누설되면 높은 곳에서부터 체류하게 된다.
- 액체온도가 -162℃이하로 냉열산업에 이용하고, 기화시켜서 전국적으로 청정연료인 도시가스로 공급되며 주로 화력발전 연료로 사용된다.

– 도시가스

- 도시가스는 LPG, LNG, 납사 등을 주원료로 혼합가스를 만들어 파이프라인을 통하여 계획도시의 수요자에게 공급되는 가스연료
- 현재 도시지역에서는 천연가스, 기타 지역에서는 LPG에 공기를 혼합한 가스를 사용하고 있다.

(2) 주요원인

공 급 자	사 용 자
○용기밸브의 오조작 ○용기교체 작업중 누설화재 ○잔량 가스처리 및 취급 미숙 ○가스충전 작업중 누설폭발 ○고압가스 운반기준 미 이행 ○용기보관실 화재(연탄 등)사용 ○배달원의 안전의식 결여	○실내에 용기보관 가스누설 ○점화 미확인으로 누설폭발 ○환기불량에 의한 질식사 ○가스 사용중 장기간 자리 이탈 ○성냥불로 누설 확인중 폭발 ○호스 접속불량 방치 ○콕크 조작 미숙 ○인화성물질(연탄 등) 동시 사용

(3) 예방요령

- 사용전

- 가스불을 켜기 전에 새는 곳이 없는지 냄새를 맡아 확인한다.
- 가스 연소시에는 많은 공기가 필요하므로 창문을 열어 실내를 환기시킨다.
- 가스렌지 주의에는 가연물을 가까이 두지 않도록 한다.

- 사용중

- 점화용 손잡이를 천천히 돌려 점화시키고 불이 붙어 있는지 꼭 확인한다.
- 요리시에는 자리를 뜨지 않도록 한다.
- 가스연소시에는 파란 불꽃이 되도록 공기조절기를 조절하여 사용한다.

- 사용후

- 가스사용 후에는 콕크와 중간밸브를 반드시 잠근다.
- 장시간 집에 비울 때에는 용기밸브(LPG 경우)나 메인밸브(도시가스)까지 잠궈두는 것이 안전하다.
- 가스렌지는 자주 이동하지 말고 한 곳에 고정하여 사용한다.

- 평상시

- 연소시 불구멍(버너헤드)이 막히지 않도록 항상 깨끗이 청소를 하고 호스(배관)와 이음새 부분에서 혹시 가스가 새지 않는지 비눗방울이나 점검액 등으로 수시로 누설여부를 확인한다.
- 이사할 경우 가스시설의 철거나 설치는 반드시 관할 도시가스 대행업자에게 의뢰하여 철거나 설치를 하도록 한다.
- LPG용기는 직사광선을 피해 보관하도록 한다.
- 휴대용 가스렌지를 사용할 경우 그릇이 바닥이 삼발이보다 넓은 것을 사용하지 않도록 하고 다 쓴 캔은 반드시 구멍을 뚫어 잔류가스를 제

거하고 버리도록 한다.

- 가스가 누설되었을 때

- 가스누설을 발견한 즉시 콕크와 중간밸브, 용기밸브(도시가스는 메인 밸브)까지 잠근다.
- 주변의 불씨를 없애고 전기기구는 조작하지 말아야 한다.
- 창문과 출입문 등을 열어 환기시키며, 빗자루나 방석, 부채 등으로 쓸어낸다.

6) 유류화재

유류는 인화성 물질로서 주로 석유류 등을 말하여 우리생활에 많은 도움을 주지만 화재위험이 높고 불이 붙으면 순식간에 확대되므로 취급에 세심한 주위를 기울려야 한다.

(1) 주요원인

- 석유난로에 불을 끄지 않고 기름을 넣을 때
- 주유중 새어 나온 유류의 유증기가 공기와 혼합된 상태에서 불씨가 닿을 경우
- 유류기구를 사용도중 이동할 때
- 불을 켜놓고 장시간 자리를 비울 때
- 난로 가까이에 불에 타기 쉬운 물건을 놓았을 때
- 튀김요리중 튀김기름이 가열되어 넘치는 경우

(2) 예방요령

- 유류는 유류 이외의 다른 물질과 함께 저장하지 않도록 하고, 유류저장소는 환기가 잘 되도록 하고 가솔린 등 인화물질은 용도에 맞게 사용한다.
- 급유중 흘린 기름은 반드시 닦아내고 난로 주변에는 소화기나 모래

등을 준비해 둔다.

- 석유난로, 버너 등은 사용 도중 넘어지지 않도록 고정시켜 둔다.
- 튀김기름은 가열을 시작하여 15분 정도 지나면 발화하게 되므로 튀김요리 도중 절대로 자리를 비우지 말아야 한다.
- 석유난로, 버너 등은 사용 도중 넘어지지 않도록 고정시켜 둔다.
- 석유난로 주변은 늘 깨끗이 하고 불이 붙어있는 상태로 이동하거나 주유해서는 안된다.
- 보일러나 난방기구에 이상이 있을 때에는 즉시 수리해서 사용토록 한다.
- 휘발유 또는 신나(희석재)는 휘발성이 극히 강해 낮은 온도(겨울철)에서도 조그마한 불씨와 접촉하게 되면 숙식간에 인화하여 화재를 일으키기 때문에 절대로 담뱃불이나 불씨를 접촉시켜서는 안된다.
- 열기구 가까이에 가연성 물질을 놓아서는 안되며, 한 방향으로 열기가 나가도록 되어있는 열기구의 경우에는 가연물이 그 방향으로부터 적어도 1m이상은 떨어져 있도록 해야한다.
- 석유난로를 사용할시 주전자의 물이 끌어 넘쳐흐르면 불꽃이 튀기 때문에 위험하다.
- 열기구의 받침은 열을 전달받는 금속체를 피하고 석면과 같이 열을 받지 않는 것을 사용하여야 한다.
- 주유소나 기타 위험물취급 장소에서는 절대로 담배를 피우지 않도록 하고 불조심에 대한 교육을 실시한다.
- 실내에 페인트, 신나 등으로 도색작업을 할 경우에는 창문을 완전히 열어 충분한 환기를 시켜둔다.

7) 불티화재

각종 작업시에 수반되는 불티는 예기치 않는 화재발생의 원인이 되며 발생원인에 있어서도 수위를 차지하고 있다. 따라서 작업시에는 주위를 가연성 물질을 제거하도록 하고 소화기나 소화수를 비치하는 등 안전조치를 확인하고 작업해야 한다.

(1) 주요원인

- 용접부주의로 불티가 가연물에 떨어져 화재 발생
- 용접물체가 가열되어 주위의 가연물에 착화되어 화재발생
- 모닥불, 소각장 등의 불티가 바람에 날려 화재발생
- 배관의 용접 또는 절단시 배관의 보온재료에 불티가 옮겨 붙어 화재발생
- 용접작업장 인근에 방치되어 있는 위험물, 가연물 등에 불티가 튀어 화재 발생

(2) 예방요령

- 용접작업이나 쓰레기를 소각할 때는 소화기나 소화수 등을 비치한 후 작업에 임한다.
- 용접작업장 부근의 연소위험이 있는 위험물, 가연물을 제거한 후 작업한다.
- 천정 부근에서 용접작업시 불티가 떨어져 화재위험이 없는지 확인한다.
- 모닥불 등의 처리는 충분히 소화하고 재연소의 발화 위험물을 없애기 위해서 땅속에 완전히 묻는다.
- 쓰레기나 문서 등을 소각할 때는 감시인의 책임하에 안전하게 한다.

5. 소화기 및 옥내 소화전 사용법

화재는 무엇보다 그 발생초기에 진압을 하는 것이 가장 중요하며, 화재를 초기에 진압할 수 있는 소화기는 화재로 인한 피해를 최소화 할 수 있다. 소화기 사용법 실습을 경험하면 화재시 소화기 사용에 자신감이

생긴다.

1) 소화기의 사용 및 관리

- 종류

ABC 소화기는 모든 화재에 사용이 가능하며, 하론 소화기와 탄산가스 소화기는 전기 절연성이 좋고 소손이 없으므로 통신기구, 컴퓨터 설비 등 오손을 피해야 하거나 소화기 사용 후 정비 또는 수리가 곤란한 대상에 적당하다.

- 보관 장소

소화기는 습기나 직사광선을 피하여 사람의 통행에 지장을 주지 않으면서 여러 사람이 잘 보이는 곳에 받침대를 받혀서 바닥으로부터 1.5미터 이하의 장소에 보관하고 그 윗부분에 소화기가 있다는 위치 표시를 하여야 한다.

- 주택, 아파트 : 현관 또는 거실에 보관
- 사무실 : 사무실 내 출입구 또는 복도에 보관
- 음식점 : 카운터 옆 잘 보이는 곳에 보관
- 호텔, 여관 : 로비 및 복도에 보관

- 사용법

- 당황하지 말고 침착하게 화원이 있는 곳으로 소화기를 이동한다.
- 소화기의 안전핀을 뽑는다.
- 바람을 등지고 화점을 향하여 호스를 빼들고 손잡이를 힘껏 움켜쥔다.
- 불길주위에서부터 빗자루로 쓸 듯이 골고루 방사한다.

- 관리요령

- 분말소화기 : 한달에 한번씩 분말 가루가 굳지 않도록 소화기를 거꾸로 뒤집거나 흔들어 주면 반영구적으로 사용이 가능하다. 다만, 압력

게이지가 달려있는 소화기는 압력지시 바늘이 빨간색, 파란색, 노란색 중 파란색에 있으면 정상이고 노란색으로 떨어져 있을 때는 소화약제를 밖으로 내보내는 압축가스가 부족하다는 표시이므로 정비하여야 한다.

- 이산화탄소 및 하론 소화기 : 외부의 부식만 막아주면 영구적으로 사용할 수 있고 압력 게이지는 분말 소화기처럼 수시 점검하면 된다.

– 정밀점검

소화기는 한번 사용했다 하더라도 약제나 압축가스를 충전하면 다시 사용할 수 있으며 이 때 약제와 압축가스를 충전할 때에는 전문 소방시설공사업 면허를 받은 업체에서 정비하는 것이 안전하며, 아래와 같은 주기적인 정밀 점검이 필요하다.

- 외관점검 : 압력게이지 정상여부, 노즐 등의 외관점검은 매월 1회이상
- 약제교환 : 최초 생산일로부터 5년이 경과되면 점검 또는 교환
- 정밀점검 : 한번 검사를 받은 소화기는 그후 2년을 주기로 정밀점검

3) 옥내소화전 사용법 및 관리 요령

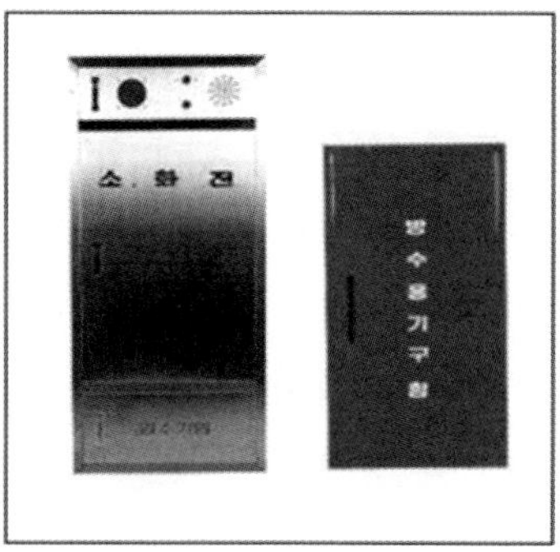

– 사용법

- 옥내 소화전 함의 문을 열고

- 결합된 호스와 관창을 화재지점 가까이 끌고 가서 늘어뜨린 다음
- 소화전함에 설치된 밸브를 시계반대방향으로 돌리면 물이 나온다. (단, 기동스위치로 작동하는 경우에는 ON[적색]스위치를 누른 후 밸브를 연다.)

- 관리요령
- 소화전함의 문을 열고 닫을 때에는 충격이 가지 않도록 한다.
- 소화전함 내부에 습기가 차거나 호스에 물이 들어있지 않도록 주의한다.
- 호스가 꼬이지 않도록 잘 말아서 보관한다.

4) 화재로 오인할 행위의 금지

- 쓰레기 소각시 발생하는 연기 또는 벌레 등을 제거하기 위하여 피우는 연막소독제 등을 화재로 오인하여 이웃주민이 119로 신고를 하는 경우가 잦다. 따라서 소방차가 현장에 충돌하므로 소방력 낭비 및 고통체증을 유발하는 사례가 발생되므로 이에 대한 각별한 주의가 필요하다.
- 연막 소독제를 사용할 때는 관할 소방관서에 신고 후 사용한다.
- 대형 쓰레기를 소각할 때는 관할 소방서에 신고 후 소각한다.

제5장

자연재해

1. 자연재해의 종류와 특성
2. 풍수해 예방 대책
3. 풍수해 대처 요령
4. 폭염 대처 요령
5. 지진 대처 요령

1. 자연재해의 종류와 특성

1) 자연재해의 종류

태풍, 홍수, 가뭄, 해일, 산사태, 지진, 화산 폭발, 냉해, 안개, 우박, 눈사태 등의 자연 현상으로부터 입는 피해를 자연 재해라 한다. 자연 재해가 발생하는 것은 기상과 깊은 관계를 가지고 있다. 지진, 화산 폭발을 제외하고는 거의 기상 변화가 그 원인이다. 그러므로 자연 재해는 기상 재해라고 할 수 있다. 자연 재해는 자연 현상의 일시적 변화로 자연계의 평형과 순환 과정에서 발생된다.

그런데 이것은 인구 수, 자연의 이용 상태, 사회 구조 등에 따라 피해 결과가 크게 달라질 수 있다. 자연 재해는 자연 현상으로 인하여 발생한다고 해서 전혀 사람이 손을 쓸 수 없는 것은 아니다. 비가 많이 오거나 강한 바람이 부는 등의 자연 현상 자체를 막을 수는 없으나, 인간의 노력에 따라 그 피해를 최소로 줄일 수는 있다.

(1) 태풍

북태평양 서부에서 발생하는 열대저기압(Tropical Cyclone) 중에서 중심 부근의 최대풍속이 17㎧이상의 강한 폭풍우를 동반하는 바람으로서, 우리나라, 일본 등에서는 태풍이라고 말한다. 열대저기압은 지구상 여러 곳에서 태풍, 허리케인, 사이클론 등 연간 80개 정도가 발생하고 있다.

우리나라를 지나는 태풍은 태평양에서 발생하여 초속 30m이상의 강풍과 많은 비를 내리게 하여 큰 피해를 준다. 특히, 강풍은 농작물을 부러뜨리고, 집을 부수며, 바닷가에 정박해 있는 배를 파손시킨다.

한 해에 평균 3회 정도의 태풍이 우리나라에 영향을 미치며, 여름과 초가을인 7~9월에 집중되어 있다. 특히 7~8월에 내습한 태풍이 67%에 이른다. 연평균 27개가 발생하며, 계절적으로 7~10월의 4개월간에 집중되어 있다. 태풍으로 발생되는 폭풍, 홍수, 해일, 토사에 의한 재해는 태

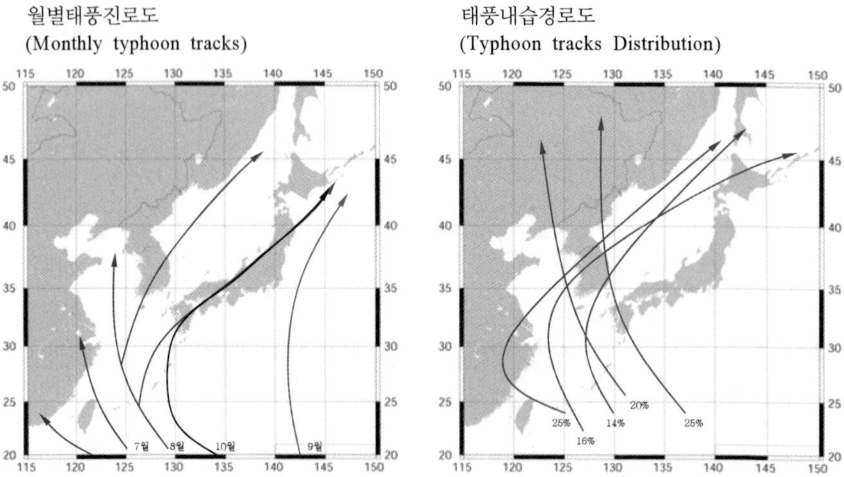

〈그림 5-1〉 월별 태풍 진로도 및 내습 경로도

풍이 영향을 끼친 전지역에서 피해를 일으키는 것이 아니라, 한정된 장소에서 발생하는 홍수로 인한 범람이나 산사태 등의 2차적 현상에 의하여 피해 양상이 직접적으로 좌우된다.

- 파랑(높은 파도) : 해안 침식, 항만 시설의 파괴, 해난 사고, 인명 피해
- 해일 : 침수피해, 논·밭 등의 바닷물 피해, 선박의 충돌·침몰, 제방·도로의 유실, 가옥의 파괴·유실, 인명 피해
- 수해 : 축대 붕괴, 산사태, 침수, 홍수, 인명 피해
- 풍해 : 정전, 전선 합선에 의한 화재, 선박유실·침몰, 철탑·가옥파괴, 인명 피해

(2) 홍수

장마철에 집중 호우가 내려 강둑이 무너지나 강물이 넘쳐, 집이 물에 잠기고, 아예 떠내려가기도 하여 사람과 가축이 죽거나 다쳐 많은 피해를 준다.

〈표 5-1〉 과거 주요호우 및 태풍피해현황의 우선순위(1위~20위)

순 위(연 도)		1위(2002년)	2위(1998년)	3위(1999년)	4위(1990년)	5위(1987년)
주요피해원인		집중호우 8/4~8/11 태풍(RUSA)	집중호우	집중호우 및 태풍(OLGA)	집중호우	태 풍 (THELMA)
구 분	기간	8/30~9/2	7/31~8/18	7/23~8/4	9/9~9/12	7/15~7/16
통과구역	-		전국 (제주제외)			경남, 강원
최대풍속	m/s			완도 : 46.0 무안 : 41.0 광주 : 39.6 마산 : 37.0		제주 : 19.0 완도 : 21.0
최대 일강우량	mm	연 천 : 266 진 천 : 219 속 초 : 295.5 대관령 : 712.5 강 릉 : 870.5	강화 : 481.0 보은 : 407.5 양평 : 346.0	철원 : 280.3 춘천 : 237.2	대관령 : 330.8 강 릉 : 297.5 수 원 : 276.3 원 주 : 250.5 서 울 : 247.5	제주 : 163.6 완도 : 139.1 고흥 : 216.8 강릉 : 173.5 부산 : 135.7
주요피해지역	-	전국	전국 (제주제외)	전국	서울, 경기 강원, 충북	남해, 동해
이 재 민	인	71,204	24,531	25,327	187,265	99,516
사망 및 실종	인	350	324	67	163	345
건 물	동	42,339	2,793	2,373	3,514	2,594
농 경 지	ha	19,890	7,796	3,879	7,796	9,669
농 작 물	ha	265,418	78,079	190,518	47,088	171,910
선 박	척	104,816	22	582	528	4,851
공공 시설	개소	44,515	20,664	14,251	16,253	47,957
기 타	개소	440,968	7,165	8,107	671,310	4,002
피해액(천원)	(가) (나)	6,115,292,608	1,290,385,149 1,247,817,345	549,478,021 520,312,144	756,151,545 520,312,144	617,418,074 391,297,894

※ 주) 1. 공공시설의 수치는 학교시설 피해물량 제외
2. 피해액의 (가)는 2002년도 가격기준이고, (나)는 당해년도 가격기준임.

(3) 가뭄

비가 오지 않아 물이 부족하여 곡식과 식물이 말라죽고, 사람들이 먹

을 물과 세탁, 청소, 공장의 공업용수 등이 부족하게 되어 많은 피해를 입게 된다.

〈표 5-2〉 주요 가뭄피해 현황

연도	가뭄시기	가뭄지역	가뭄면적(ha)	가 뭄 상 황
1977	6~8월	중부 및 영·호남	65 (벼 63, 밭 2)	월평균 강우량의 50% 수준 - 전남(신안) : 8월 59㎜ - 경북(포항 등 7개 시군) : 7월 50㎜
1978	1~5월	전국 (경기,강원 제외)	43 (벼 24, 밭 19)	월평균 강우량의 45% 수준 - 영남 27%, 전북 35%, 충남 38% 수준 - 저수율(5월) : 64%
1980	5~6월	중부	6	평균 강우량 대비 100~140㎜ 부족 (모내기 시기 지연)
1982	1~5월	안동 대구 목포	59 (벼 54, 밭 5)	전국적으로 평균 강우량 292㎜ 부족 - 저수율 34% 수준
1988	6~8월	중부	1	전국 평균 425㎜ 부족 - 저수율 34% 수준
1994	6~7월	영·호남	140 (벼 64, 밭 76)	남부지방(6. 1~7. 20) 강우량 : 평년 27% - 제주 남해안, 남부내륙, 중남부 가뭄 심함 - 저수율 28% 수준 - 콩 등 밭작물 피해 심함
1997	8~9월	제주	3 (밭작물)	제주지역 평년 대비 273㎜ 부족 - 평년 강우량의 22% 수준 - 감자 등 밭작물 피해
2000	2~5월	영·호남	58 (보리)	평년 강우량 16~43% 수준 - 저수율 : 82~94% 수준 - 전남지역이 심함 - 보리피해 심함
2001	3~6월	전국	17,383 (벼 7,683 밭작물 9,700)	평년 강우량 10~68% 수준(3월 1일~6월 10일) - 6월 6일 전국 17,956개 농업용 저수지 저수율 : 39~68% 6월 11일 11개 다목적댐 평균저수율 : 33% (평년대비 82%) - 서울, 경기, 충청, 경북북부지역 가뭄 극심 - 제한급수 : 6월 17일 전국 86개 시군, 93,615세대, 304,815명

※ 자료출처 : 행정자치부 중앙재해대책본부(2001), 2001 가뭄극복추진종합보고서

(4) 해일

폭풍이 일거나 태풍이 불 때 동반하는 강한 바람에 의하여 바닷물이 넘쳐, 바닷가에 사는 사람들이 많은 피해를 본다. 바닷물에 집이 부서지기도 하고, 배가 파손되기도 하며, 사람들이 바닷물에 쓸려 가기도 한다. 바닷가의 논밭이 바닷물에 잠겨, 농작물이 큰 피해를 입게 된다.

(5) 산사태

장마철에 빗물이 땅 속에 많이 스며들어 지표면이 약해져서 큰 흙더미가 아래로 미끄러져 내려 집과 사람을 덮치게 된다. 그 밑에 깔리면 집이 부서지고 사람과 가축이 죽게 된다.

(6) 지진

우리나라에는 아직 큰 지진은 없었으나, 약한 지진은 여러 번 발생하고 있다. 지진이 일어나면 땅이 갈라지고, 건물이 크게 흔들려 무너지고 부서지며, 많은 사람이 죽게 된다.

(7) 냉해

기온이 따뜻해서 식물이 자라야 하는데, 갑자기 기온이 내려가면 농작물이 잘 자라지 못하고 병에 걸려 많은 피해를 일으키게 된다.

(8) 안개

오랜 기간 안개가 많이 끼면 햇빛이 차단되어 농작물이 햇빛을 받는 양과 시간이 줄어들어 잘 자라지 못하게 되고, 병에 대한 저항력이 약해져서 병에 잘 걸리게 되는 등 피해를 입게 된다.

(9) 우박

여름에 내리는 우박은 작은 얼음 결정체로서, 농작물의 잎에 떨어지면 잎에 구멍이 뚫리고, 과수원에는 과일 열매가 우박에 맞아떨어지거나 상처가 나서 상품 가치를 잃게 되어 많은 피해를 준다.

(10) 눈사태

나무가 없는 산에 눈이 많이 쌓이면 위에서부터 눈덩이가 굴러 내려오면서 커지거나, 커다란 눈더미가 산사태처럼 아래로 미끄러져 내려 집과 사람을 덮쳐 집이 부서지고 사람이 깔려 죽는 등 많은 피해를 준다.

(11) 이상 고온, 이상 저온

봄이 여름처럼 덥거나 다른 해보다 특별히 기온이 높으면 전염병이 많이 발생하고, 농작물이 썩거나 병에 걸려 많은 피해를 입게 된다. 이와는 반대로 기온이 보통 해보다 너무 낮아도 농작물이 자라지 못하는 등 피해를 입게 된다.

2) 우리나라 자연재해의 발생 요인

우리나라 자연재해의 대부분의 차지하는 풍수해 및 한발이 연중 반복되어 인명과 재산상의 막대한 손실을 가져오고 있는데 기후, 지형 및 지질 등과 같은 기상학적 및 지형학적 요인과는 달리 우리나라의 사회 경제적인 발전과 변화로 인한 또 다른 재해요인을 무시할 수 없다.

1960년대 이후 우리나라는 고도의 경제성장 및 인구증가에 따른 도시화와 공업화로 인하여 도시 근교의 구릉이나 계곡이 개발되고 전답이 매립되어 택지 또는 상공업지역이 되는 등 도시화가 급진전되었다.

급격한 도시화는 생활용수 및 공업용수를 비롯한 각종 소비수량을 증대시킴과 아울러 기후변화, 불투수성 지역의 증대, 지표면 조도의 감소 등과 같은 환경변화를 일으켜 호우에 의한 피해가 커질 뿐만 아니라 각종 재난의 대형화를 초래하는 요인이 되기도 한다.

(1) 기후의 변화

일반적으로 도시가 팽창되면 인구증가는 물론이고 산업발달과 교통량의 증가 등 인위적인 요인이 그 지역의 기후에 영향을 미치게 되어 대도시 특유의 기후 특성을 갖게 된다. 이러한 도시 기후 특성 중에서 가장 현저한 것은 도시화에 따른 기온의 변화이며, 도시화에 따른 기온상승은 교외지역보다 도심지역이 상대적으로 더 높아 도시의 열지대(열섬) 현상이 나타난다.

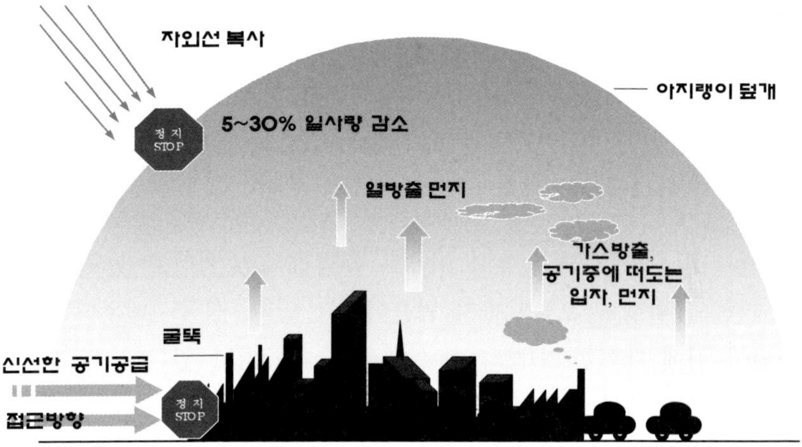

〈그림 5-2〉 대도시의 열섬 현상

(2) 우수 저류능력의 저하

도시화가 진행되면 도로, 주차장, 주택 등과 같은 불투수 면적이 증대하고 숲이나 논, 밭과 같이 물을 저류할 수 있는 면적이 줄어들어 우수 저류능력이 감소하게 된다. 그러므로 도시화는 불투수 지역의 증가를 초래하여 유출률을 증가시킨다.

(3) 지표면 조도의 감소

도시화로 인해 지표면은 평탄하게 되고 도로 및 주차시설 등의 포장으로 유수의 저항계수인 표면조도가 감소하게 된다. 이와 같이 지표면 상태의 변화에 의해서도 유출률이 증가하고 홍수 도달 시간이 단축되어 같은 우량이라도 도시화 이전에 비하여 첨두유량이 증가된다.

(4) 생활용수량의 증가

인구 증가에 따른 도시화로 생활용수나 공업용수 사용이 급증하게 되고 따라서 도시주변의 하천수와 지하수만으로는 부족하여 먼 곳에서 물을 공급하게 된다. 그러므로 도시지역은 해당 유역에 내린 강수에 추가하여 주변 지역에서 끌어들인 용수와 함께 처리하게 되므로 도시지역은 자연유역에 비해 유출량의 증가를 가져온다.

3) 우리나라 자연재해의 특성

우리나라의 자연재해는 유사 이래로 끊임없이 발생하고 있으며, 이로 인한 피해의 발생도 오늘날까지 되풀이되고 있다. 삼국시대부터 재난이 계속되어 이에 대처한 노력의 기록을 후세에 남기고 있는데, 유사 이래의 재난을 살펴보면 인위적 재난에 대한 기록은 별로 눈에 띄지 않고 자연적 재해에 대한 기록은 비교적 상세하게 기록되고 있다.

삼국사기에 따르면 삼국시대(신라, 고구려, 백제) 자연재해의 대표적인 재해원인은 한해, 수해, 질병, 풍해, 냉해, 지진, 낙뢰, 우박, 상해(霜害), 설해 등이 기록되고 있으며, 그 후의 기록도 자연재해의 원인이 바뀐 점은 별로 찾아볼 수가 없다. 삼국시대의 자연재해를 기상재해와 지진재해 및 동물재해 등으로 원인별 재해 빈도를 살펴보면, 한해, 수해, 풍해, 낙뢰, 우박, 상해, 설해 등의 기상재해가 전체 재해의 47%를 차지하고 있으며, 지진재해가 17%, 동물재해가 10% 등으로 되어 있다. 따라서 삼국시대의 재해 가운데 자연재해로 인한 재난이 전체 재해의 74%를 차지하고 있어 우리나라에서 발생하는 자연재해의 비중을 짐작케 하고 있다.

근래에 와서는 국지적인 집중호우, 태풍, 해일 등 이상기후 현상에 의한 자연재해가 대종을 이루고 있는 것은 예전과 마찬가지이나 해가 갈수록 그 양상이 다양화되고 있다. 또한 급격한 도시팽창 및 각종 산업시설의 단지화와 유수지 등의 상대적 감소는 유출량의 증가를 가져와 피해도 점차 대형화되어 가는 추세에 있다.

연대별로 보면 1980년대의 연평균 피해액이 3,789억 원으로 가장 높고, 1910년대가 285억 원으로 가장 낮은 것으로 나타나고 있다. 1916년부터 1998년 83년간 발생한 우리나라 재해의 양상을 연대별로 보면, 다음과 같은 특색을 찾아 볼 수 있다(1997년 환산 금액임, 이하 같음).

(1) 1960년대 이전(1916～1959년)

이 기간 동안은 근대적인 재해대책이 이루어지지 않은 시기로서 재해상황 기록이 누락된 연도도 있다. 이 시기 중 재해로 인하여 가장 피해가 극심하였던 연도는 1936년도로 총 피해액은 2,812억 원이었고, 인명피해는 1,916명에 달하였으며, 가장 작은 피해를 입은 해는 1939년으로 피해액은 1억 4천만 원이었다.

(2) 1960년대

1960년대에는 재해피해 중 농작물 및 농경지 피해가 압도적으로 큰 비중을 차지하고 있다. 즉 재산피해 중 농경지 및 농작물피해가 4,860억 원으로 전체 피해의 56%, 공공시설 피해액은 2,489억 원으로 29%이다. 이러한 현상은 당시의 국민경제가 제1차 산업인 농업에 기초를 두고 있었으며, 정부재정의 빈약성으로 공공시설이 상대적으로 적었기 때문이다.

(3) 1970년대

1970년대는 1960년대부터 시작한 경제개발 5개년 계획의 추진에 따라 산업시설이 증가하고 공공시설에 대한 투자가 증가함에 따라 풍수해에 의한 피해도 1960년대와는 달리 농경지 및 농작물 피해는 소폭 증가한 반면 공공시설의 피해가 급격히 증가하였다. 1970년대에는 농경지 및 농작물 피해가 5,997억 원인 42%로 60년대에 비하여 다소 증가한 반면, 공공시설 피해는 4,831억 원인 34%로 크게 증가한 것을 볼 수 있다.

(4) 1980년대

83년간(1916~1998) 연도별 피해액 우선 순위를 살펴보면, 1980년대의 5개년도(1980년, 1984년, 1986년, 1987년, 1989년)가 상위 10위권 안에 포함될 정도로 풍수해로 인하여 극심한 피해를 입은 연대이다. 특히 1987년도에는 7월 15~17일의 태풍 셀마로부터 8월 30~31일 태풍 다이너에 이르기까지 7, 8월 두 달 동안에 두 차례의 태풍과 여덟 차례의 호우, 모두 열 차례의 풍수해가 발생하였는데, 정도의 차이는 있지만, 거의 전국에 걸쳐 인명피해 1,022명, 재산 피해액은 14,307억 원에 달하였다.

(5) 1990년대

1990년대는 '재해는 있어도 인명피해는 없다'는 기조하에 기상특보에 따라 예방적, 계획적 대피체제의 확립, 행정관리 범위 내의 시설 및 지역의 사전조치 강화 등을 실시토록 하는 신재해 대책의 도입 및 인명피해를 획기적으로 경감하기 위하여 피해발생 원인에 따른 대피 계획을 사전에 수립, 기상정보 초기단계에서부터 재해피해 우려지역 주민을 대피토록 하는 '사전계획대피제' 등 정부에서 꾸준히 추진해 온 각종 재해예방 대책의 영향으로 인명피해가 크게 감소되었다.

<표 5-1>에 나타난 바와 같이 1916년~2002년까지의 총피해액 우선 순위를 보면, 2002년의 피해는 이전의 경우보다 몇 배의 큰 피해가 발생하였음을 알 수 있다.

2. 풍수해 예방 대책

우리가 흔히 말하는 자연적 재해와 인위적 재해로 나눌 수 있으며, 자연적 재해는 기상과 기후 등의 영향으로 발생되는 천재로써 사람의 힘으로는 막기 힘든 풍해, 수해, 설해, 우박피해, 벼락으로 인한 피해, 그리고 한해와 냉해 등이 있고, 우리가 겪는 재해중 매년 되풀이해서 발생되고 피해와 손실이 막심한 것은 바람에 의해서 발생하는 풍해와 강우현상에 의해서 발생하는 수해, 즉 풍수해를 뜻한다. 특히 집중호우가 태풍, 장마전선, 대규모 저기압 등에 동반되어 2~3일간 계속될 경우 많은 비로 인해 홍수나 산사태가 유발되어 많은 인명 및 재산피해를 가져온다.

1) 가정

- 우리집과 주변에 비가 새거나 무너져 내릴 곳이 없는지 사전에 점검 보수하고, 낡은 지붕은 비닐 등으로 단단히 덮고 묶어서 폭풍우에 날아가지 않도록 해야한다.
- 집 안팎의 하수구는 물론 배수구의 막힌 곳을 정비하고, 오래된 축대, 담장은 넘어질 우려가 없는지 미리 정비하고 위험한 곳은 표지판을 설치해야 한다.
- 만약의 사태에 대비하여 양수기, 손전등, 비상식량, 식수, 비닐봉지등을 설치해야 한다.

2) 상습침수지역

- 우리집이 수해상습지구, 고립지구, 하천범람 우려지구 등 어떤 지구에 속하는지 미리 알아두고 대피로, 지정된 학교등 대피장소, 헬기장을 반드시 알아두시고 전화, 확성기 등 통신수단을 확보해야 한다.
- 가까운 행정기관의 전화번호는 온 가족이 알 수 있는 곳에 비치하고 이웃간의 연락방법을 강구해야 한다.

3) 농촌이나 산간지역

- 배수로를 정비하고 가건물, 비닐하우스 등은 버팀대를 보강하거나 단단히 묶도록 하고, 위험한 급경사나 산사태가 날 위험이 있는 곳은 미리 둘러보고 위험이 있는 곳은 접근을 막는다.

4) 어촌 및 해안지역

- 수산양식 시설물을 점검하여 균열, 파손부분은 사전보수하고 어선의 통신장비, 항해장비, 구명장비 등의 기능을 점검하여 유사시 즉각 사용 할 수 있도록 한다.

5) 도시지역

- 천둥이나 번개에 의하여 보행을 자제하시고 상가 간판 추락등에 주의하여 차량과 인명피해가 없도록 사전에 대비한다.

6) 등산, 해수욕장, 낚시터 등 야영장

- 라디오를 휴대하여 기상청취를 습관화하고 기상악화시 스스로 판단하는 자만심을 버리고 신속히 안전한 장소로 대피한다.

7) 각종 공사장

- 배수시설 및 양수기 등 응급대책에 필요한 수방물자를 비축토록 하고 취약요인에 대한 일제점검 및 정비를 실시토록 하여 안전사고를 미리 막도록 한다.

3. 풍수해 대처 요령

우리가 겪는 재해 중에서 매년 반복해서 인명과 재산상의 막대한 손실을 가져오는 것은 기상 재해이며 이중 대부분을 차지하는 것을 풍수해이다. 우리 나라에서 발생하는 풍수해는 거의 대부분이 여름철에 장마나 단시간의 집중호우 또는 강한 비바람을 동반하는 태풍까지 겹쳐 그 피해가 크다. 이에 따라 계획적이며 사전 예방적인 차원의 재난대책을 통하여 피해를 최소화하여야 할 것이고 만일의 경우 재해를 당했을 때 어떻게 대처해야 할 것인가를 알아두는 것이 절대 필요하다.

1) 사전대비 요령

① 우선 우리집이나 마을이 수해상습지역, 고립지역, 하수범람우려지역, 하천범람우려지역, 산사태위험지역 등 어떤 지역에 속하는지 미리 알아둔다.

② 재해 위험지역에서는 읍면동사무소 또는 관계재해대책기관에 미리 신고하여 위험지구의 보수등 사전조치를 부탁하고 만일의 경우 협조를 받을 수 있도록 한다.

③ 우리집과 주변의 재해발생 우려지역 및 위험시설에 대하여 사전 점검 · 보수를 한다.

- 낡은 지붕, 담장, 축대 등을 점검하여 비가 새거나 무너질 염려가 있는 곳은 보수한다.
- 집안과 골목의 하수도, 배수로 등을 살펴보고 유수소통에 지장이 없도록 조치를 취하며, 파손된 하수도 및 도랑은 사전에 보수하거나 새로 설치하여야 한다.
- 간판, 광고물등 옥외 부착물이 비바람에 떨어져 행인에게 피해를 주지 않도록 단단히 고정시키고 위험하다고 여겨지면 사전에 제거한다.
- 주변에 위험시설물이 있을 때는 행인이나 차량의 안전을 위하여 위험표지판을 설치한다.
- 마을공동시설은 붕괴위험 및 누수여부의 점검과 피해대비를 위해 공동으로 대처한다.

④ 재해발생에 대비하여 대피장소 및 대피요령을 사전에 숙지하고 식수, 식량, 연료, 의류, 손전등, 비닐봉지 등 비상물품을 준비하여 두며 비상시를 틈타 사재기하는 일이 없도록 한다.

⑤ 반상회 또는 마을 공동스피커 등을 통하여 재해대비 상황을 알리고 서로 정보를 교환하여 공동으로 대처할 수 있도록 한다.

(1) 농촌 · 산간지역의 대비요령

① 수도작물의 경우

- 상습침수지역에서는 침수에 강한 품종을 선택하고 안전지대에 못자리를 만들며, 모심기전에 가래질 작업을 철저히 하고 배수로를 깊이 파서 물이 잘 빠지도록 한다.
- 논두렁, 둑, 제방 등이 무너질 염려가 없는지 점검 · 보수한다.
- 뿌리 성장을 촉진시키는 칼리비료를 미리 준비해둔다.
- 호우가 예상될 때는 튼튼한 지주목을 세우고 새끼나 비닐끈으로 줄을 쳐 벼가 쓰러지지 않도록 한다.

② 밭작물의 경우

- 이랑을 높게 하여 파종하고 배수로를 정비한다.
- 짚, 풀, 비닐 등을 지면을 덮어서 빗물로 인한 토양유실이 없도록 하고 무나 배추는 파종후 비바람에 대비하여 썬 짚이나 왕겨, 모래 등으로 덮어주면 좋다.
- 옥수수, 수수 등은 몇 개씩 묶거나 지주목을 세워 새끼나 끈으로 연결하여 쓰러지지 안도록 사전 조치한다.

③ 과수작물의 경우

- 지주목을 설치하여 과목이 비바람에 쓰러지지 않도록 한다.
- 꽃분을 적절하게 하여 과일이 여유있게 열리게 하고 성숙기에는 낙과방지제를 살포해 둔다.
- 경사지 과수원이나 새로 시작한 과수원에는 짚, 풀, 비닐 등을 덮어주며 흙의 유실을 막도록 한다.

④ 원예시설의 경우

- 비닐하우스 주변의 배수로를 정비하여 물이 스며들지 않도록 하고 내부에는 버팀대 등을 설치・보강하여 쓰러지지 않도록 한다.

⑤ 축사시설의 경우

- 축사와 사료창고를 점검・보수하고 지붕이나 창틀 등이 비바람에 떨어져 나가지 않도록 단단히 고정시킨다.
- 집중호우시에는 오물이 잘 빠지도록 배수로를 정비한다.
- 우기가 계속될 때에는 수인성 예방접종을 실시하고 비상시에는 가축을 이동할 수 있도록 대비한다.

⑥ 수리시설의 경우

- 수문이 잘 작동되는지 여부를 확인하고 수문조작에 필요한 공구를 수문옆에 준비해 둔다.
- 하천, 배수로 등에 설치된 가건물이나 장애물 등을 제거하여 유수 소통이 원활하게 한다.
- 만일의 사태에 대비하여 마을공동으로 가마니, 말뚝, 비닐, 모래주머니, 파이프 등을 준비해 둔다.

⑦ 사방시설의 경우

- 경사도가 30° 이상이면 산사태 발생가능성이 크기 때문에 산사태 발생 우려지역은 미리 주변을 둘러보아 큰돌 등을 치워주고 무너질 위험이 있는 곳을 보수하며 배수로를 정비한다.
- 낙석위험지역은 보호망을 쳐주고 위험 표지판을 설치하여 사람의 접근을 막아야 한다.

(2) 어촌・해안지역의 대비요령

① 선박의 출항을 금하고 안전한 항구로 대피한다.

② 수산 증·양식 시설물을 점검하여 균열, 파손부분은 사전보수하고 선박의 통신장비, 항해장비. 구명장비 등의 기능을 점검하여 유사시 즉각 사용할 수 있도록 한다.
③ 가두리망의 간격을 넓히고 망가리를 실시하여 둔다.
④ 저지대나 고립지대에서는 상호연락망을 구성하여 만약의 사태에 대비한다.

2) 호우발생시 대처요령

(1) 가정에서의 대피요령

① 라디오, TV를 통해 기상특보상황을 계속 경청하고 가옥의 안전상태를 재점검한다.
② 노약자나 어린이는 외출을 삼가고 모든 가족은 일찍 귀가한다.
③ 축대나 담장, 배수로 등을 재확인하고 붕괴위험이 있는 시설물에는 접근하지 않는다.
④ 물에 떠내려갈 위험이 있는 물건은 단단히 묶어두거나 가옥옥상 또는 고지대로 미리 옮겨 놓는다. 가전제품의 경우 코드를 모두 뽑고, 코드에 비닐테이프를 붙인 후, 비닐로 포장을 하여 물이 스며들지 않게 한 후 높은 곳에 올려서 보관하며, 이불, 옷 등은 젖지 안도록 비닐로 포장한 후 다락방이나 옷장위 등 높은 곳에 보관한다.
⑤ 침수위험이 예상되면 긴급대피나 물품운반을 위해 문짝, 널빤지, 비닐물통 등을 확보해둔다.

(2) 보행자 및 차량운행시 대처요령

① 천둥·번개시 우산을 쓰지 말고, 전신주나 큰 나무 밑, 높은 곳, 들판 등은 위험하므로 낮은 곳이나 건물안으로 대피한다.
② 도로상에 전선이 늘어져 있으면 감전우려가 있으니 다른 길로 돌아간다.

③ 보행시 하천변, 철탑, 고압전선, 웅덩이, 오래된 축대나 담장 등 위험한 곳에 접근하지 말고, 냇가나 침수지역을 건널 때는 모험심에 의한 무리한 행동은 삼간다.

④ 차량운행시 평소 잘 아는 도로를 이용하여 저단기어로 운행하고 물에 잠긴 도로는 맨홀, 하수도 등의 위험이 도사리고 있으므로 가급적 피하여, 작은 개울이라도 물이 금방 불어나므로 안전한 도로를 이용한다.

⑤ 침수도로나 계곡을 건널 때 엔진이 꺼지거나 차가 빠졌을 경우 즉시 하차하여 안전지대로 대피한 후 도움을 요청한다.

⑥ 하천변에 주차된 차량은 안전한 곳으로 옮긴다.

(3) 등산, 야영, 낚시, 피서지 등에서의 대처요령

① 방송을 통해 수시로 기상정보를 파악하고, 기상악화시 신속히 하산하거나 높은 지대로 피신한다.

② 계곡이나 개천가, 산사태 위험지역에서는 야영을 삼가고, 야영 중 계곡이나 하천이 넘칠 때는 무리하게 물건을 구할 생각을 하지 말고 몸만이라도 신속히 대피한다.

③ 하천변, 섬주변에서 낚시를 하는 사람은 안전지대로 철수한다.

④ 대피중에 물이 불어난 계곡이나 하천을 모험심에 의해 무리하게 건너지 말고 우회로를 이용한다.

(4) 낙뢰시 대처요령

① TV, 라디오, PC 등의 전원플러그를 뽑아두고 가능한 한 모든 전기기구는 사용치 않는다.

② 철재가재도구(싱크대, 스토브 등) 열어놓은 문이나 창, 전기콘센트, 스위치 등에서 멀리 떨어진다. 특히, 피뢰침없는 목조건물에서는 전기기구의 배선, 수도·가스의 배관, 기둥 등이 뇌격의 통로가 되

기 쉬우므로 이것들로부터 2m 이상 떨어져야 한다.

③ 낙뢰는 주위보다 높은 곳에서 발생하기 쉬우므로 외딴집, 원두막, 큰 나무 아래, 능선, 언덕 등으로 피신하는 것은 위험하며 주위보다 낮은 곳으로 대피한다.

④ 쇠붙이가 붙은 구두를 신거나 금속제 농기구, 공구, 우산, 자전거, 낚시대, 골프채 등을 들고 있어서는 안되며 몸에서 멀리한다.

⑤ 들에서는 지면과의 접촉을 작게 하기 위해 팔굽과 무릎만 대고 그 자리에 엎드린다.

⑥ 담장공사, 전화 · 파이프 · 전기공사 등은 중단하고 인부는 인근 가옥내로 대피한다.

(5) 농촌 · 산간 지역의 대처요령

① 호우가 계속되면 이장, 반장, 민방위대장, 수방단 등을 중심으로 비상연락망을 구축하고 재해대비 상황 등을 확인한다

② 산사태 제방, 둑, 논두렁 등이 무너질 위험이 있으나 보수할 여유가 없으면 비닐이나 가마니를 우선 덮어둔다.

③ 논두렁이나 밭고랑은 배수로를 깊이 파주고 벼나 밭작물이 비바람에 쓰러지지 않도록 한다.

④ 침수우려지역 논에서는 벼의 쓰러짐 방지를 위해 4~6포기씩 묶어둔다.

⑤ 침수지역에서 벤 벼는 논둑, 제방 등 안전지대로 옮기거나 작은 단으로 묶어 세운다.

⑥ 밭작물의 경우 요소비료를 주어 발육을 돕고, 오랫동안 비가 오면 짚 등으로 지면을 덮어 흙이 잎에 튀지 않게 하여 병해를 예방한다.

⑦ 과수작물의 경우에는 인공수분을 실시하고 빗방울에 의해 동록(銅綠)이 나지 않도록 봉지를 씌워 놓도록 한다.

⑧ 과수의 어린 묘목중에서 빗물에 의해 뿌리가 노출된 것은 흙으로

덮어주고 비바람에 가지가 찢기거나 쓰러지지 않도록 방충망 또는 받침대를 설치한다.

⑨ 수리시설의 경우 계속된 호우로 만수가 될 때는 서서히 수문을 열어 놓아야 하며 피해가 예상될 때에는 유도수로를 만들도록 하고 붕괴위험이 있는 수리시설의 하류주민은 사전에 대피하도록 한다.

⑩ 산간 지역에서는 서로 연락이 가능하도록 사전조치를 취하고 외딴 가옥에 위험이 예상될 때는 경보발령 즉시 가까운 마을로 대피하도록 한다.

(6) 어촌 · 해안지역의 대처요령

① 선박의 경우

- 항해중인 선박은 태풍진로를 계속 파악하고 가까운 안전지대나 항 · 포구로 서둘러 대피한다.
- 선박의 문, 어창덮게, 현창, 창고문 등을 막고 다른 배와 정보를 교환하여 항로변경 여부를 검토하고 구명장비의 기능상태를 점검한다.
- 정박중인 선박은 내륙안전지대로 반드시 양륙(揚陸) 또는 고정시키고 고무타이어, 로프 등 방충물을 부착하여 다른 선박과의 충돌 피해가 없도록 한다.

② 수산 증 · 양식시설의 경우

- 해변가에 널어 둔 어망은 미리 가두어 안전한 곳에 보관 · 관리한다.
- 사료공급량을 감소시키고 생물의 도피방지를 위하여 보호마을 설치한다.

(7) 공사현장에서의 대처요령

① 일반토목공사 현장의 경우

- 작업을 중지하고 떠내려가거나 파손될 우려가 있는 기자재들을 안전한 곳으로 이동시킨다.

- 굴착한 웅덩이 등에 물이 들어가는지 또는 무너질 우려가 있는지 확인한다.
- 저지대 공사현장은 침수에 대비, 가배수로를 설치한다.
- 주변 구조물이 무너지지 않도록 보강시설을 설치한다.
- 하천을 건너는 공사장에서는 상류지역 강우량을 지속적으로 파악, 수위상승에 대비하고 차량통제 등 필요한 조치를 취한다.

② 전기설비공사 현장의 경우

- 돌발사고에 대비한 구역별 조작개폐기가 사전에 지정되어 있는지 확인한다.
- 지정된 개폐기 조작시험 및 구역별 정전시험을 실시하고 비상전원이 확보되어 있는지 확인한다.
- 휴즈 및 케이블 등의 예비품을 준비하고 조작용 안전장구를 비치한다.

3) 긴급사태 발생시 대처요령

(1) 공통사항

① 긴급사태가 발생하면 관계기관, 민방위대장 등 지휘자의 지시에 따라 신속히 행동하고 예찰활동, 응급복구, 구호 및 방역, 인명구조활동 등에 자진 참여한다.

② 이웃집, 인근 제방, 수문, 하천, 산림 등에서 위험한 곳을 발견하면 관계기관, 통행인 또는 이웃들에게 알린다.

③ 피해발생이 예상되는 지역은 차량 및 통행인의 출입을 제한한다.

④ 집이 침수되었을 때는 수도, 가스, 전기 등을 차단한다.

⑤ 전염병예방을 위해 집안밖을 소독하고 물을 끓여 마셔야 하며 상한 음식은 절대 먹지 말도록 한다.

(2) 침수지역 및 위험지역에서 고립되었을 경우

① 당황하지 말고 지붕 위나 옥상 등 안전한 곳으로 대피한 후 불을 피워 연기를 내거나 흰 옷가지 등으로 자기 위치를 알리도록 한다.

② 구조대가 도착하기 전에 침수위험이 있으면, 문짝, 스티로폴 상자 등으로 뗏목을 만들거나 튜브 등 구명환을 이용하여 탈출한다.

(3) 등산, 야영, 피서중 조난 당했을 경우

① 절대 당황치 말고 동굴, 바위밑, 등 안전한 곳이나 구조대가 발견하기 쉬운 곳으로 대피한다.

② 불을 피워 연기를 내거나 흰옷가지를 높이 매달아 자기 위치를 알리도록 한다.

③ 과도한 체력소모는 위험을 가중시키므로 안전한 대피장소에서 구조대를 기다린다.

④ 대피장소에서는 체온유지 및 보온에 노력하고 조난의 장기화에 대비하여 비상식량을 적절히 조절하여 사용한다.

(4) 긴급대피시 행동요령

① 절대 당황치 말고 지휘자의 지시에 따라 여러명이 함께 지정된 대피소로 이동하며, 이동시 비상용품을 휴대하여 정해진 길로 가고 이동후에는 인원점검을 실시한다.

② 집안의 가재도구에 대한 미련을 버리고 도로의 침수, 넘어진 나무, 늘어진 전선 등으로 고립당하지 않도록 빨리 대피한다.

③ 수해상습지역, 고립지역에서 다른 곳으로 이동할 수 없을 때에는 높은 지대나 헬기장으로 피신하고 헬기로 대피할 때는 어린이, 노약자먼저 태우도록 한다.

④ 개울, 물웅덩이는 피하여야 하나 부득이 건너야 할 때에는 물이 차바퀴에 반이상 차지 않을 때에 저단기어로 건너고 엔진이 물에 잠

기지 않도록 하여 무사히 건넌 후에는 브레이크를 점검한다.

4) 호우가 지나간 후의 대처요령

(1) 가정에서의 대처요령

① 침수되었던 집안에서는 가연성 또는 폭발성 물질이 차 있을지 모르니 공기를 환기시킨 후 들어가야 되고 수도관과 가스관의 밸브가 안전하게 잠겨 있는지 확인한다.

② 젖어있는 전기설비에 함부로 손대지 말고 한전 등 관계기관에 신고하여 그곳의 지도에 따른다.

③ 붕괴지역은 또 다른 붕괴위험이 있는지 우선 확인한 후 가옥 및 주변의 피해시설을 응급복구한다.

(2) 마을 공동으로 할 일

① 마을 지도자를 중심으로 무너진 하천, 제방, 도로와 산사태 발생 지역에 대해 주민공동으로 복구작업을 실시하고 붕괴된 곳에는 위험표지를 하며 즉시 관계기관에 알린다.

② 전염병에 대비하여 집주변의 소하천, 도랑, 마을회관, 공동집수장등에 대한 소독을 보건소에 요청·실시한다.

③ 파괴된 상·하수도는 발견하는 즉시 관계기관에 신고하고 수돗물은 안전하다는 통보가 있을 때까지 끓여 먹는다.

④ 홍수로 오염된 물과 음식물은 신선해 보이더라도 먹지 말며 침수지역 우물은 완전히 퍼내어 새 물로 교체된 후 사용한다.

⑤ 고압선, 철탑 등이 붕괴되었을 때에는 접근하지 말고 한전 등 관계기관에 즉시 신고한다

⑥ 파손된 간판 등 부착물은 즉시 보수하고 인근도로변의 가로수가 쓰러졌을 때에는 바로 세우기 작업을 하던지 관계기관에 신고한다.

(3) 농촌에서의 대처요령

① 수도작물의 경우

- 침수된 못자리나 논은 즉 물빼기 작업을 하고 물이 빠진 논에는 새물 대기를 해주며 매몰되었을 때에는 덮여 있는 흙, 오물을 제거한 후 깨끗한 물로 씻어주도록 한다.
- 쓰러진 벼를 세워서 4～6포기씩 묶거나 버팀목을 세워주고 벤 벼는 작은 단으로 묶거나 제방으로 옮겨서 말리고 썩을 염려가 있으면 탈곡한 후에 말린다.
- 물이 빠지면 병충해 방제를 실시해 주고 유실 또는 매몰된 농작물은 복구해 주며 소생이 불가능하면 대파를 하고 발육촉진을 위하여 비료를 사용한다.

② 밭작물의 경우

- 침수된 곳은 배수작업을 실시하고 잎에 묻은 오물은 씻어주고 살균제를 살포토록 한다.
- 요소비료를 잎에 뿌려 발육을 촉진시키고 쓰러진 포기나 노출된 뿌리는 흙을 돋우어 보호하고 쓰러진 작물은 묶어 세우며 피해가 심한 경우에는 대파를 해준다.
- 물기가 빠진 표토(表土)를 긁어주고, 비닐피복 재배시에는 비닐을 제거하여 토양통기와 수분증발을 촉진시켜 주도록 한다.

③ 과수작물의 경우

- 인공수분을 실시, 쓰러진 과목을 세워 지주목을 설치하고 배수를 촉진하며 복토작업을 실시한다.
- 잎, 가지에 물을 뿌려 오물을 제거하고 병충해 방제농약을 살포한다..

④ 가축 및 축사의 경우

- 축사 내외를 깨끗이 소독하고 환기시설을 점검, 통풍이 되도록 하며

붕괴된 축사는 개보수를 한다.

- 가축에 대한 수인성 전염병 예방접종을 해주고 건강진단도 실시한다.
- 깨끗한 물을 공급토록 급수원을 재점검한다.

(4) 어촌에서의 대처요령

① 파손된 수산 시설물을 즉시 보수해주고 신선한 용수로 대체한다.

② 어장내의 오물 및 흙탕물을 빨리 제거해 주고 생물을 단계적으로 교체해 준다.

③ 질병여부를 확인하고 어병약제를 사료에 혼합하여 급여해 준다.

4. 폭염 대처 요령

폭염으로 인체가 한계에 다다라 사망할 수 있다. 정상적인 조건에서는 인체 내부의 온도조절장치가 땀을 내어 증발시킴으로서 몸을 냉각한다. 그러나 높은 온도와 습도 하에서는 증발이 느려서 인체가 정상적인 온도를 유지하기는 매우 어렵다.

대부분의 열적 혼란은 희생자들이 열에 과도하게 노출되거나 그의 나이나 신체조건에 비해 과도하게 운동을 함으로서 일어난다. 중년이 지났거나 어린이 그리고 그들 중 병들거나 과체중인 사람들은 더 폭염에 희생되기 쉽다.

열과 관계된 병을 유발할 수 있는 조건은 바람이 불지 않고 대기가 오염된 조건이다. 결과적으로, 도시지역에 사는 사람들이 전원지역에 사는 사람들보다도 폭염의 피해를 입을 위험에 더 심각하게 노출되어 있고 할 수 있다. 게다가, 아스팔트와 콘크리트도 열을 더 오래 간직하고 있다가 밤에 열을 서서히 방출한다. 이것은 “도시의 열섬효과”를 일으켜 열대야 현상과 같이 야간의 높은 기온을 만들어 낸다.

1) 폭염의 긴급상황 전에 할 일

(1) 폭염과 관계된 용어 알아두기

- 폭염 - 오래 계속되는 과도한 기온, 간혹 과도한 습도를 동반한다.
- 더위지수 - 화씨온도 수치로, 기온에 상대습도가 더해졌을 때 느껴지는 온도를 말한다. 햇빛에 완전히 노출되면 더위지수는 화씨 15도를 더할 수 있다.
- 열적 경련 - 과도한 활동에 기인한 근육통과 경련. 열적 경련이 그렇게 심각한 것은 아니지만 간혹, 인체가 열로 인해 문제가 생겼다는 것을 나타내는 첫 번째 신호가 된다.
- 열적 기진 - 통상, 사람들이 과도하게 운동을 하거나 열기와 습기가 있는 장소에서 일할 때 발생한다. 그런 장소에서는 과도하게 땀을 흘려서 체액이 상실된다.
- 열사병 - 열사병은 생명을 위협하는 것이다. 희생자의 온도조절 시스템은 몸을 식히고 활동을 정지시키기 위해서 땀을 내다. 인체가 신속하게 식지 않는다면, 체온이 매우 높게 올라가서 뇌손상과 사망에 이를 수 있다.
- 일사병 - 열사병의 다른 표현

(2) 폭염에 대비한 조치

- 창문 에어컨디셔너를 꼭 맞게 설치하고, 필요하면 단열조치 한다.
- 냉방효율을 높이기 위해서 덕트를 확인한다.
- 열을 밖으로 반사시키기 위해서 임시로 알루미늄박을 판지에 붙여 커튼과 창문 사이에 설치한다. 그리고 찬 공기가 빠져 나가지 않도록 하기 위해서 문과 문틀 사이를 막는다.
- 커튼, 가리개, 차양막 등으로 아침이나 저녁 해를 받는 창을 막는다. 이런 것을 창안밖에 설치하면 집안으로 들어오는 열을 80%까지 줄여

줄 수 있다. 1년 내내 바람막이 창을 유지하도록 한다.

- 폭염 기간에는 전기를 절약한다. 사람들은 냉방을 위해서 더 많은 전기를 쓰는 경향이 있는데, 이는 전력 부족이나 정전을 야기할 수 있다.

2) 폭염 비상사태시 할 일

(1) 가능한 집안에 머무른다.

- 만일 냉방이 되지 않는다면 햇볕이 들지 않는 저층에 머무른다.
- 바람을 통하게 하면 땀의 증발을 촉진하여 몸을 식혀줄 수 있다.

(2) 의사의 지시가 없는 한 소금섭취를 피하면서, 균형 있는 식사를 가볍고 규칙적으로 한다.

(3) 목마르지 않더라도 많은 양의 물을 규칙적으로 마신다.

- 간질 · 심장 · 신장 · 간장의 병이 있는 사람은 수분이 많은 음식을 제한하여야 하며, 그렇지 않으면 체액 유지에 문제가 생길 수 있기 때문에 수분섭취를 하기 전에 의사와 상담하여야 한다.

(4) 알콜 음료섭취 제한 : 맥주와 알콜음료가 갈증을 해소해주는 것처럼 보여도, 그것들은 실제로 인체의 탈수를 더 유발한다.

(5) 절대로 밀폐된 차안에 어린이나 애완동물을 두지 않는다.

(6) 옷은 느슨하고 가능한 많은 피부를 가리게 입는다.

- 가볍고 밝은 색상의 옷은 열과 햇빛을 반사하고 정상적인 체온을 유지하는데 도움이 된다.

(7) 테가 넓은 모자를 써서 얼굴과 머리를 보호한다.

(8) 햇볕을 지나치게 쐬지 않는다.

- 피부가 볕에 그을리면 스스로 식히는 능력이 저하된다. 차단지수가 높은 자외선차단제를 사용한다.

(9) 하루중 가장 더운 시간대에는 강도 높은 노동을 하지 않는다. 일을 함께 하고 자주 쉬도록 한다.

(10) 하루에 최소한 2시간은 냉방이 되는 곳에서 지낸다. 만일 자신의 집이 냉방이 되지 않는다면 가장 더운 시간대에는 도서관, 학교, 영화관, 쇼핑몰, 그 밖에 지역 사회의 공공시설에서 지내도록 한다.

(11) 냉방이 안되는 곳에서 혼자 지내는 가족, 친구, 이웃을 살핀다.

3) 열에 의한 병에 대한 응급처치

(1) 화상

- 증상 : 피부가 붉어지고 아프며 부을 수 있으며 물집이 생기고 열과 두통이 올 수 있다.
- 응급처치 : 땀구멍을 막고 있는 기름을 제거하고 체온을 유지하기 위해서 비누를 사용하여 샤워를 한다.

(2) 열경련

- 증상 : 땀이 많이 나면서 보통은 다리와 복근에 통증을 동반하는 경련 발생
- 응급처치 : 시원한 곳으로 옮긴다. 경련이 발생한 부분을 가볍게 펴고 부드럽게 마사지를 해서 경련을 완화시킨다. 15분마다 시원한 물을 몇 모금(반컵까지) 먹인다. 카페인이나 알콜 음료는 주지 않는다. 메스꺼움이 느껴진다면 물을 주지 않는다.

(3) 열피로

- 증상 : 땀이 많이 나지만 피부는 차가울 수 있고 창백하거나 홍조가 나타날 수 있다. 맥박이 약해진다. 체온이 정상일 수 있으나 체온은 상승된다. 졸도하거나 현기증이 생기며 매스꺼움이나 구토가 나고 피로감이나 두통이 생길 수 있다.
- 응급처치 : 환자를 시원한 곳에 누인다. 옷을 느슨하게 풀어주거나 제거한다. 시원하고 촉촉한 천을 덮는다. 환자에게 선풍기를 틀어주거나

냉방이 잘되는 곳으로 옮긴다. 환자가 의식이 있으며 물을 몇 모금 먹인다. 물은 꼭 서서히 섭취하게 한다. 15분마다 시원한 물 반컵을 준다. 메스꺼움이 느껴지면 물을 주지 않는다. 구토를 하게 되면 즉시 의사의 진료를 받도록 한다.

(4) 열사병(일사병)

- 증상 : 높은 체온, 뜨겁고 붉고 건조한 피부, 급격히 약해지는 맥박, 급격히 얕아지는 호흡. 의식을 잃을 수 있다. 환자가 직전에 심한 운동으로 많은 땀을 흘리지 않았다면 환자는 땀을 흘리지 않을 것이다.
- 응급처치 : 열사병은 의학적으로 심각한 병증이다. 119나 응급의료서비스를 호출하거나 환자를 즉시 병원에 입원시켜야 한다. 지체되면 생명이 위태롭다. 냉방이 잘되는 곳으로 환자를 옮긴다. 의복을 제거한다. 체온을 떨어뜨리기 위해서 시원한 물로 목욕을 시키면서 젖은 천이나 스펀지로 환자를 닦아준다. 호흡에 문제가 없는지 특히 주의를 기울여 살펴본다. 선풍기나 에어컨디셔너를 이용한다.

5. 지진 대처 요령

지진은 일시적으로 일어나는 지각변동으로서 급격한 단층운동에 의한 단층지진, 화산활동에 의한 화산지진, 지반의 함몰에 의한 함락지진 등이 있다. 우리나라에서 발생한 지진은 삼국시대, 고려시대, 조선시대를 거쳐 대체로 증가하는 추세를 보였으나, 각 시대의 지진기록이 다르기 때문에 한반도에서 발생하는 지진활동의 시간적 변화를 정확히 규명하기는 어렵다.

역사적인 기록에 의하면 15세기에서 18세기 사이에는 지진활동이 활발하였고, 특히 경주지역에서 발생한 지진으로 100여명이 사망했다는 기록이 있다. 19세기 이후에는 지진활동이 중지되었다. 20세기에 와서는 쌍계사 지역에서 강진이 기록되었다. 또한 1965년 1년 동안 104회의 유감지진이 발생하였고, 1978년 홍성에서 규모 5의 지진이 있었다.

따라서 우리나라의 지진활동 추세에 관해서는 예측이 거의 불가능하고, 도시의 광역화, 인구의 조밀화, 산업규모의 확대 등으로 지진에 의한 피해가 대형화되어 갈 것으로 예상된다. 그러므로 고층 건물이나 핵발전 설비, 댐 설비 등의 중요구조물을 설치할 경우 지진에 대한 안전성 검토가 반드시 이루어져야 할 실정이다.

1) 지진 대비 요령

(1) 가구시설개선요령

- 가구가 쓰러질 것에 대한 대비책으로 L자형 버팀대, 철사 등을 사용하여 가구가 넘어지는 것을 방지합니다.
- 가구가 넘어져 출입문을 막거나 사람위로 넘어지는 것을 방지하기 위해 가구배치에 신경 써야 합니다.

(2) 집주변의 점검

- 벽돌벽에 금이 갔는지 화분이 놓여 있는지에 대해 점검합니다.
- 프로판 가스통은 지진 발생시에 대형화재를 일으킬 수 있으므로 잘 고정되어 있는지, 가스가 샐 염려가 없는 지를 자주 점검합니다.
- 지붕에 기왓장이 잘 정리되어 있는지, 안테나 등이 떨어질 염려가 없는지 등을 점검합니다.

(3) 지진에 대비한 점검사항

- 지진에 대비하여 피난로 및 피난절차를 확인하고 지진에 대비한 가족재해계획의 수립하여야 합니다.
- 피난에 대비한 비상물품(물, 음식, 후레쉬, 속옷 등)을 준비하여 둡시다.
- 소화기 사용법을 숙지하도록 하고, 평소에 재해대응 훈련에 참가하고

가상 지진을 체험해 보는 것도 필요합니다.

2) 지진시 행동요령

(1) 집안에 있을 때

- 사용되고 있는 불을 끕니다.
- 테이블 밑으로 들어가 몸을 보호합니다.
- 비상출입문을 확보합니다.
- 정신적 공포로 인해 밖으로 뛰어나가는 것은 위험하니 침착하게 상황을 살피고 행동해야 합니다.

(2) 집밖에 있을 때

- 고층건물사이에 둘러 쌓여 있을 때에는 창문유리나 간판이 떨어질 것을 대비해 머리를 보호하여 가까운 공원이나 공터로 대피해야 합니다.
- 엘리베이터 안에 있을 때에는 신속히 가까운 층의 복도로 대피해야 합니다.
- 지하쇼핑몰은 대체로 안전하므로 당황하지 말고 직원의 지시에 따라 침착하게 행동해야 합니다.
- 대중교통 이용시에는 강한 충격에 자신의 몸을 보호하기 위해 손잡이나 기둥을 잡고 운전자의 지시에 따라 침착하게 행동합니다.
- 극장에서는 가방 등을 이용해 머리를 보호하고 엎드려 있어야 합니다.
- 육교에서는 육교가 흔들리는 것에 대비해 기둥이나 벽을 잡고 엎드려 있어야 합니다.
- 운전중일 때에는 차를 멈추고 라디오 등을 켜고 방송에 귀를 기울여야 합니다.
- 해변가나 강하구에 있을 때에는 지진해일의 위험이 있으므로 높은 지역으로 신속히 이동하여야 합니다.

3) 지진후 행동요령

(1) 화재예방 및 초기진압

- 모든 전열기를 끄고 가스 밸브를 잠가야 합니다.
- 화재가 발생하면 소리쳐서 이웃에게 알리고 초기진압을 시도해야 합니다.
- 초기진압에 실패하였다면 신속히 대비하여야 합니다.

(2) 지진이 멈추었을 때

- 부상자를 확인하고 가옥의 파손정도를 확인합니다.
- 지진이 멈추었다고 해도 여진이 발생할 수 있으므로 이에 대해 준비하고 있어야 합니다.

(3) 피난요령

- 공공방송에서 발표하는 정확한 정보만을 얻어야 하며, 유언비어에 속지 말아야 합니다.
- 자동차를 이용하지 않고 도보로 대피해야 합니다.
- 혼자 대피하는 것은 위험하니 이웃과 같이 대피하여야 합니다.
- 모든 사람의 협력하여 구조 활동에 참여하고 협동하여야 합니다.

(4) 환자치료

- 압박붕대 등을 사용하여 출혈환자의 지혈을 시킵니다.
- 화상을 입었을 경우에는 찬물이 가장 효과적이며, 화상으로 인해 생긴 물집을 터트려서는 안됩니다.
- 심한 부상을 입었을 때에는 즉시 병원으로 데려가 의사에게 보여야 합니다.

제6장

범죄예방

1. 청소년의 일탈 행위
2. 성범죄의 예방 및 대처
3. 가정폭력
4. 방범대책
5. 일상생활에서의 범죄 예방대책
6. 112범죄신고 안내

1. 청소년의 일탈 행위

1) 청소년의 약물남용

부모의 입장에서 자신의 아이가 약물을 사용하고 있다는 사실을 처음 알게 되었을 때 당황하게 될 것이다. '어쩌다 내 아이가 이렇게 되었을까'하고 당장 어떻게 도와야 할지를 몰라 허둥지둥할 수도 있지만 이때 부모의 첫 반응이 아이들에게는 매우 중요하다.

- 너무 겁을 내거나 과도한 반응을 하지 않는다.

약물을 사용한 것을 알게 되었을 때 무조건 야단을 치거나 소리를 지르는 등은 도움이 되지 않는다. 침착하고 확고한 반응을 보이는 것이 가장 효과적이며, 무엇보다도 부모가 믿음직스럽고 자기를 도와줄 수 있는 사람이라는 느낌을 주는 것이 중요한 것이다.

- 자책에 빠지지 말고 자세를 가다듬는다.

자녀가 약물을 사용했다고 해서 부모 노릇이 실패로 끝났다고는 생각하지 말아야 한다. 부모가 죄책감에 압도당해서는 상황처리에 도움이 되지 않기 때문에 자책에 빠지지 않고 자세를 가다듬어야 한다.

- '넌 나쁜 애'라는 느낌을 주는 자극적인 표현은 삼가 한다.

화가 난 나머지 자극적인 말을 내뱉으면 그것이 차후에 자녀와의 관계에서 지도해 나가는데 도움이 되지 않기 때문에 자극적인 언행은 삼가는 것이 좋다.

- 차분하게 대화를 시도한다.

차분하게 마음을 터놓고 대화를 하는 것이 가장 효과적인 문제 해결의 시작이다. 지나치게 겁을 주면 일시적으로는 효과가 있을지 모르지만, 상호간의 신뢰를 깨트리고 오히려 대화를 막아버리게 된다.

이야기를 시작할 때는 "왜 약물을 하게 되었니?"와 같이 "왜?"라고 묻는 대신에 "네가 약물을 하게 된 데는 아마도 충분한 이유가 있었을 것이다. 그 이유가 어떤 건지 나에게 이야기 해주겠니?"라고 대화를 유도하는 것이 효과적이다.

- 약물에 취해있는 동안은 맞서지 않는다.

의식불명이나 반의식 상태에 있으면 즉시 치료기관이나 응급실로 데리고 가는 것이 좋다. 의료적인 처치를 하는 것도 중요하지만 약물 사용은 그만큼 심각한 질병이며 쉽게 지나칠 문제가 아니라는 것을 확실하게 알릴 필요가 있다.

- 이미 중기 단계를 넘어섰다면 전문기관에 의뢰한다.

이미 중기 단계를 넘어섰다면 이 단계에서는 부모 혼자의 힘으로는 돕기 힘들기 때문에 전문기관에 의뢰하여 도움을 받는 것이 좋다.

2) 청소년의 자살

청소년의 자살 행동은 정신질환적인 특성이라기보다는 분노, 좌절, 충동성 등 심리적 갈등이나 정서적 요인에 의해 주로 유발된다고 할 수 있다. 청소년기의 자살 시도는 현실 도피적인, 충동적인 문제 해결 방식을 반영하고 있음을 시사하며, 또한 대부분의 자살 기도자들은 자살에 대해 사전에 어떤 형태로든 주변사람들에게 언급하고 있다.

이러한 자살 기도 청소년들은 지나치게 초조해 하거나 안절부절못한 행동을 하며, 주의가 산만해진다. 식욕과 수면 패턴이 변화하여 우울 증상을 보이고, 학교에서 문제를 일으키거나 범법 행위와 같은 사고를 자주 낸다. 친구들을 만나지 않고, 좋아하던 행동을 중단하며, 약물이나 알코올에의 탐닉하기 시작한다. '죽고 싶다'라든가 '내가 없어졌으면' 등의 자살과 관련된 말을 자주하고 자기가 소중하게 여기던 물건을 남에게 주는 등 행동의 변화와 함께 갑작스런 성적의 저하가 나타나므로 이를 통해 어느 정도 예지할 수 있다.

- 대처방안

주변 사람들을 통해 적절한 시기에 적극적인 방법으로 위기상황에 개입하게 된다면 청소년 자살은 충분히 예방할 수 있다. 하지만 평상시에 부모님이 자녀에게 애정과 관심을 조금이라도 표현해 주시는 것이 가장 중요하다.

우리 청소년들이 자신을 사랑하는 사람이 있고 또 자신의 죽음으로 인해 슬픔을 이기지 못할 사람이 있다는 것을 인식한다면 자살은 누구나 한번쯤은 생각해 볼 수 있지만 행동으로 옮기는 일은 없을 것이다.

3) 왕따

"왕 따돌림"의 준말로 개성이 무시당하고 친구가 없는 상태, 주위로부터의 일방적 배제로 혼자 외톨이가 된 상태를 말한다. 다수의 학생들이 개인이나 소수의 학생들을 대상으로 의도적으로 따돌리고 괴롭히는 경우뿐 아니라 지나치게 자기중심적이거나 내성적인 성격 등 개인의 문제로 집단 구성원들과 어울리지 못하는 경우도 포함된다.

왕따를 한번 경험한 학생은 다시 당하지 않기 위해 옳고 그름의 판단이 다른 친구 왕따 시키기에 동참하게 되며, 피해 학생이 저항하지 않거나 이를 감사하는 자세를 보일 경우 가해 학생들의 행위는 더욱 잔인하고 대담해진다. 주로 주도권을 쥔 학생들에 의해 시작되고 자존심 강한 여학생의 경우 더욱 심각한 정신적 피해를 입게 된다. 또한, 다른 학생들은 자신도 피해자가 될 수 있다는 두려움으로 왕따 학생에게 도움을 주지 않고 모른 채 하는 경우가 대부분으로 상황이 노출되지 않는 경우가 많아 심각해질 때까지 진행된 이후에 발견되므로 심각성이 크다.

왕따의 특성으로는 학교에서 안색이 나쁘고 기운이 없어 보이며 심부름을 잘하고 못난 놈, 멍청이, 냄새 난다 등의 말을 들어도 반항하지 않고 아부하듯 웃으며 결석과 지각이 잦은 등의 행동과 특성을 보인다. 친구들이 따돌리는 방법은 말 걸지 않기, 다른 학생들과 어울리지 못 하도록 막기, 약점 들추기, 모함하며 비난하기, 돌려가며 따돌리기, 계속 시비걸기, 편 가르기 등으로 어린 학생들이 감당하기 힘들 정도일 경우에는 학교 가기를 겁내는 경우까지 있다.

왕따 자녀를 둔 부모는 자녀와 많은 대화를 나누는 것이 중요하지만 이보다 앞서 친구사이에서 내 아이의 위치를 파악할 필요가 있다. 또한 너는 더 할 수 없이 귀한 존재라며 용기를 북돋아 주고 함께 이야기를 나누고 대책을 마련하도록 한다. 아울러 너를 괴롭힌 사람은 가만두지 않겠다는 식으로 아이에게 힘을 실어줄 필요가 있으며, 가해학생 부모에게도 직접 알려서 함께 해결방안을 모색하는 적극성을 보여야 한다. 후환이 두려워 '쉬쉬'하는 사이에 아이의 몸과 마음은 상처받고 지쳐버려 어떤 우발적인 행동을 할지 모르기 때문이다.

– 왕따 예방법

- 자신을 되돌아보기 : 왜 따돌림을 당하는지 자신을 돌이켜 보는 것이 중요하다.
- 마음 편히 담담하게 받아들이기 : 너무 소극적으로 또는 신경질적인 반응을 보이는 것보다는 담담히 받아들이는 것이 좋다.
- 자기 할 일 착실히 하기 : 어떤 따돌림도 영원히 지속되는 것이 아니라 시간이 지나면 잊혀질 수 있기 때문에 자신의 공부나 특기를 충실히 다진다면 스트레스 받을 일은 없을 것이다.
- 자책하지 말기 : 스스로 자신을 부끄러워할 필요가 없다. 한 때 따돌림을 당하는 것이 인생 전체가 배척당하는 것이 아니기 때문이다.
- 친구 찾기 : 다가가기 편하거나 진심으로 대해 줄 친구에게 관심을 표현하고 친하게 지낼 수 있도록 노력한다.

- 부모님에게 상의하기 : 너무나 힘들어 혼자 감당할 수 없을 때는 부모님에게 사실을 털어놓고 상의한다. 이 세상에서 자신을 가장 사랑하고 아껴줄 수 있는 사람은 부모님임을 잊지 말아야 할 것이다.

4) 청소년 가출

청소년은 일단 가출하고 나서 잘못된 길로 빠지게 되면 돌이키기가 매우 어렵고, 한번의 가출은 또 다른 가출로 반복되는 경우가 많다. 가출을 예방하기 위한 노력은 무엇보다 가정에서부터 시작되어야 한다. 솔직하고 깊이 있는 대화를 통하여 이들이 무엇을 원하며, 어떤 어려움을 겪고 있는지를 민감하게 알아차리고, 필요한 도움을 줄 수 있어야 한다.

아이들은 가출하기 전에 여러 가지 방법으로 자신이 가출할지도 모른다는 신호를 보낸다. 우리 아이들에게 해당되는 사항들이 있는지 체크해 본다.

- 부모와 점점 대화가 없어진다.
- 집에 있는 것이 따분하다고 짜증을 자주 부린다.
- 집이 답답하다는 호소를 한다.
- 귀가시간이 점점 늦어지고 가끔 외박도 한다.
- 늦게 귀가하여 어디서 누구와 함께 있었는지를 물어보면 얼버무리거나 거짓으로 말한다.
- 방과 후 학원이나 독서실 간다고 해서 확인해 보면 없는 경우가 많다.
- 친구 집에서 잔다고 해서 확인해 보면 없는 경우가 많다.
- 부모가 말을 붙이면 건성으로 대답하거나 아예 대답하지 않는다.
- 부쩍 필요 이상의 용돈을 달라고 요구한다.
- 집에 들어오기 싫다고 투덜거리며, 툭하면 집 나가겠다고 위협한다.
- 사귀는 친구들이 주로 노는 아이들이 많고, 중퇴·자퇴했거나 가출한 경험이 있는 친구들과 자주 어울린다.

- 밤늦은 시간에 친구들이 전화해서 불러내면 핑계를 대서라도 꼭 나가려 한다.
- 학교를 자주 빠진다.
- 학교에 다니기 싫다는 소리를 자주 한다.
- 방과 후 비디오방, 게임방, 당구장 등 유흥업소 출입이 잦다.
- 공부에는 별 관심이 없고, 학교는 그냥 형식적으로 다닌다.
- 쉽게 돈을 벌 궁리를 하면서, 유흥비를 마련하려고 한다.
- 방문을 자주 잠근다.
- 가방을 자주 싼다.
- 돈을 벌 수 있는 구체적인 방법을 구상한다.

가출경험이 있는 청소년은 또 다시 가출하는 경우가 많은데, 이는 가출에서 돌아온 다음의 재적응 과정을 제대로 도와주지 못했기 때문이다. 따라서 가출을 해 보았던 아이가 다시 가출을 못하도록 하기 위해서는 새로운 생활을 다시 하려는 아이의 마음을 부모가 먼저 알아주는 것이 필요하다. 가족구조가 바뀌지 않으면 아이는 다시 가출하려고 할 것이다. 때로는 잘 되지 않겠지만 부모가 노력하고 있다는 것을 아이가 알면 재가출을 예방할 수 있을 것이다.

5) 학교 폭력

학교폭력의 개념은 다양하게 정의되고 있으나, 학교 내·외에서 주로 학생들에 의해 가해지거나 당하는 신체적·물리적·정신적·성적 폭력으로, 학교 안팎에서 발생하는 금품갈취, 폭력서클에 의한 폭력행위, 단순폭행, 구타 등의 신체적·물리적 폭력, 집단 따돌림, 욕설, 협박 등 심리적·언어적 폭력행위, 성폭력이 주를 이룬다 할 수 있을 것이다.

학교폭력에 대하여 보통 아이들 싸움으로 생각하면 대수롭지 않게 생각하는 경우가 있으나 요즘의 학교폭력은 지속성과 지속가능성으로 인한 심리적, 정서적인 피해는 사회 폭력과는 비교할 수 없을 만큼 심각한 실정이다. 학교나 학생사회는 우리가 생각하거나 알려진 것 이상으로 복잡해지고 있으므로 자녀들과 대화를 통해 그 흐름을 파악하는데 노력을 기울여야만 대처할 수 있다.

학교폭력은 피해자나 가해자 대부분이 내일의 주인공인 청소년들로 그들의 신체적, 정신적 피해와 비행은 완치됨이 없이 곧 다음세대로 이

〈표 6-1〉 학교폭력의 유형, 특징 및 발생원인

학교폭력의 특징	• 집단화 · 흉포화 · 잔인화 • 책임감과 죄의식의 부재 • 여학생 폭력의 증가 및 저연령화 • 정신적 폭력의 증가
학교폭력의 유형	• 금품갈취, 협박이나 폭행을 수반한 단순폭력 • 불량써클 결성이나 집단 싸움 • 성폭력 • 집단따돌림, 괴롭힘, 상대 안하기, 하기 싫은 일시키기 • 기타 은근히 욕하기, 시비걸기, 장난을 빙자한 가혹행위
학교 폭력의 발생원인	– 인성적 문제 • 분노 조절 능력 미약 • 욕구불만, 낮은 자존감, 강한 공격성 – 가정에서의 부모 역할미흡 • 대화의 부족, 공부 위주의 가정교육 • 맞벌이 가정이나 결손 가정의 경우 애정과 관심의 결핍 • 1자녀 가정의 경우 지나친 과잉보호 – 입시위주의 학교교육 • 인성교육 · 전인교육의 부재 • 교사의 학교폭력 대응방법 미숙 • 학교 부적응 아동에 대한 지도 부재 – 폭력을 조장하는 사회 분위기 • 매스컴을 통한 성인들의 폭력장면 노출 및 폭력미화 • 물질만능주의 만연 • 유해매체 · 유해환경의 급증

어질 가능성이 많아 적극 대처해야 한다는 정책적 고려와 이들의 다양한 욕구 및 예민한 감수성 등에 적절히 대처, 교화·개선을 통하여 범죄 발생을 감소시키고 우리의 청소년을 평온한 교육환경에서 공부할 수 있도록 보호해야 한다는 사회적 요청 때문에 일반 범죄와 달리 취급할 필요가 있다.

– 폭력 피해 사실을 진단하는 지혜

- 비싼 옷이나 운동화, 안경 등을 자주 잃어버리거나 망가뜨린다.
- 몸에 다친 상처나 멍 자국을 자주 발견하게 된다.
- 교과서나 가방, 공책 등에 '죽어라' '죽고 싶다'와 같은 낙서가 쓰여 있다.
- 용돈이 모자란다고 하거나 말도 없이 집에서 돈을 집어 간다.
- 풀이 죽어서 돌아와 풀썩 주저앉거나 자기 방에 틀어박혀 나오지 않는다.
- 입맛이 없다며 평소에 잘 먹던 음식에도 손을 대지 않는다.
- 두통이나 복통 등 몸이 좋지 않다며 호소하며 학교 가기를 싫어한다.
- 친구에게서 전화 오는 것조차 싫어한다.
- 갑자기 전학을 보내달라고 한다.
- 도시락을 안 가져 갈려고 한다.
- 갑자기 성적이 떨어진다.
- 잘 때 식은땀을 흘리면서 잠꼬대나 앓는 소리를 한다.

6) 학교 폭력 발견 후 대처방법

위와 같은 사례들이 발견된다면 먼저 피해 청소년에게 관심을 기울여 폭력을 당하고 있는지의 여부를 확인해야 한다. 학교폭력을 당하고 있다면 시기는 언제부터인지, 폭력의 정도는 얼마나 심한지, 구체적으로 파악하여 일회적이고 가해자의 행동이 위험성이 없다면 가해자의 부모나 학교와 상담하여 선도위주로 문제를 해결하고 폭력에 수반되는 공갈이나 협박, 금품갈취 등이 있다면 경찰에 신고하여 적극적으로 피해학생을 보호해 주는 것이 좋다. 또한 폭력으로 인해 피해 청소년이 겪었을 마음의 상처를 치료해 주고 자신감을 되찾을 수 있도록 세심한 배려를 해주어야 한다.

2. 성범죄의 예방 및 대처

1) 성폭력

성폭력이란 강제로 행해지는 강간, 성추행, 성희롱, 음란전화 등 성적인 폭력을 말하며, 강간의 경우 피해자의 80%가 근친, 이성 친구, 직장상사 및 동료, 선후배, 이웃집 아저씨 등 잘 아는 사람에 의해 발생하고 있다.

(1) 성폭력의 발생원인

- 성에 대한 무지 · 그릇된 성교육의 현실

• 가정과 학교의 성교육이 생물학적, 보건적 내용에 치우치며, 여학생의 경우 순결만 강조하고 남성 중심의 성교육이 이루어지고 있으며, 실질적인 성교육은 이루어지지 않고 친구나 선배 등 또래집단으로부터 단편적인 정보를 입수하고 있는 실정이어서 성에 대한 왜곡된 정보와 지식에 노출되어있다고 보아야 할 것이다.

- 대중매체 · 음란물에의 노출

• 대중매체의 선정성과 폭력성이 난무하며, 음란물이 강간 등의 성폭력을 미화하는 경향이 있다.

- 잘못된 성의식, 부정적 · 남성 중심적, 유희적 가치관

• 피해 여성이 먼저 유혹한다는 등의 인식하거나 여성의 거절의사를 거절로 받아들이지 않는 경향이 있다.

(2) 성폭력 예방과 대처

어린이나 청소년은 범죄에 대한 상황판단이나 대처능력이 어른에 비해 상당히 뒤떨어져 있다. 부모들이 성폭력 범죄를 예방하는 방법이나 성폭력 피해를 당할 경우나 사후의 대처방법을 평소에 교육시켜두는 것이 좋다.

– 성폭력 피해 예방법

- 외출 시 만날 사람, 장소, 시간 등을 집안 어른에게 미리 알리도록 하고, 등·하교 길에 인적이 드물고, 어두운 골목길은 피하도록 하며, 모르는 사람의 차에 함부로 타지 않는다.
- 남의 집을 방문하여 이성과 함께 방에 있게 되는 경우에는 방문을 항상 열어두도록 하며, 이성과 교제 시 인적이 드물고 어두운 골목길은 함께 다니지 않도록 하고 상대방이 이성을 잃어간다고 느낄 때에는 즉시 헤어질 수 있도록 일러둔다.

– 성폭력 피해 상황의 대처 방법

- 그 자리에서 빨리 도망가는 것이 가장 좋다.
- "불이야" 하고 큰 소리를 지르거나 호루라기를 불어 다른 사람들의 관심을 끌어야 하며, 구토나 소란, 나쁜 병에 걸린 척을 하여 도망칠 기회를 만든다.
- 아는 사람이 성폭력을 가할 경우에는 거절의사를 분명히 밝혀야 한다.
- 상대방의 눈, 목, 배 등을 힘껏 공격하여 그 자리를 모면하고, 지나가는 사람 등의 도움을 요청한다.

– 성폭력 피해 후의 대처 방법

- 부모나 선생님께 즉시 도움을 요청하도록 일러두시고, 성폭력 관련 전문기관을 찾아간다.
- 피해 직후 12시간 이내에 병원으로 가서 치료받은 후 진단서를 발급

받고, 상처부위는 사진을 찍어 보관한다.

- 경찰에 고소, 신고하는 등의 법적 조치를 취하게 한다.
- 성폭력의 모든 책임은 가해자에게 있으므로 피해자는 자신을 비하하거나 자책하지 말고 용기를 잃지 않도록 부모님이 다독거려 주어야 한다.

2) 부모의 성교육 지침

– 부모의 모범적인 생활이 우선이다.

부부간에 화목하고 아이를 사랑하는 밝은 가정환경이 밝고 건강한 성의 기초가 되는 것이다. 매일 부부 싸움을 하면서 혹은 아버지가 어머니를 무시하면서 어떻게 성교육을 할 수 있겠는가? 남성과 여성이 인격적으로 동등하다는 것이 전제되어야 올바른 성교육이 이루어지는 것이다. 성교육은 인격 교육이며 가치관 교육이다.

– 부모 자신이 먼저 변화해야 된다.

부모의 변화 없이는 자녀를 교육하기 어렵다. 술 먹고 TV만 보면서 공부하라거나 말 잘 들으라는 것은 안 통한다. 성교육 또한 교육이기 때문에 교육자로서 인정받을 만한 모범적인 행동이 있어야 한다. 청소년들을 대상으로 한 조사에서 아이들이 음란 비디오를 보았다고 답변한 곳은 '집'이 가장 많다고 응답하여 자기 집 혹은 친구 집에서 부모들이 보고 제대로 간수하지 않은 비디오를 보고 있다는 것이다. 따라서 부모들이 우선 올바른 성문화를 유치해야 한다.

– 아이의 연령에 따른 성 지식이 있어야 한다.

성교육은 부모가 미리 준비되어 있다가 계기가 있을 때 자연스럽게 이루어지는 게 좋기 때문에 평소에 준비해 둘 필요가 있으며, 사회현상에 대해, 아이들 심리에 대해, 성문화 흐름에 대해 종합적으로 알고 있을 때 실질적인 교육이 될 수 있다. 따라서 몸 관리 교육과 성폭행에 대해 입장 정리가 되어 있어야 하고, 성행동에 대한 교육이 효과 있게 이루어지려면 부모가 먼저 정리가 되어 있어야 하며, 아이들이 접하는 TV나 만화 등 성문화 환경에 관심을 가지고 관찰하면서 아이의 올바른 성개념 정립을 위해 도와야 할 것이다.

- 성문화를 개선하고 성교육을 제도화하도록 한다.

자신의 아이만 보호할 수 있는 시기는 이미 지났다고 해도 과언이 아니다. 아이들은 부모 손안에서만 놀게 할 수는 없는 것이다. 발을 동동거리며 애태우지 말고 적극적인 행동을 취해야 한다. 아이들의 성문화를 조사하여 고발하고 모여서 정책을 제시하는 등 우리 사회의 썩은 성문화를 고쳐야 한다.

성폭행이나 성범죄를 방지하기 위해 지역이나 단지별 자치적인 방범활동을 벌인다든지 행정적인 조치를 요구하는 등 지방자치시대에 스스로가 참여하는 사회적인 해결 방법도 모색해야 할 것이다.

3. 가정폭력

1) 가정폭력의 정의

배우자(사실상 혼인관계에 있는 자 포함) 또는 배우자 관계에 있었던 자, 자기 또는 배우자와 직계존비속 관계에 있거나 있었던 자, 계부모(繼父母)와 子의 관계 또는 적자(嫡子)와 서자(庶子)의 관계에 있거나 있었던 자, 동거하는 친족관계에 있는 자 등 가정구성원사이의 신체적, 정신적 또는 재산상 피해를 수반하는 행위를 가정폭력이라고 한다.

2) 가정폭력의 유형

- 아내학대 · 남편학대

• 배우자(사실 혼인관계 및 배우자 관계에 있었던 자 포함)를 폭행, 집

안 등에 가두어 두거나 또는 집안 물건을 부수거나 신체·주거를 수색하는 경우

- 부양이 필요한 배우자를 돌보지 않고 유기하거나 학대를 하는 경우
- 배우자에 대해 모욕적인 언사나 명예를 훼손하는 이야기를 하는 경우

– 노인학대

- 가족 구성원이 부모 등 노인을 폭행 또는 집안 등에 가두어 두거나 집안 물건을 부순 경우
- 가족 구성원이 부모 등 노인을 돌보지 않고 유기하거나 학대를 하는 경우
- 가족 구성원이 노인을 폭행, 협박하여 금품을 갈취하거나 신체·주거를 수색하는 경우
- 가족 구성원이 부모 등 노인에 대해 모욕적인 언사나 명예를 훼손하는 이야기를 하는 경우

– 아동학대

- 부모 또는 가족구성원이 자식 등 아동을 폭행 또는 집안에 가두어 두는 경우
- 부모 또는 가족구성원이 자식 등 아동을 돌보지 않고 유기, 학대를 하거나 만 16세 미만의 자를 생명 또는 신체에 위험한 업무에 사용할 사람에게 인도하는 경우
- 부모 또는 가족구성원이 자식 등 만 18세 미만의 아동에게 구걸을 시키거나 아동을 이용하여 구걸하는 경우
- 가족구성원이 아동을 폭행, 협박하여 금품을 갈취하거나 신체·주거를 수색하는 경우
- 부모 또는 가족구성원이 자식 등 아동에 대해 모욕적인 언사나 명예를 훼손하는 이야기를 하는 경우

3) 가정폭력 범죄의 법적 조치

- 가정폭력 범죄에 대한 응급조치(제5조)

진행 중인 가정폭력범죄에 대하여 신고를 받은 경찰관은 즉시 현장에 임하여 다음과 같은 조치를 취하여야 한다.

- 폭력행위의 제지 및 범죄수사
- 피해자의 가정 폭력과 관련 상담소 또는 보호시설 인도(피해자의 동의가 있는 경우)
- 긴급치료가 필요한 피해자의 의료기관 인도
- 폭력행위의 재발시 제8조의 규정에 의하여 임시조치를 신청할 수 있음을 통보

- 임시조치(제29호)

경찰관은 수사 중에 응급조치에도 불구하고 가정폭력범죄가 재발할 우려가 있다고 인정하는 때에는 피해자 또는 가정구성원의 주거 또는 점유하는 방실로부터의 퇴거 등 격리, 피해자의 주거나 직장 등에서 100미터 이내의 접근금지와 같은 임시조치를 신청할 수 있다.

- 가정보고사건으로 처리

가정폭력사건은 일반형사사건 처리와는 달리 담당경찰이 가정폭력범죄로서 사건의 성질·동기·결과·행위자의 성행 등을 고려하여 동법 제40조의 보호처분에 처함이 상당하다고 인정할 때에는 그에 대한 의견을 밝혀 사전을 가정보호사건으로 검찰로 송치하게 되며, 가정보호사건으로 법원에서 최종 처리될 경우 피의자에 대해서는 일반형(징역, 벌금형 등)이 아닌 보호처분(제40조)이 내려지게 된다.

- 보호처분(제40조)

판사는 심리의 결과 보호처분이 필요하다고 인정한때에는 결정으로 다음의 처분을 할 수 있다.

• 행위자가 피해자에게 접근하는 행위의 제한
• 친권자인 행위자의 피해자에 대한 친권행사의 제한
• 보호관찰 등에 관한 법률에 의한 사회봉사·수강명령
• 보호관찰 등에 관한 법률에 의한 보호관찰
• 가정폭력방지 및 피해자보호 등에 관한 법률이 정하는 보호시설에의 감호 위탁
• 의료기관에의 치료위탁
• 상담소 등에의 상담위탁

4. 방범대책

사회의 고도화 등에 따라 각종 범죄가 증가하고 있으나 한정된 경찰력만으로 모든 범죄를 완전히 예방하기에는 현실적으로 한계가 있다. "나도 범죄의 피해자가 될 수 있다"는 생각을 가지고 스스로 지키는 자위방범체제를 강화할 수 있도록 일상생활 주변에서 발생하는 범죄에 대비한 방범대책을 알아본다.

1) 가정에서의 방범대책

- 범인이 노리는 집
• 대문이 열려있는 집
• 자물쇠가 밖으로 채워져 있는 집
• 초인종을 눌러도 대답이 없거나 전화를 걸어도 받지 않는 집
• 초저녁에 불이 꺼져있는 집
• 대문·출입문에 정기 배달물(우유, 신문 등)이 쌓여 있는 집

- 방범대책
• 강도는 흉기를 소지하고 침입하기도 하지만, 주로 침입한 주택의 부

엌칼 등을 이용하므로 흉기가 될 만한 과도 등은 깊숙한 곳에 보관, 사용하는 것이 좋다.

- 야간에는 도둑이 침입한 경우 가벼운 기침을 하거나, 선잠에서 깨는 것처럼 하품을 하며 이불을 뒤척이면 도둑은 불안을 느껴 도망가는 경우가 많다.
- 강도가 들었을 경우 그들의 요구대로 따르되 자극적인 말은 삼가고 인상착의를 자세하게 기억해야 한다. 또한 범죄를 당한 경우에는 범죄현장을 손대지 말고 그대로 보존하고 신속히 112전화신고를 해야 한다.
- 귀중품(귀금속 · 현금 등)은 은행에 예치하는 것이 좋고, 집안에 둘 때에는 적당한 곳에 분산 보관하는 것이 안전하며, 귀중품의 특징을 기록하여 별도로 간직하고 귀중품에 자기 또는 가족만이 알 수 있는 부호를 표시하는 것도 좋은 방법이 될 수 있다.
- 온 가족이 한 방에서 TV를 볼 때도 집밖의 인기척에 귀를 기울이고 문단속을 확인해야 한다.
- 부득이한 사정으로 집을 비울 때에는 이웃이나 경비원, 파출소에 부탁하고, 밤에는 형광등이나 라디오를 켜 놓는 것이 안전하다. 또한 집을 여러 날 비울 때에는 배달물(우유, 신문 등)을 넣지 않도록 사전에 연락하여 빈집임을 모르게 해야 한다.
- 최근에는 검침원, 동사무소 직원 등을 가장하거나 전세방을 얻으러 다니는 것처럼 가장하여 침입하는 경우도 많으므로 낯선 사람을 함부로 집에 들이지 말아야 한다.
- 도둑은 어두운 곳을 골라 침입하므로 부근에 방범등을 설치하고, 담장이나 창문에 철제 방범 창살이나 경보시설을 설치하며, 집 주위 으슥한 곳은 주위를 밝게 하여 도둑의 침입을 방지한다.

2) 금융기관 등 자위방범 대책

– 자체경비 인력 · 장비의 지속적 보강
- 금융기관 점포별로 방범책임자를 지정

– 방범체제 · 방범설비 · 현금호송업무 · 방범훈련 계획, 지도
- 점포별 경비원 2명, 가스총 3정 이상 보유하고 규모 및 취약점에 따라 보강
- 모든 영업소에 무인 기계경비설비 설치하고 폐점이후 안전관리를 강화

– 현금 호송시 안전대책 강화
- 현금전문회사를 이용하거나 청경 포함 3명이상이 현금호송을 실시
- 호송업무는 가급적 남자 직원으로 지정

– 입 · 집금장소가 여러 개소인 경우 자체 현금호송팀을 구성하여 안전확보
- 필요장구 및 안전장비 사용
- 가스총, 휴대폰 등 방범 · 통신장비를 반드시 휴대
- 현송 전문차량 및 현송용 전자안전가방을 사용
- 통신수단을 구축하여 긴급 무선연락망을 운용

– 위기 상황에 대비한 방범훈련 실시
- 전 직원을 대상으로 비상 신고 장치, CCTV 등 무인 기계경비시설 조작요령을 수시 교육
- 사건발생시 신고조 · 관찰조 · 범인대응조 · 추적조 · 현장보존조 등 직원별 임무를 부여하여 주기적으로 모의훈련을 실시

3) 방범시설(비상벨, CCTV)설치

– 방범시설(비상벨) 설치

자위방범에는 사람에 의한 경비와 방범기기에 의한 경비가 있으며, 방범기기를 활용하는 것이 사람에 의한 경비보다 방범효과가 높다.

• 이웃 간 비상벨

2~3개 업소나 가정을 서로 비상벨로 연결하여 범인이 침입할 경우 감지기가 자동 작동되거나 비상 버튼을 누름으로써 이웃업소(가정)에 경보음이 울리면 이웃에서 경찰에 신고함과 동시에 이웃 주민들이 합세하여 범인을 검거할 수 있는 체제이다.

• 컴퓨터 범죄신고 시스템

일반전화선과 컴퓨터를 이용한 비상 신고 수신 장치로서, 범인이 침입하면 가입자가 버튼을 누르거나 자동 감응장치의 작동에 의해 경찰서 신고센터에 컴퓨터에 가입자의 주소, 성명, 약도 등이 나타나게 되어 파출소와 112순찰차, 형사기동대 등이 현장에 즉각 출동하여 범인을 검거하는 체제이다.

• 용역경비회사에 의한 기계경비 시스템

전문용역경비업체에서 경비대상을 정밀 진단하여 각종 탐지기 등을 관리하면서 범인 침입 시 감지기가 자동 작동하면 용역회사 상황실에서 즉시 순회차량을 출동시키고 112에 신고하는 체계이다.

- CCTV등 첨단 방범장치 설치, 운영
• 점포내 출입문 · 로비, 점포 외부의 현금자동지급기에 설치
• 점포 규모에 따른 카메라의 수, 녹화테이프 확보 및 관리 · 운영 철저
※ 범인수사 · 검거자료로 활용할 수 있도록 화질의 선명도 유지

4) CCTV 관리 유의사항

- 저급한 카메라, 모니터, 녹화기 등은 화질이 좋은 고화질 제품으로 교체
- 객장규모에 따라 필요한 수량의 카메라 추가설치

• 카메라 1대의 감시 폭은 최대 4.5M를 넘지 않도록 설치
• 카메라 위치는 높지 않게, 가능한 한 사람 얼굴 높이의 정면에 설치
• 카메라에 역광이 들지 않게 설치하고, 역광이 있을 때에는 차양막 설치

– 충분한 양의 녹화테이프 확보
• 녹화테이프는 고해상도용을 사용하고 5회 이상 재사용을 자제
• 표준방식(60분용→60분 녹화)으로 녹화하여 화질의 선명도를 유지
• 녹화된 테이프는 1개월 이상 보존하여 수사 자료로 활용

– CCTV 관리 철저
• 관리책임자를 지정하여 이상 유무를 수시 확인
• 전문 업체를 선정하여 시공 및 주기적 A/S를 실시

5. 일상생활에서의 범죄 예방대책

1) 소매치기

소매치기는 사람이 많은 곳에서 예리한 면도칼 따위로 몰래 찢거나 호주머니의 금품을 감쪽같이 꺼내 가는 경우도 있고, 동전과 같은 물건을 떨어뜨려 시선을 돌리게 한 후 목걸이 등을 따는 수법 등이 있다. 사람이 많이 몰리는 역·버스터미널·백화점·상가, 혼잡한 버스·지하철 내에서 한눈을 팔거나 주위가 산만해지는 경우를 노리고 있다.

– 대비책
• 부득이 많은 돈을 가지고 다닐 때에는 여러 곳에 나누어 넣고 주위를 자주 살펴보는 것이 좋다.
• 소매치기는 공연히 시비나 싸움을 걸고 싸우는 순간, 공범이 말리는 체하면서 돈을 빼내어가는 수가 있으니, 누군가 시비를 걸어오면 빨리 그 자리를 벗어나는 것이 현명하다.

• 버스 안에서 소매치기를 발견하였거나 당하였을 때에는 침착하게 기사에게 알려 승객이 내리지 못하도록 하고, 가까운 경찰관서나 경찰관에 신고해야 한다.

2) 들치기

사람이 많은 곳에서 손님과 이야기하는 사이 또는 자신들끼리 싸움을 하여 시선을 집중시킨 후 감시가 소홀한 틈을 타 몰래 들고 가는 수법이다.

- 대비책

• 사람이 많은 곳에서 핸드백이나 가방 등을 잘 챙기도록 하고, 자리를 비울 때에는 아는 사람에게 부탁하는 것이 좋다.
• 피곤하여 졸거나 신문·잡지 등을 보는 사이에 몰래 들고 가는 경우도 있으므로 주의하여야 한다.

3) 날치기

핸드백·돈지갑 등을 들고 서 있거나 보행중일 때, 오토바이 등을 타고 뒤따라가 낚아채는 수법이 있고 특히 금융기관에서 현금을 인출해갈 때 뒤따라가 골목길, 곡각지점 등 한적한 곳이나 횡단보도, 정류장 등 혼잡한 곳에서 핸드백 등을 낚아채어 인근에 대기하고 있던 오토바이나 승용차로 도주하는 2인조 날치기가 많다.

- 대비책

• 걸어갈 때에는 핸드백을 길 안쪽으로 옮겨 잡거나 끈을 대각선으로 메고 손으로 잡는 습관을 갖는 것이 좋다.
• 너무 친절하게 접근하는 사람을 경계하고, 외출할 때에는 값비싼 귀금속을 소지하지 말아야 한다.
• 금융기관에서 현금을 인출하거나 맡길 때에는 더욱 주의하여야 하고,

특히 다액을 입·출금할 경우 동료와 함께 회사 등의 전용차로 가는 것이 안전하며, 필요한 때에는 은행 청경이나 경찰관의 도움을 요청하는 것이 좋다.

4) 노상강도

으슥한 골목길 등에서 지나가는 사람의 뒤통수를 치거나, 정면에서 흉기로 위협하거나 술취한 사람을 상대로 금품을 강탈하는 경우 또는 수면제가 든 음료수를 마시도록 하거나 마취제를 이용하는 수법도 있다.

– 대비책

- 밤거리를 혼자서 다니는 것은 노상강도의 표적이 될 수도 있다.
- 술에 취했을 때에는 걸어서 귀가하는 것을 삼가야 한다.
- 대낮이더라도 인적이 드문 골목길, 지하도, 지하주차장 등 한적한 곳은 피하는 것이 좋고 여러 사람이 지나갈 때 함께 가는 것이 좋다.
- 모르는 사람이 음료수 등 음식을 줄 때에는 "예, 고맙지만 배가 아파서"라고 하는 등 말로써 거절해야 한다.

5) 승용차 운전시 범죄피해

- 인적이 드문 골목이나 밤길에 혼자 차를 운행하는 것은 가급적 피한다.
- 인적이 드문 곳에서 접촉사고가 났을 경우 즉시 문을 열고 나오지 말고 차의 유리 창문을 약간만 열고 상대방 운전자나 동승자의 태도를 살핀 뒤 안전이 확인되면 나오는 것이 좋다.
- 한적한 곳에서 다른 차가 위협 운전을 하거나 이유 없이 시비를 걸때에는 상대방의 태도를 면밀하게 살핀 뒤 대처해야 한다.
- 차를 비울 때에는 차안에 옷이나 핸드백, 카메라등 귀중품을 두지 말고 차문은 항상 잠근다.
- 운행 중이나 주정차 때에도 차문은 꼭 잠그는 습관을 들인다.

• 출발할 때에는 차 주위에 사람이 있는지 자세히 살핀다. 고의로 부상을 입고 협박하여 돈을 받아내는 자해공갈단이 있다.

6) 승용차, 택시운전사 상대강도

버스, 택시를 기다리는 사람을 태워주겠다고 유인하여 강도 행위를 하거나 택시 승객이 강도로 돌변하기도 하며, 주차시켜 둔 차에 범인들이 미리 들어가 있다가 운전자가 승차하자마자 흉기로 위협하여 현금 등을 강탈하는 수법도 있다.

– 대비책

• 모르는 사람이 차를 태워 주겠다고 할 때에는 함부로 승차시키지 말고 자연스럽게 거절해야 한다.
• 운전 중에는 차문을 잠그고 밖에서 열지 못하도록 하는 것이 안전하다.
• 주차하는 경우에는 차량열쇠를 뽑은 후 문을 잠그고, 주차장을 이용한다.
• 차량을 발로 차서 시비를 거는 경우나 접촉사고 일 때에는 먼저 상대를 파악한 후 안전이 확인되거나 경찰관이 올 때까지 기다리는 것이 안전하며, 상대방의 차량번호를 확인해두어야 한다.

7) 지하철 범죄

지하철 내에서 혼잡한 틈을 이용하여 떠밀거나 수상한 행동으로 시선을 유도하거나 술에 취해 졸고 있는 사람을 상대로 금품을 절취한다.

– 대비책

• 지하철 이용시에는 지갑 등 귀중품을 남자는 상의 안주머니, 여자는 핸드백에 넣어 앞쪽에 들고 있는 것이 좋으며, 바지 뒷주머니는 제일 위험하다.

• 선반 위에 가방 등을 올려놓을 경우 관심을 가지고 지켜보는 것이 좋다.
• 여러 사람이 주위에 몰려들어 수상한 행동을 할 경우 다른 칸으로 이동하거나 경찰관에게 신고한다.

8) 부녀자 유인, 납치

인신매매의 80%이상이 허위 광고를 이용하거나 좋은 자리에 취직시켜 준다고 유혹하는 경우이다. 또 지나가는 숙녀에게 갑자기 뺨을 때려 부부행세를 하거나 가출한 동생을 강압적으로 데려가는 오빠행세, 가출한 정신병자를 병원으로 데려가는 가족행세를 하는 수법 등이 있다.

– 대비책
• "고액보수 보장"운운 등에 속지 않도록 하고, 화려한 옷차림이나 지나친 노출은 삼가야 한다.
• 길을 가는데 갑자기 뺨을 때리거나 오빠·가족행세를 할 때에는 소리를 질러 위급상황임을 알리고 도움을 청하여 경찰관에게 신고하도록 부탁한다.
• 평소 주머니나 핸드백에 호각을 넣어 다니다가 긴급한 때에 호각을 불어 구원을 요청하는 것도 피해를 막는 방법이다.
• 혼자 택시를 탈 경우 가급적 뒷좌석을 이용하고 타기 전에 차량번호를 확인한다.

9) 어린이유괴

과자를 사주거나 돈을 주는 방법, 부모가 병원에 입원했다고 속이거나 한적한 골목으로 유인하는 방법, 기타 강제적인 납치 등으로 유괴하여 부모에게 금품을 요구하거나 보복수단으로 삼는 수법이다.
• 과자를 사 주거나 돈을 주는 방법으로 접근한다.
• 부모님, 선생님이 찾는다는 등 속임수를 쓴다.

- 물어 볼 것이 있다거나 길을 묻는다면서 사람이 없는 골목으로 유인한다.
- 부모님과의 원한 관계로 보복 수단으로 이용한다.
- 부모님에게 돈을 요구할 목적으로 강제적으로 차에 태운다.

– 대비책
- 평소 자녀에게 모르는 사람이 주는 돈·과자·음료수 등은 받지 않도록 일러두며, 모르는 사람이 길을 물으면 알려만 주고 따라가지 않도록 일러둔다.
- 저녁 늦게까지 바깥에서 놀지 못하도록 하고 귀가시간을 지키도록 일러둔다.
- 외출할 때에는 집에 행선지를 알리도록 하고, 유치원이나 학교에 갈 때에 친구 등 여럿이 안전한 큰길로 다니도록 하며 혼자서는 놀지 않도록 일러둔다.
- 낯선 사람이 자동차를 태워주겠다고 하더라도 타지 않도록 하고, 모르는 사람이 따라가자고 하면 큰소리를 치며 주위의 도움을 요청하도록 일러둔다.
- 어린이가 외출할 때나 놀 때에는 화려한 옷을 입히지 않도록 한다.
- 친구가 모르는 사람에게 끌려 갈 때는 어른들에게 빨리 알린다.

10) 학교주변 폭력배

학교·학원·독서실 주변 골목길 등에서 등·하교하는 학생들에게 시비를 걸어 폭행하거나 금품을 갈취하는 수법이다.

– 대비책
- 한적한 시간에 으슥한 골목길을 혼자 다니지 않는 것이 좋다. 학교주변 범죄는 학교에서 약간 떨어진 주택가나 골목길 등에서 방과 전·후와 초저녁 사이에 가장 많이 발생한다.

- 불량배들이 모여 있는 곳은 어른이나 다른 학생들과 함께 지나가도록 한다.
- 귀가시간을 약속하여 부모들이 마중 나가는 것도 좋은 방법이다.
- 화려한 옷을 입고 다니거나 필요 이상의 많은 돈을 가지고 다니지 않도록 한다.
- 폭력배로부터 금품갈취 등 피해를 입었을 경우 경찰관서에 알려 다른 피해자가 생기지 않도록 해야 한다.

6. 112범죄신고 안내

1) 112신고제도

112제도는 사건 발생시 경찰의 도움을 애타게 기다리는 시민의 요청에 신속히 대처하기 위하여 제한된 경찰인력·장비를 최대한 신속히 범죄현장으로 총집결하여 필요한 조치를 하도록 하는 자동화된 시스템이다.

- 112신고를 접수하여 현장조치가 끝날 때까지 통제역할을 수행하는 112신고센터와 실제로 현장에 출동하여 범인을 검거하는 112순찰차를 중심으로 운영된다.
- 112신고센터는 각 경찰서별로 설치·운영되고 있으며, 대도시의 경우 지방경찰청 또는 권역별로 중심이 되는 경찰서에 통합112신고센터를 설치·운영하고 있으며, 신고를 받은 112순찰차는 범죄발생시 즉시 출동할 수 있는 체제를 갖추고 있다.
- 112신고가 접수되면 신고내용이 컴퓨터에 자동 입력되어 신고자의 위치와 전화번호가 모니터 화면에 나타나고, 범죄 현장으로부터 가장 가까운 곳에 있는 112순찰차, 형사기동대 또는 파출소에 우선 연락하여 3분~5분 이내에 현장출동 조치한다. 또한 112신고접수에서부터 상황전파, 현장출동, 도착시간, 조치결과까지도 녹음 또는 컴퓨터에 입력된다.

2) 112신고요령

- 범죄행위를 목격하였거나 피해를 당하면 즉시 신고한다.
- 신고할 때에는 언제, 어디서, 어떻게 피해를 당했으며, 범인의 신상·휴대품·특징·인원수, 도주방향 및 도주시 이용수단, 그리고 신고자의 주소·성명·전화번호 등을 침착하게 신고한다.

3) 112신고가 편리하고 좋은 점

- 112신고는 국번없이 신고가 가능하다. 휴대폰 신고도 지역번호없이 112로 가능하며, 공중전화의 긴급통화를 이용하면 동전이 없어도 가능하다.
- 112는 범죄뿐만 아니라 다른 긴급신고도 접수하여 성실하게 처리한다.
- 112신고는 컴퓨터로 처리되므로 파출소나 경찰서에 신고하는 것보다 더 신속하게 경찰의 도움을 받을 수 있다.

4) 허위, 장난 전화 금지

2000년 112신고 접수는 99년보다 약 22.6%가 증가한 317만여 건으로 하루 평균 8,707건으로 집계되었다. 2000년 112신고 3,178,190건 중 허위·장난·오인 신고는 총 288,734건으로 월평균 24,061건, 일일평균 791건이나 되어 막대한 경찰력의 낭비와 업무에 지장을 초래하고 있으므로 범인을 현장에서 검거하는 데에 필요한 신고가 되도록 적극 협조해야 한다.

〈표 6-2〉 연도별 112신고 접수 현황(단위 : 건)

구분	1995	1996	1997	1998	1999	2000
신고접수	1,302,845	1,557,270	1,687,528	2,044,851	2,594,776	3,178,190

제7장

운동부상

1. 운동부상의 종류와 특성
2. 운동부상의 발생원인
3. 운동부상의 예방조치
4. 운동부상의 처치법
5. 스포츠 테이핑

1. 운동부상의 종류와 특성

스포츠 활동을 하는 과정에서 나타나는 것은 좋은 효과만 얻는 것이 아니다. 때로는 좋지 않은 결과를 얻게 되는데 그 중 두드러지는 것이 스포츠 상해인 것이다. 현명한 경기자는 그가 선택한 스포츠에서 돌발사고를 예방하는 문제를 연구해야만 하고 선수들에게 운동상해의 예방에 대한 철저한 지도를 해야 할 것이다. 이런 일은 비단 선수들에게만 국한되는 것이 아니며 모든 일반학생들도 각자의 소질이나 흥미에 따라 즐거움을 얻기 위해서는 스포츠 활동 중 일어날 돌발사고에 대한 예방방법을 배워야만 한다.

1) 운동부상의 종류

하버드 대학의 Augusts Thorndike박사는 20 여 년 동안 7,090건의 운동상해의 사례들을 조사하여 <표 7-1>과 같이 그 종류를 분류하였으며 이 모든 운동상해는 염좌(sprain)와 타박상(bruise)에 의하여 기인된다고 발표하고 있다.

염좌는 근육, 근막, 인대, 건 등이 과도하게 신장됨으로써 그 섬유가 부분적으로 끊어지거나 찢어지는 상태를 말한다. 그 원인은 대부분 외부로부터 작용하는 힘에 의한 것이며 때로는 수축근과 이완근의 일시적인 비협조로 발생하는 경우도 있다. 좌상은 외부로부터의 힘에 의하여 살갗의 손상 없이 주로 피하조직에 손상이 생기는 것을 말하며 일반적인 소견은 염좌와 흡사하다.

운동상해는 흔히 오진하기 쉽다. X-ray촬영을 하지 않으면 의사라 할지라도 골절이나 탈구 또는 염좌를 구별하기 매우 힘들며 특히 내부 손상의 경우는 더욱 진단하기가 어렵다. 머리를 다쳐서 뇌진탕이 된다든지, 눈에 부상을 입거나 신장에 타격을 받는 등 그리 흔한 경우는 아니지만 아주 치명적인 손상을 입는 경우도 있다.

〈표 7-1〉 운동상해의 종류와 빈도

순위	상해종류	사례수
1	염좌(aprain)	1612
2	근타박상(muscle bruise)	1016
3	좌상(strain)	885
4	골절, 탈구(fracture, dislocation)	738
5	타박상(bruise)	570
6	화증 및 감염(Infection)	546
7	잡상	512
8	관절타박상(Joint bruise)	430
9	역상 및 찰과상(laceration, abration)	415
10	내부상해	366

(1) 뼈의 운동부상(injuries of bone)

뼈는 고형질이기 때문에 다른 조직보다는 상해가 적으나 타박상(bruise)이나 골절(fracture) 및 골단부상(epiphyseal injury)등은 자주 볼 수 있다. 뼈는 신경과 혈관의 공급을 위해 싸여 있는데 근육이나 피하조직에 의해 두껍게 보호되지 못하고 쇄골과 경골들의 뼈는 타박을 받았을 때에 대부분의 힘이 골막에 흡수된다. 그 결과 골막내에 부종이나 출혈이 생기게 되는데 이것을 뼈의 타박상이라 한다. 골막에는 광대하게 신경이 분포되어 있기 때문에 이때 심한 통증을 느끼게 된다. 그러나 이와 같은 증상 이외에는 모든 기능이 정상적으로 작용한다. 타박상의 경우 24-48시간은 활동을 중지해야 하며 완치기간은 약3주 걸린다.

골절은 모든 스포츠 활동에서 일어나는데 큰 타격을 받았을 때 그 타격이 피하조직이나 근육층 또는 골막에서 흡수되고도 많은 외력에 의하여 뼈가 부러지는 것을 말하며 활동을 중지하고 깁스를 하면 다른 이상없이 완치되는 비교적 치유가 쉬운 상해이다. 그러나 지나친 피로에 의해서 골절이 되는 경우도 있는데 이런 경우는 치유기간이 길뿐만 아니라 다른 후유증을 수반하기도 한다.

(2) 관절과 인대의 운동부상(injuries of articulation ligament)

뼈와 근육에 의해서 신체의 운동이 일어나지만 실제로 작업을 담당하는 것은 관절이다. 따라서 관절은 어느 부위보다도 상해의 종류가 상당히 많다. 그 중 흔히 볼 수 있는 것은 외상에 의한 일출(traumidic sffusion), 출혈성 관절증(hemarthrosis), 염좌(sprains), 탈구(dislocation), 활액낭염(bursits)등이 있다. 관절에, 특히 관절포내에 경미한 외상을 입으면 관절 자체가 긴장이 풀려 느슨해지고 활액낭이 쪼그라들고 활액이 과도하게 많아진다. 이렇게 되면 관절이 늘어나고 부종을 가져오게 되는데 이것을 붕대로 압착을 하고 활동을 제한하면 수일내에 회복이 되나 만일 상처가 반복해서 재발하면 외과적인 치료를 받기까지는 계속적인 부종의 증상을 보인다.

출혈성 관절증은 외상에 의한 일출보다 좀 더 심각한 관절상해로서 극심할 때는 관절의 활액막이 찢어지고 관절내에 피가 가득 차게 된다. 그러므로 출혈성 관절증은 관절내에 빠르게 퍼지고 압력으로 관절이 늘어나고 심한 통증을 수반하게 된다. 만일 출혈이 계속되어서 관절이 팽창하면 혈액을 흡입해서 고통과 팽창을 방지해야 한다. 출혈성 관절증이 생기면 즉시 냉찜질을 하고 붕대 압착을 해서 출혈을 제한시키고 적어도 48시간은 활동을 억제해야 한다.

관절의 염좌는 인대나 뼈의 상해를 말한다. 이것은 관절이 정상 동작 범위를 넘는 강제적인 동작에 의해서 일어난다. 이 상해의 정도는 인대의 긴장이 풀리는 것부터 완전히 단절되는 상해까지 있는데 인대의 중간보다는 뼈와 부착되는 양쪽 끝에서 많이 일어난다. 이 상해의 경우는 흔하지는 않지만 부분적인 부종이나 파하 출혈이 생기는데 통증과 무력증으로 활동의 제한을 받게 되기 때문에 관절의 불안정 상태가 된다. 대부분의 경우 치료가 요구되지는 않지만 활동만은 제한해야 되며 심한 상해일 경우에는 3-6주 동안 고정 시켜야 한다.

관절의 탈구는 염좌와 같이 정상 활동 범위 이상으로 활동할 때 관절와에서 관절두가 빠져나가거나 관절면이 서로 떨어져 나가는 것을 말하며 이때 인접한 신경이나 혈관에 상해를 입게 되면 증세가 심각해진다. 탈구의 치료는 우선 전위된 관절면을 제 위치로 맞추는 관절 수정을 하고 수반된 다른 상해 즉 염좌와 신경 및 혈관 상해를 치료하고 고정시켜 활동을 억제한다.

활액낭염은 활액낭에 염증이 생기는 것 혹은 과민해서 부종이 생기거나 약해지는 것을 말하는데 이것은 때로는 박테리아에 의해 활액낭에 염증이 생기는 경우도 있으나 좀 더 일반적인 것은 해부학적 구조상 과도한 사용에 의한 활액낭의 기능적 자극에 의한 결과이다.

감염에 의한 활액낭염들은 그것들이 국부적인 열, 부종과 인접해 있는 임파 돌기의 부종이나 연약 등 감염의 일반적인 성격들이 수반되기 때문에 대개 동일시된다. 활액낭염의 치료는 감염된 부위를 고정시킨 후 흡인하고 더운 찜질을 해야 한다. 매일 반복 흡인에 의해서도 쉽게 낫지 않거나 활액낭에 고름이 차기 시작하면 활액낭 절개 수술을 해야 한다.

(3) 근육의 운동부상(injuries of muscle)

근육은 활동 중 제한 범위 이상으로 사용되었을 때 이상을 일으키게 된다. 근육의 상해는 근육내에 들어있는 신경 및 혈관분포나 결체 조직층에서 흔히 일어난다. 대체로 근육 상해의 증상은 마비, 허약증세, 소모증 경련 및 경직 등이다.

계속적인 반복 운동에 의해 근육이 피로해서 활동을 중지한 후에도 계속해서 근육이 수축상태에 있는 것을 경직이라 한다. 이것은 근육이 활동 시 수축과 이완이 반복되어야 하는데 수축된 상태에서 이완이 되지 않고 근섬유가 뭉쳐 있는 것을 말한다. 이런 경우는 운동을 계속할 수가 없으며 피로를 회복해서 수축된 근육의 길이가 재조정 된 후에야 다시 운동에 참여할 수 있다.

경직된 근육의 처치 방법은 바늘 같은 것으로 경직된 부위를 찔러서 갑작스러운 통증을 준 다음 서서히 활동을 시켜서 근육의 길이가 이완되었을 때 본래의 길이로 조정하는 것이다. 근육의 경직은 운동이 끝날 때 격렬한 활동 상태에서 갑자기 끝내지 말고 서서히 근육을 풀면서 끝내고 휴식시에는 몸을 바르게 함으로써 예방할 수 있다.

근육통(myalia)은 근육에 심한 통증을 수반하는데 근조직에 염증이 생기는 근염과 관절 부근의 근육속에 결체조직의 염증을 일으키는 섬유염에 의해 생긴다. 근염과 섬유염은 동시에 발생되는데 이러한 이상들을 류마티즘이라 한다. 류마티즘의 염증이 생길 경우는 운동을 하려해도 심한 통증으로 말미암아 운동에 참여할 수 없고 보다 과학적이고 정밀한 치료를 받아야 한다.

위의 문제들과는 달리 근활동에 서서히 영향을 미치는 증상으로 근의 영양실조와 근무력 등이 있다. 이것은 그 원인과 처치방법이 확실치는 않지만 근의 영양실조는 남성에게 흔히 나타나며 서서히 이상 상태를 이루게 된다. 근 무력증에 걸리면 근육이 쉽게 피로하게 되는데 그것은 평활근의 근신경 집합점에서 충격에 의한 손상 때문이다.

근 소모증은 근 섬유의 둔화를 의미하는데 근섬유가 정상적인 길이보다 줄어든다. 이것이 정상적으로 되기 위해서는 운동을 중지하고 6개월 내지 2년 정도 쉬도록 한다.

(4) 건의 운동부상(injuries of tendon)

건의 상해는 그리 흔하지는 않다. 그러나 건에 선재질병이 있거나 기능적인 마모가 많을 때 단절이나 파열, 건염 들의 상해를 입게 되는데 건의 단절은 근육을 허용범위 이상으로 수축시킬 때 근육과 건의 집합점이나 부착되어 있는 뼈로부터 분리되어 나오는 경우를 말하는 데 건의 단절된 근육은 부분적으로 혹은 전체적으로 그 기능을 상실하게 된다. 예를 들면 야구선수가 손가락의 말절골에 붙어 있는 굴신건이 단절되면 말절골을 펴는 능력을 상실한다. 건의 단절이 심한 경우는 접합 수술을 해야 한다. 부분적인 파열이 되었다면 우선 출혈과 부종을 제한하기 위해 냉찜질을 하며 붕대압착을 해야 한다. 그리고 3-4주간의 치료기간에 건의 수축을 피하기 위해 그 근육을 이완된 상태로 두어야 한다.

〈표 7-2〉 경기 종목에 따른 운동상해

농 구	발목관절 염좌, 손가락 겹침, 아킬레스건 단열, 무릎관절 염좌
배 구	손가락 겹침, 손목관절손상, 발목 관절 염좌, 요통
야 구	손가락 겹침, 발목관절 염좌, 팔꿈치와 어깨의 점액낭염, 요통
축 구	하퇴 및 발목 좌상, 발목관절 염좌, 무릎 관절 염좌
탁 구	요통, 손가락 겹침, 발목관절 염좌
테 니 스	발목관절 염좌, 무릎관절 손상, 아킬레스건 단열, 비골 골절, 요통
핸 드 볼	손가락 겹침, 발목관절 염좌, 아킬레스건 단열,
육상경기	발목관절 염좌, 무릎관절 손상, 아킬레스건 단열, 비골 골절, 요통
체 조	상완골 골절, 전완골 골절, 요골 골절, 발목관절 염좌
수 영	요통, 경추골절 및 탈구, 머리부위 좌상
씨 름	쇄골 골절, 흉부 좌상, 상완골 골절, 경골 골절
유 도	어깨부위 좌상, 쇄골 골절, 요통, 흉골 골절, 무릎관절 손상
검 도	아킬레스건 단열, 팔꿈치 좌상, 쇄골 골절, 흉부 좌상
태 권 도	고관절 염좌, 슬관절 염좌, 견관절 탈구, 손가락 골절, 뇌진탕
스케이트	얼굴 좌상, 하퇴 좌상, 뇌진탕, 발목관절 염좌
스 키	발목관절 염좌, 무릎관절 손상, 전완부위 좌상
자 전 거	쇄골 골절, 무릎관절 손상, 전완부위 좌상
승 마	뇌진탕, 머리부위 좌상, 쇄골골절, 요통
볼 링	요통, 손목 관절 염좌, 테니스 엘보, 무릎 관절 염좌 등

2. 운동부상의 발생원인

스포츠 활동은 그 자체가 본질적으로 흥미로운 것이기 때문에 하면 할수록 더욱 흥미가 더해져 어떠한 흥분감을 수반하게 되며, 이러한 현상은 점차적으로 주의력을 감소시키고 판단력을 잃게 하며 자기능력을 과신하게 하여 사고의 원인으로 작용한다. 스포츠 활동 중 운동상해를 입게되는 사고원인의 근원을 살펴보면, 크게 내적 원인과 외적 원인으로 구분된다.

내적 원인으로 인한 상해는 지나친 훈련, 즉 부적당한 운동 상태(운동부하), 미흡한 기술, 부적합한 훈련 방식 등으로 인하여 발생하는 상해이며, 개개인의 신체적 특성과 정신적 성격상의 특성에 연관되어 있다. 외적 원인으로 인한 상해는 선수나 스포츠인 자신이 아닌 타인이나 운동환경과 같은 외력에 의한 상해를 말하는 것으로 실제 운동 종목, 운동방법, 제반 여건 및 보호 장비에 연관되어 있다. 그리고 상대방과 직접 신체 접촉이 없는 종목은 주된 상해 발생 원인이 내적 원인이며, 신체 접촉이 많은 종목일수록 외적 요인에 의한 발생률이 높다.

1) 기술 부족과 훈련 부족

사고상해는 일반적으로 연습 부족시에 많이 발생한다. 예를 들면, 볼을 잘 받지 못하고 놓친다거나, 손가락을 삔다거나, 또는 타인과 충돌사고를 일으킨다거나 하는 것은 근신경 지배력의 미발달, 또는 퇴화에서 기인되는 현상이다.

그러나 연습을 계속적으로 하게 되면 숙련도는 높아지고 속도에 대한 감각이 조정되어 근활동이 정확화 된다. 따라서 피로가 감소되고 효율도 높일 수 있게 된다. 이상과 같은 관점에서 본다면 사고상해는 기술의 미숙에서 기인하는 것이므로 연습에 의하여 숙련도를 증대시켜 사고의 방지에 힘써야 될 것으로 생각된다. 스포츠의 모든 종목은 나름대로 특색

있는 전문적인 기술이 필요하여 이 기술을 습득하려면 장기간의 훈련을 필요로 한다. 그러나 이러한 훈련이 부족하고 기술이 미숙할 때 스포츠 상해를 가져오기 쉽다.

스케이트를 처음 배우는 사람은 얼음판에 자주 넘어져 좌상을 입기 쉬우며 자전거를 처음 배우는 사람은 넘어져 찰과상을 입기 쉽다. 이러한 상해는 반드시 미숙한 초보자에게만 발생되는 것이 아니라 프로 선수라고 하더라도 장기간 운동을 쉬다가 갑자기 기술이나 체력을 발휘하려고 할 때 흔히 상해를 가져오게 된다. 이는 장기간의 훈련 중단으로 근력이 감퇴되거나 몸무게가 증가되거나 신경과 근육의 기능이 저하된 것을 무시하고 자신의 능력을 과신하여 발생하는 상해로 역시 훈련 부족과 기술 부족에서 발생되는 것이다.

2) 과도한 훈련과 치료

선수 자신의 체력으로 견디어 내기 어려운 훈련을 계속하면 심신의 피로가 누적되며 이런 경우, 근육계통은 물론이고 골격, 순환, 신경계통 등이 피로 상태가 되어 중추신경의 통합작용이 저하되거나 지연이 생기고 사고력과 판단력이 흐려져 즉각적인 수의적 운동기능이 저하될 뿐만 아니라 반사적 운동기능 마저 저하되므로 상황변화에 적응하지 못해 상해를 입기 쉽고 특히 과로 상태에서는 골절이 쉽게 생긴다.

훈련을 지나치게 하면 신체는 과로하게 되며 이 과로는 근육계, 순환계, 신경계 등 모든 조직과 기관에도 동반되어 정신적 피로와 육체적 피로가 함께 오게 된다. 과로하면 중추신경의 통합작용이 저하되고 반사운동 기능도 저하되어 격변하는 상황에 알맞은 신체운동이 어렵게 되어 외상을 받기 쉽게 된다.

3) 과도한 긴장

경기를 앞둔 선수는 반드시 승리해야 한다는 책임과 강박관념을 갖게 되며 좋은 기록을 내야겠다는 심리적 부담과 의무감에 사로잡혀 너무 긴장함으로서 그 영향이 근육에 전달되면 근육이 필요이상으로 긴장하게 된다.

기록경기나 선발 경기 때 선수들이 평소의 실력을 발휘하지 못하고 실수하여 다치거나 자신의 페이스를 잃고 경기에 임하다가 부상당하는 예를 흔히 볼 수 있다. 이러한 정신적 육체적인 과도한 긴장은 몸이 굳어지는 결과를 초래하여 상해의 요인이 될 수 있다.

4) 주의 산만

심리적으로 불안하거나 심적 부담이 있는 개인적인 일이 있을 때는 다른 생각에 빠져들게 되거나 주의가 산만해져서 상해를 입기가 쉽다. 이러한 상태에서는 불의에 닥치는 외력을 적절하게 대처하지 못함으로서 상해를 입는다. 이와 같은 주의 산만으로 오는 상해는 시합이나 기록경기 때 보다 연습도중에 발생되기 쉽다.

5) 준비운동 부족

일반적으로 준비운동은 운동기관의 생리적 기능을 증가시키는 역할을 한다. 즉 근육의 온도 상승, 모세혈관의 확장, 심폐기능의 증가 등으로 운동기능의 증가를 가져올 뿐 아니라 전문 기술발휘에 긴요한 신경소통 작용, 모든 근육의 긴장도 및 시간적 경과가 원활하게 되어 근 수축의 과부족이 되지 않게 하는 역할도 한다. 따라서 준비 운동이 부족하게 되면 기교를 요하는 신체 운동이 원활하지 못하여 상해를 받게 될 수 있다.

6) 반칙행위와 난폭 행위

경기에서 경기자가 경기 규칙을 위반하거나 난폭한 경기를 하게 되면 예기치 못한 외력이 가해져 상해를 받게 된다.

7) 기구 장비, 시설 및 환경의 결함

스포츠 용구는 기능이 우수하고 안전성이 높고 사용하는 사람에게 적합해야 한다. 아이스하키 스틱이 약하여 부러진다면 상해의 기회가 많아질 것이며 어른이 사용하는 야구 방망이를 어린이들이 사용한다면 상해의 위험이 커질 것이다. 라켓의 손잡이가 굵으면 테니스 엘보가 될 위험이 높고 스키화가 커서 발이 약간이라도 놀게 되면 염좌나 골절의 원인이 될 수 있다. 따라서 장비나 운동기구의 선택이 승패와도 연관될 뿐 아니라 스포츠 상해의 예방에도 큰 몫을 차지한다는 것을 알 수 있다. 또한 경기장의 시설이나 환경의 결함도 큰 영향을 미치게 된다. 운동장에 흩어져 있는 돌이나 유리조각과 같은 위험물이 있을 때도 중대한 신체상해나 외상을 가져올 수 있다.

스포츠 상해는 이외에도 많은 인자가 개재되어 발생되므로 이를 예방하려면 모든 원인 조건부터 제거하여야 한다. 따라서 모든 체육인이나 의사, 과학자는 어떠한 운동 종목에서 상해가 자주 발생되며 언제, 어떻게 발생되는지를 탐구하여야 할 것이다. 그리하여 새로운 운동기술을 개발하고 경기규칙을 개정하며 운동시설의 개선 및 운동용 기구도 개량해야 한다. 그리하여 보호용구의 이용이나 사전 신체검사의 실시에 따르는 주의환기 그리고 안전성을 지향하는 경기 운영상의 관계를 선택한다면 스포츠 상해의 예방에 획기적인 성과를 거두게 될 것이다.

8) 트레이닝 방법의 결함

스포츠 외상의 가장 많은 원인은 훈련을 지나치게 시키는 것이다. 훈련에만 열중하다 보면 신체에 나타나는 경고 증상을 무시하는 경우가 있다. 그것은 근육, 관절, 뼈에 발생되는 지속적인 통증이다. 이때는 일시적으로 휴식을 취하게 하면 되겠지만 그렇지 못하고 계속 스트레스를 가하면 결국에는 상해를 받게 된다.

이러한 과훈련 증후군은 일반적으로 3기로 분류한다.

제1기: 강도 높은 훈련 중에만 통증이 생긴다. 이때는 단기간에 치유 가능한 기간이다.

제2기: 훈련 중에는 물론 훈련이 끝난 후에도 지속적으로 통증을 느낀다.

제3기: 휴식 중에도 통증이 있는 상태로서 장기간의 치료기간을 요하게 되는 시기이다.

트레이닝 방법의 문제로서 운동량을 너무 빨리 증가시키거나 강도를 너무 빨리 증가시킬 때 그리고 새로운 훈련법을 너무 갑자기 적용시킬 때 손상 받기 쉽다. 이러한 이유는 지도자가 조급한 훈련성과를 기대할 때 발생되기 쉽다.

9) 신체구조의 이상

골격이나 신체조건상의 이상상태는 근육, 건, 골관절, 근막이나 인대에 더 많은 스트레스를 가하여 외상을 빈발하게 한다. 예를 들어 편평족과 같은 발의 골격이상은 족궁, 족관절이나 고관절, 요추부에 부상빈도를 높인다. 아취가 높으면 족부에 피로 골절을 일으킬 수 있는 위험성이 높으며 슬관절 외측에 통증을 유발시킬 수 있다.

3. 운동부상의 예방조치

스포츠 상해는 내외적으로 예방과 처치가 필수적인데 특히 상해의 예방이 그 선결과제이며 그러한 점에서 상해의 원인을 제거하여 최소한으로 줄이는 것이 요구된다. 이러한 상해의 예방을 크게 운동자, 행정가, 지도자의 세 가지로 분류해 보면 다음과 같다.

운동선수는 운동 상해에 가장 직접적으로 접하는 당사자로 선수 자신은 충분한 몸풀기, 지나친 승부욕의 절제와 기술의 숙달 등 운동자 자신이 스스로 상해로부터의 몸을 보호하는 방법을 터득하고 자신의 운동 용구 등의 개인 장비를 잘 정비하여 상해를 최소화하는데 주의를 기울여야 한다.

행정가는 운동할 수 있는 환경적 제반 조건을 갖추어야 하고 지나친 경기 일정이나 행사를 최소화하여 상해의 예방에 노력을 기울여야 한다.

그리고 선수나 사회 스포츠 참여자의 상해는 지도자의 지도 능력에 의해서도 영향을 받는데 지도자는 기능의 숙지 속달에만 치중하지 말고 선수들의 개인적인 현재의 상태나 생활주변의 상황이나 습관 등을 지도함에 주의를 기울여야 하며 지도자의 권위 의식이나 명예욕 충족을 위해 지나친 승부욕을 절제하여야 한다.

일반적으로 스포츠 상해의 예방을 위하여 다음과 같은 사항을 들 수 있다.

1) 경기참여 전의 신체검사

연중무휴 훈련과 경기만 하는 것은 스포츠 외상 발생을 기다리고 있는 바와 같다. 비시즌에는 반드시 정기적인 신체검사를 시행하여야 한다. 신체검사를 하는 데는 다음의 목적이 있다.

(1) 체격 결함이나 부적당한 컨디션을 찾아내어 부상의 기회를 줄인다.

(2) 신체의 약한 부위, 불균형 부위를 인지하도록 하여 교정하도록 한다.

(3) 신체적 문제점에 대하여 경기에 참여할 수 있는 안전한 방법을 모색하도록 한다.

선수들의 경우에는 경기 시즌이 시작되기 최소한 1개월 전에 신체검사를 시행하여 도출된 문제점을 교정할 수 있는 시간적 여유를 가져야 한다.

신체검사에 포함될 사항들을 열거하면 다음과 같다.

(1) 병력

(2) 의학적 검진 : 여기에는 내과, 정형외과, 안과, 치과질환 그리고 임상병리검사들이 포함된다.

(3) 체력측정

(4) 종합판정 : 이 종합판정에서 선수를 다음의 4가지로 엄격하게 분류한다.

- 합격 - 완전 참여가 가능한 경우
- 보류 - 추가검사에서 합격될 가능성이 있거나 재활이 종결될 때까지 유보되는 경우
- 조건부 허가 - 특수한 동작이나 특별한 위치 또는 임무에 한하여 허락되거나 금지되는 경우
- 불합격 - 경기 참여를 전면 제한하는 경우

2) 컨디션 조절

신체의 전신 컨디션을 최상으로 유지시킴으로써 운동수행능력을 향상시킬 수 있다는 것은 두말할 나위가 없는 진실이다. 그리고 좋은 컨디션은 부상의 위험을 줄게 하고 부상을 당해도 가볍게 생기고 부상후의 재활도 빠르게 하여 선수 생활로의 복귀가 조기에 가능하게 된다. 경기 시즌전의 컨디션 조절운동을 시행하여 경기 중 슬관절 부상빈도를 훨씬 줄일 수 있으므로 컨디션 향상 계획은 매우 중요한 부상예방의 기본이 된다. 컨디션 조절에 포함되는 내용으로는 근력, 근지구력, 유연성, 민첩성, 평형성, 조정력, 심폐지구력 등이다.

3) 보호장구

부상예방을 위한 보호대들의 사용은 처음 운동을 시작하는 어린 나이때, 그리고 평소 훈련시에도 고루 선택되어 항시 착용하는 습관이 필요

하다. 경기 중에만 착용하거나 성인이 되어 사용하려면 불편하게 느껴 경기에 지장을 초래할 것으로 우려한 나머지 그 사용을 기피하여 부상예방의 기회를 줄임으로 평소 착용 훈련도 필요하다. 또 신발과 복장의 특수제작, 헬멧, 관절 보호대, 치아보호기, 장갑 등으로써 부상예방에 기여할 수 있다.

그리고 보호장구의 관리유지도 매우 중요하다. 경기나 연습 후 땀에 저리거나 여러 다른 물체에 오염된 상태를 그대로 방치한 후 착용하면 피부 등에 감염 등을 유발하여 위생상 매우 좋지 못하게 되고 파손된 보호장구를 개선하지 않고 착용하거나 체격에 맞지 않는 장구 사용으로 인한 자체 부상의 가능성도 있음을 알아야 할 것이다.

4) 안전 점검

경기장 시설이 안전하게 만들어 졌는지 또는 안전장치를 충분히 시행하였는지를 면밀히 조사하여야 한다. 그리고 안전 점검에는 시설이외에 스포츠 용품 자체가 안전한가를 점검해야 한다. 체격이나 규격에 맞는지도 조사한다.

5) 보조 예방기법

배구 선수들이 손가락에 사용하는 반창고나 족관절 염좌 등을 예방하거나 부상경력을 가진 족관절을 보호하기 위하여 테이핑을 실시한다. 이 테이핑은 어느 관절이나 근육의 손상 예방을 위해 사용이 가능한 것으로서, 널리 이용되고 있다.

또 슬관절 전면, 골반부나 견관절 외측에 이용하는 보호대도 부상 예방에 한몫을 하게 되면 대퇴부 또는 전완부 근육 손상에 밴드를 하는 것도 유익한 방법 중의 하나이다.

6) 정신적 관리

운동선수들이 갖고 있는 정신적, 육체적 문제점을 파악하고 해결해 주기 위한 노력은 부단히 이뤄져야 하며 때로는 부상에 대한 공포 또는 부상이 더 악화되지 않을까 하는 공포에서 벗어나게 해줘야 한다.

이러한 공포감이 있는 정신상태나 피곤한 정신상태에서는 부상의 위험이 높아진다.

팀웍이 잘 이뤄진 팀에는 부상이 적다. 따라서 팀웍을 위한 정신적 관리는 매우 중요하다. 단체를 조화 있게 이끌기 위해서 구성원들 간의 인간관계, 구성원과 주장, 감독간에 원활한 관계유지가 되도록 배려해야 한다. 선수를 하나의 사회인으로 인정하고 육성하는 것은 스스로의 책임감과 자신의 건강관리 능력을 함양하는 길이다. 선수를 하나의 스포츠 기구로 착각하고 훈련과 경기에만 집착하는 것은 육체적, 정신적 부상의 근본 원인이라 할 수 있다.

7) 위생

충분한 수면을 취하고 완전한 휴식을 갖는 것은 정신적, 육체적 피로에서 벗어나 부상예방의 지름길이다. 그리고 운동선수에게 공급되는 영양, 식사관리는 무엇보다도 중요하다. 경기나 운동전의 식사, 1주일 전의 식사, 평소의 식사 등이 구분되어 과학적으로 공급되어야 하고 수분 등의 공급도 경험적 공급에서 탈피하여 과학화되어야 한다.

또 운동선수들은 땀을 많이 흘리기 때문에 특히 운동 후 몸을 청결히 씻는 것은 통상적인 일이다. 그러나 땀에 젖은 복장, 보호장구 등의 관리는 허술한 편이다. 땀에 젖은 것을 방치하면 곰팡이 등이 서식하게 되고 피부질환의 원인이 될 수 있다. 발가락, 서해부 등의 위생관리도 동일하다. 손, 구강, 두발의 위생관리는 특히 해외 경기시 환경변화에서 오는 질병을 예방하는데 필요한 기본상식이다.

8) 외상의 분석 및 상태 파악

선수들에게는 의외로 잠재외상들이 많이 있어서 이들이 도출될 수 있도록 관심을 가져야 한다. 선수들이 지도자에게 육체적 문제점을 언제나 제시할 수 있도록 배려해야 한다. 외상의 발견 시에는 현 상태를 정확히 판단하고 진단되도록 해야 한다.

아무리 사소한 부상이라 하더라도 정밀한 원인 분석과 이의 시정 그리고 치료는 더 큰 부상을 예방하고 또 다른 부상을 예방하는데 기여한다. 그리고 치료 후 복귀시기를 결정하는데 신중을 기하고 복귀 후 단계적 적응 훈련기간 동안 주의하여 관찰하는 것을 잊어서는 안된다.

9) 응급처치

모든 스포츠 외상에 대한 적절한 응급처치는 더 큰 부상으로 발전되는 것을 막아주며 치료기간을 단축시켜 준다. 이를 위하여 응급처치를 위한 처치기구, 용품 및 약품의 완벽한 준비가 필요하다. 또 긴급 시 즉시 활동할 수 있는 응급처치 팀의 구성 역시 필요한 사항이다. 또 부상 발생 장소에서의 현장 처치가 효과적으로 되도록 응급처치 교육 등이 되어 있어야 한다. 예들 들어 RICE요법 즉 R(Rest), I(Ice), C(Compression), E(Elevation)의 기본상식 등을 선수나 지도자, 의무요원 누구나 할 수 있도록 교육해 두는 것이다.

10) 재활

재손상을 예방하고 손상부위를 강화하는데 재활만큼 효과적인 것은 없다. 손상의 특성과 경기종목의 특성, 그리고 개인 특성에 맞는 재활이 과학적으로 적용되어야 한다.

11) 환경조건 수집 처리

해상, 산악, 공중에서의 수시로 변하는 환경조건에 대한 정보를 수집하여 대비해야 한다. 지리적 조건의 변화, 시차변화, 문화의 변화 등에 대하여 평균적인 정보수집보다는 최악의 조건과 최상의 조건에 대해서도 수집하여 대비해야 한다.

12) 기타 건강상의 위험요소

건강상의 문제가 갑자기 큰 위험을 야기할 수 있다. 이에 연관되는 것으로 1) 심폐기능으로서의 고혈압, 심장질환, 폐 질환 등이 있다. 2) 감염 3) 빈혈 4) 생리 5) 임신 6) 약물 7) 알코올 8) 담배 9) 비만증 등이 운동시 건강상의 유의점으로 지적되고 있다.

이상의 여러 가지 방법 중 어느 하나만이 특별히 강조되어서는 완벽한 예방이 될 수 없기 때문에 모두가 다 조화를 이룰 때 최소한의 스포츠 외상발생을 기대할 수 있게 된다. 특히 이러한 예방책이 모든 운동선수들에게 충분히 적용될 수 있는 제도적 행정 장치들이 더욱 절실히 요구된다. 아무리 좋은 운동으로 몸을 단련하였어도 단 한 번의 부상으로 모든 것이 허사가 될 수 있다. 부상 예방을 위한 과감한 투자와 관심은 아무리 강조하여도 지나치지 않을 것이다.

4. 운동부상의 처치법

1) 염좌

관절에 급격한 외력의 작용이나 생리적인 관절의 가동영역을 벗어난 움직임의 결과로 생긴 변화를 염좌라고 한다. 이러한 염좌는 관절 자체는 정상적인 상태로 있으나 관절에 심한 통증을 동반한다. 단지 관절낭이 늘어났을 경우에는 금새 통증이 가라앉는다. 그러나 관절낭, 인대의 찢어짐이나 그 이상의 손상을 수반할 때에는 통증이 계속된다. 또한 상해를 입으면 관절 내의 출혈로 인하여 부어오르게 되고 인대의 파열 또는 골절의 경우는 암적색의 피하출혈을 일으킨다.

(1) 증상

염좌를 입으면 관절을 구성하고 있는 연부 조직, 즉 뼈를 연결하고 있는 인대, 피하 조직 등의 일부가 파열되어 내출혈이 발생한다. 이로 인해 관절의 부음, 통증, 압통으로 인하여 관절의 운동 제한이 뚜렷하게 나타난다. 증상으로는

- 상해 후 일정 시간이 지나면 부음이 나타나며 이는 관절 전체보다는 부분적으로 나타난다.
- 염좌를 당한 방향으로 움직이면 통증을 심하게 호소한다.
- 인대가 단열한 부위와 일치해서 압통을 강하게 느낀다.
- 인대의 단열, 피하조직의 단열로 인한 부음현상 때문에 관절의 운동 제한이 인지된다.

(2) 처치법

- 침착하게 염좌의 상태를 관찰한다.
- 심리적 안정을 취하게 하고 관절의 골격 이상이 인지 될 때에는 교정 요법을 실시한다.
- 탄력 붕대 및 스포츠 테이프를 이용하여 상해 부위를 압박시켜 내출혈을 방지한다.
- 환부를 냉각시켜 통증과 내출혈을 감소시켜 부음을 방지한다.

주로 염좌는 상해 후 48간 이후는 환부의 냉각을 중지하고 혈액 순환을 증대시키기 위한 온찜질을 실시하고 이 시기부터는 마사지에 의해서 환부의 출혈이 증대할 위험이 적으므로 마사지를 행해도 좋다. 마사지시 염좌 부위는 손으로 압박하고 고정하여 주위 근육 부위부터 행한다. 주로 상해 후 1주일 후부터 마사지를 실시하고 환부에 대해서 조심스럽게 행한다. 상해 수 3주일이 지나서 부터는 관절의 운동을 시작하고 가볍게

문질러 주는 마사지와 함께 약한 스트레치도 병행한다.

관절의 가동 영역이 작고 움직임이 나쁘다고 해서 무리하게 움직이지 않도록 하는 것이 좋고 스스로 관절의 움직임을 도와주는 부드러운 스트레치가 좋다. 관절의 움직임이 원활해지고 부종도 빠지면 염좌된 관절 전체와 환부에도 강하게 마사지를 실시하고 특히 상해 부위에 중점적으로 행한다. 이러한 마사지는 혈액 순환의 촉진으로 부종의 감소와 단열 부위의 회복을 촉진하는 역할을 한다.

(3) 만성 염좌

염좌 후 3개월, 6개월이 지나도 연습이나 경기중에 통증을 느끼거나 동작에 부자연스러움이 느껴져 스포츠 활동에 지장에 지장을 초래하는 경우를 만성 염좌라 한다. 이것은 다음의 3가지 경우로 진단된다.

- 관절 양쪽 면에 다소의 어긋남이 있는 경우
- 인대가 늘어난 채 굳을 경우
- 2차적으로 건초염의 염증이 있을 경우

이러한 때에는 만성 염좌의 증상을 초래한다. 만성 염좌의 경우 간단한 교정을 행하고 테이핑을 행한 후 연습을 행하는 것이 좋고 통증 제거를 위해서는 교정 요법을 병행하는 것이 필요하다.

2) 타박

스포츠에서 타박은 직·간접적으로 외부의 물리적인 힘에 의한 작용이 피부, 피하조직, 관절에 부상을 가져온 것으로 타박은 피하의 모세 혈관이 파열되기 때문에 내출혈로 인한 부종이 생긴다. 그리고 근육내에 혈액이 고이거나 응고되는 수도 있다. 타박 부위는 자색을 나타내며 통증과 함께 압통을 느끼게 된다.

(1) 처치법

염좌와 같이 안정, 냉각, 압박, 고정을 하여 국소의 출혈을 최소한으로 줄이는 것이 최선의 방법이다.

상해 후 2일째부터 마사지를 하되 타박 부위는 압박하고 주위 근육에 대해서 경찰마사지를 행한다.

상해 후 1주일 정도가 되면 부은 것이 소실된다. 그러나 통증이 남아 있는 예가 있다. 이러한 통증의 발생 원인은 타박으로 생긴 피하 조직 부상이 그 주위와 유착하고 있기 때문인 것이다. 이때에는 마사지를 국소부위뿐만 아니라 보다 폭넓고 세밀하게 행하는 것이 좋다.

(2) 피하 혈종

타박으로 인한 부음이 1주일 정도 지나도 빠지지 않으면 피하, 근육, 관절 내에 다량의 혈액이 고여 있는 것으로 마사지만으로 제거가 어려움으로 침을 이용한 부항이나 외과적인 수술을 통해서 제거시키는 것이 좋다. 그리고 따뜻한 물을 이용해서 온찜질을 행하여 혈행을 돕고, 스트레치와 마사지를 병행하여 회복을 도모한다.

3) 근육 단열

근육 단열은 일반적으로 근섬유의 일부 또는 전부가 끊어진 상태를 말하며 근육이 갑자기 수축하였을 때 일어나기 쉬우며 때로는 심하게 긴장하고 있는 경우 외력에 의해 발생한다. 심한 경우 내출혈이 생긴다. 중증인 경우에는 단열 부위를 봉합하지 않으면 안된다.

(1) 증상

단열을 일으키면 급격히 통증을 느끼고 달리기, 뜀뛰기 등의 동작을 못하거나 스피드가 현저하게 감소하고 걸음을 걸어도 통증을 호소하는 예도 있다.

- 압통 – 일정한 부위에 강하게 나타난다.
- 운동시 통증 – 상해 부위의 근육을 신전하는 동작을 취하면 강한 통

증을 호소하고 수축하여도 마찬가지이다.

(2) 처치법

염좌, 타박과 마찬가지로 안정, 냉각, 압박, 고정을 하고, 48시간 이후에는 냉찜질을 그만두고 온찜질을 시작한다. 상해 2일째부터 마사지를 실시하고 1주일 정도는 상해부위에 압박을 하고서 주위근육에 대해서 마사지를 행한다. 마사지는 우선 상해부위에 대해서 구심성으로 행하고 전체에 걸쳐 행한다. 그리고 공동근과 길항근에 대해서도 충분히 실시한다.

주로 상해 후 1주일째부터 조금씩 움직여 가면서 가벼운 운동과 목욕을 실시하고 목욕시 탕속에서 스트레치 등의 가벼운 운동을 적극적으로 행한다. 충분한 치료로 움직여서 통증이 없어지면 조깅 정도의 가벼운 연습을 실시하면서 서서히 운동 부하를 증가시켜 준다.

(3) 오래된 경우

상해 후 1개월이 지나도 통증이 남아 있거나 완전한 컨디션으로 활동이 어려울 때 상해 부위의 근육을 만져보면 딱딱한 응어리가 만져진다. 이때 스트레치 동작 자세에서 경찰법을 실시하거나 강한 유열법(근육을 쥐고 압박하는 것)을 병행해서 소멸시킨다.

4) 골절

충돌, 비틀림 등에 의해 외부로부터의 충격이 뼈에 직접 또는 간접으로 가해져서 골조직의 연결이 끊어진 상태를 골절이라 한다. 그리고 외부의 힘뿐만 아니고 운동에 의한 수축력에 의해서도 나타날 수 있다.

(1) 증상

전신 증상은 체형, 안색, 몹시 추은 듯 떨거나 구토, 호흡, 체온의 변화가 온다. 상해 부위의 증상은 부음, 피하출혈, 변형되거나 전위, 단축 등이며, 골절이 되면 대다수의 경우 부러져서 골편이 전위하게 된다.

(2) 처치법

전위한 골편을 원래의 위치가 되돌리고 움직이지 않도록 고정한다. 골절 치료는 정복 후 고정에 의한 순서로 행하여야 하고 수술과 수술을 하지 않는 방법으로 나누어지는데 두 가지 다 정복 고정이 필수적이다.

골절된 뼈가 완전히 붙을 때까지 일정 기간 고정이 행해지는데 그 고정 기간은 부위에 따라 다소의 차이가 난다. 골절의 완치에 걸리는 일수는 골절부위에 따라 대략 <표 7-3>과 같이 소요된다.

〈표 7-3〉 골절의 완치 일수

부위	일수	부위	일수
손가락	2주일	비골	5주일
늑골	3주일	상완골	6주일
쇄골	4주일	하퇴골	8주일
요골	5주일	대퇴골	12주일
척골	5주일	경골	7주일

깁스를 풀면서 바로 마사지를 행한다. 주목적은 관절의 움직임과 상해부위의 혈액순환을 증진시켜 정상으로 회복시키는 것으로 적극적인 마사지와 운동법, 스트레치 등을 사용하여 실시하는 것이 좋다. 깁스를 풀고 난 후 마사지를 하거나 스트레치 운동을 행하면 통증을 호소하는데 무리하지 말고 부드럽게 행하여 회복을 도모하는 것이 좋다.

5) 탈구

탈구라는 것은 관절 고유의 생리학적 가동영역을 넘어선 상태로 운동부하가 작용하여 관절이 어긋나는 것을 말하며, 주로 직·간접적으로 힘이 가해져서 관절을 구성하고 있는 골단이 서로 어긋나서 관절막이 찢어진 상태를 말한다. 탈수는 염좌와 같은 원인으로 일어나지만 정도의 차이는 더 심하다.

(1) 탈구의 종류

- 완전 탈구 – 육안으로 봐서 골두가 전부 밖으로 나온다.
- 불완전 탈구 – 관절의 일부가 접촉되어 있는 것이다.

(2) 진단

상해의 동기를 물어본 후 변형을 본다. 변형의 판별이 곤란할 때는 다른 방법으로 행한다. 탈수 후 1, 2시간 후면 완전히 부어오르며 변형이 나타나지 않는다. 이때 촉진을 행한다. 관절이 튀어나와 고정되어 있으면 탈구로 판단하면 된다. 이러한 진단을 위해서는 골절과 탈구의 정확한 감별이 중요하다. 다음 <표 7-4>는 탈구와 골절의 증상을 구분하여 나타낸 것이다.

〈표 7-4〉 구와 골절의 감별

증상/구분	골절	탈구(脫臼)
변형	골장축에 변화가 발생	관절축에 변화가 발생
통증	심한 통증의 호소, 뼈를 맞추면 다소 감소	골두가 이상치에서 만져진다.
촉진	골절선의 촉지	골두가 이상치에서 만져진다.
발열	흡수열이 발생하는 일이 많다.	발열하지 않을 때가 많다.
일혈	조기에 명확하게 나타난다.	늦게 일어나기 때문에 명확하게 나타나지 않는다.
압박증상	드물게 나타난다.	때때로 나타난다.
연령	조기에 명확하게 나타난다.	청・장년이 많다.
X선 촬영	뼈의 연결이 차단되어 나타난다.	관절이 일탈하여 나타난다.

(3) 처치법

정복을 즉시 행하여 원래 위치로 돌아오면 변형이 없어지고 통증이 적어진다. 정복이 정확하게 되면 탄력 붕대나 테이프를 이용하여 고정을 시킨다. 탈구를 정복해서 3, 4주간 경과 후 고정을 풀고 운동을 행한다. 마사지는 이 시기에 행하여 관절의 움직임을 정상으로 회복시키는 것을 목적으로 하기 때문에 여러 가지 방법을 함께 행하는데 이때 따뜻한 물로 찜질로 병행하는 것도 필요하다.

6) 손가락의 상해

운동 중 손가락에 외적 충격이 가해지거나 잘못된 동작으로 인하여 타박, 염좌, 골절, 탈구, 건단열 등의 상태를 나타내는 것을 말하며 스포츠 활동이나 일상생활 중에서 많이 발생한다.

(1) 증상

삐걱하고 손가락 끝에 오는 심한 통증과 관절 주위의 부기 또는 관절 부분을 누르면 통증이 있다. 심한 경우에는 탈구 및 골절을 일으키는 경우도 있다.

(2) 처치법(겹질림)

다른 스포츠 부상과 마찬가지로 침착하고 여유 있게 상해의 상태를 정확하게 살펴본다. 부상자를 바른 자세로 앉게 한 다음 엄지와 식지로 겹질린 손가락을 끼고 압박하여 다른 손의 도움을 받아 잡는다.

관절부의 상하를 단단히 잡고 측면의 윗부분을 끼고 있는 손가락으로 상대의 손가락을 팔 쪽을 향해 밀어 넣는 것처럼 회전하는 동작을 반복하다가 가볍게 잡아당긴다.

골절은 안정을 취하더라도 심하게 아프면 잠을 잘 수 없을 정도로 쑤시고 열이 난다. 탈구와 겹질림 모두 전체적인 통증은 있으나 움직이지 않으면 비교적 아프지 않다. 조정이 끝나면 겹질린 손가락과 옆의 손가락을 함께 붙여서 테이핑 고정을 하고 냉각시켜 출혈과 부음을 방지한다.

7) 어깨의 통증

유도, 야구, 투척, 테니스, 배구, 체조 경기 등의 경기 종목에서 흔히 어깨를 다치는 경우가 많다. 어깨의 통증을 가져 또는 원인에는 여러 가지로 생각할 수 있으나 어느 원인이라도 스포츠로 인한 예에서는 처치의 필요성을 느낀다.

(1) 상완 이두근 장두건염

어깨 관절 앞면에 통증이 있고 앞으로 팔을 들어 울리면 통증이 있는 경우이다.

(2) 극상근・극하근건의 부분단열

극상근・극하근이 상완골에 부착하는 부위의 어깨 앞쪽에 통증이 있다. 어깨를 완전히 들어 올릴 수 없으며 옆으로 들어 올릴 때에도 통증을 호소한다. 그리고 팔을 바깥쪽으로 외전 시키면 마찬가지로 통증을 호소한다.

(3) 삼각근 단열

삼각근에 압통이 있고 아파서 팔을 들어 올리는 것을 완전히 할 수 없다.

(4) 처치법

어깨를 움직여 보면 운동을 할 수 없는 가동 제한이 일어난다. 이 가동 제한은 견갑골과 주관절이 관계하고 있다.

- 팔을 앞으로 올릴 때의 통증 – 옆으로 누운 자세를 취하게 하고 쇄골 하부를 압박해서 상완을 뒤쪽으로 움직여 주면 통증은 제거된다.

- 상완을 옆으로 올릴 때의 통증 - 옆으로 누운 자세를 취하고 상완 결절부를 잡고서 상완을 앞쪽으로 움직이면 통증은 억제된다.
- 상완을 옆으로 들어 올릴 때의 통증 - 옆으로 누운 자세를 취하고 양손 엄지를 어깨의 가장 바깥쪽에 양손 가락을 모아서 압박하고 상완을 옆으로 올려 앞쪽으로 급속히 당기면 통증은 억제된다.
- 상완을 내전 했을 때의 통증 - 앉은 자세에서 상완골 윗부분 중앙의 움푹 패인 곳을 압박하고 반대쪽 어깨의 손목을 잡아당기면서 팔을 내전 시키면 통증은 억제된다.
- 상완을 회전 했을 때의 통증 - 옆으로 누운 자세를 취하게 하고 겨드랑이의 앞쪽 근육을 잡고서 고정을 하여 내전 시키면 통증은 억제된다.
- 주관절이 굽으면서 오는 통증 - 부상자의 척골소두, 요골소두 사이를 압박해서 고정하고 앞 팔을 좌우로 선회시키면서 잡아당기면 통증은 억제된다.
- 상완을 반대쪽 어깨 쪽으로 둘렀을 때의 통증 - 앉은 자세에서 상완을 수평 앞으로 올려 견갑골 뒤쪽으로 압박하고 반대쪽 어깨로 잡아당기면 통증은 억제된다.

위와 같이 조정 후에 마사지를 실시하면 좋다. 주로 어깨 주위의 근육에 대해서 부드럽고 가볍게 문질러 주는 경찰과 근육을 잡고 압박해 주는 유열을 이용해 마사지를 행하고 압통 부위에 대해서 특히 세밀하게 행한다.

8) 관절의 통증

야구, 투척, 체조, 테니스, 배구, 유도 등의 많은 종목에서 상해의 발생 빈도가 높은 관절로 주로 테니스 엘보라고 많이 부르고 있다. 주관절의 상해는 X-선 검사에서 뼈에 변화가 인지되는 것과 이상이 없는 것으로 구분된다.

(1) 외상과염

상완골 끝부분 바깥쪽을 외상과 라고 말한다. 이 부분에는 손목 관절 손가락의 신전을 담당하는 근이 부착되어 있다. 야구, 투척 등 팔꿈치를 강하게 신전, 굴곡 시키는 동작을 되풀이하는 스포츠에서 근육이 과도하게 사용되면 이러한 근육의 부착부인 외상과의 신근에 압통이 있다.

(2) 내상과염

내상과는 상완골 끝 부분 안쪽 부분을 말하고 주관절 손가락의 굴근이 이 부분에 나와 있다. 외상과염과 함께 근육의 피로가 원인이 라고 할 수 있다. 테니스, 투창 선수에 많고 내상과염 전완의 굴근군에 압통이 있다.

(3) 처치법

- 외상과의 통증 – 반듯하게 앉게 하고 척골소두와 요골소두 사이를 압박해서 손목을 잡아당기면 통증은 억제된다.
- 내상과의 통증 – 반듯이 앉게 하고 겨드랑이 뒤쪽 근육을 잡아 고정시키고 앞 팔을 잡아당겨 주면 통증은 억제된다.

9) 손목 관절의 통증

팔을 많이 사용하는 스포츠에서 많이 발생하며 주로 체조, 테니스, 유도, 볼링 등에서 많이 볼 수 있다.

(1) 손목을 뒤로 젖힐 때의 통증

반듯이 앉은 자세를 취하게 하고 제2중수골과 제5중수골을 두 엄지로 눌러 고정시켜 손목을 뒤로 젖혀 조정을 하면 통증이 억제된다.

(2) 손목을 앞으로 굽힐 때의 통증

반듯하게 앉히고 제2, 3중수골저의 등 쪽을 두 손 엄지로 눌러서 고정시키고 조정하면 통증이 억제된다.

(3) 손목 염좌 후유증

손목관절의 전, 후, 좌, 우 각 부위의 압통이 인지된다. 연습 전후에 마사지를 행하고 연습중에는 테이프를 이용하여 테이핑을 하고 운동을 하는 것이 좋으며 마사지는 압박과 경찰을 병행한 후 조정 요법과 강화 운동을 행하는 것이 좋다.

10) 허리의 통증

요추는 척추의 기부로서 흉추와 선추 사이에 있어서 흉곽과 골반을 연결하고 있으며 5개의 추골로 되어 있다. 이로 인하여 요추는 체간중 가장 중요한 지지성이 요구되고 있는 한편 운동성도 경추 다음으로 크다. 척추중 요추의 추골은 전후경, 좌우경이 모두 폭이 넓고 단단하다.

요통은 스포츠인 뿐만 아니라 전체 인구의 80%가 경험하고 있으며 통증을 유발하는 원인은 여러 가지로 들 수 있다. 생활에서 오는 습관, 운동 중 무리한 동작, 준비운동 부족, 충격 등이 통증을 호소하게 한다. 이러한 요통을 크게 분류하여 보면

- 뼈에 이상이 있는 경우 - 척추 분리증, 척추 미끄럼증, 압박, 골절
- 연골에 이상이 있는 경우 - 추간판 헤르니아
- 근육과 인대에 이상이 있는 경우 - 요부 염좌, 요부통
- 선장 관절에 이상

(1) 척추 분리증

척추 분리증은 추체를 연결하고 있는 관절 돌기의 일부가 골성을 잃고

뼈 대신 섬유성 조직으로 이어지고 있는 상태를 말한다.

- 증상 및 처치 - 오래 서 있으면 허리가 나른해지고 통증을 느끼며 앉아 있어도 똑같은 증상을 호소하며 잠을 자고 일어나도 뻐근한 감을 느낀다. 압통은 4, 5번 요추 위쪽에 있다. 급성기의 통증이 강할 때에는 연습을 쉬고 안정을 유지한다. 자세 유지나 근력 강화, 마사지, 교정술을 통하여 통증 소실을 꾀한다. 어느 정도 통증이 가시면 연습을 시작하는데 처음부터 무리한 운동은 삼가는 것이 좋으며 점차적으로 운동량을 증가시켜가며 운동을 하도록 하고 휴식시 안정된 자세로의 휴식과 운동 후 저녁에는 매일 1시간 정도로 온찜질을 하는 것도 매우 좋은 방법이다.

(2) 요통증

근육이거나 인대가 요통의 원인이 되고 있다고 생각되는 질환을 말한다. 무거운 것을 들거나 어떠한 것을 들어 올릴 때 허리가 아픈 것은 근육이나 인대를 다쳤기 때문인 경우가 많고 주로 발작적으로 통증을 호소하는 것, 어느 사이엔가 아파지기 시작했다는 것 등 여러 가지 경우이다. 대체로 하지의 증상은 없고 압통은 뼈에 인지된다. 처치는 신전의 자세를 취하고 안정을 취하며 약 3주일 정도 안정하고 마사지, 찜질을 행하고 허리 근육의 근력 강화 운동을 실시한다.

11) 슬관절의 상해

슬관절은 신전한 자세에서 대퇴골과 하퇴골이 체간 구간의 체중을 지지하는 지각으로서의 하중 관절 기능이 있고 굴신 운동 및 굴곡 자세에서는 회선 및 운동 범위를 확대할 수 있으며 정적 안정을 유지하는 중요한 지렛대 역할을 하고 있다. 슬관절의 상해는 종목에 따라 다소 다르나 대체로 스키, 농구, 조깅, 레슬링, 체조, 배구 등의 순으로 나타나고 있다.

(1) 관절낭 좌상

이것은 직접적인 외력의 작용으로 발생한 관절낭 특히 관절 내막의 손상이며 가끔 관절 연골이나 슬개건 주위의 지방체, 관절낭의 손상도 발생한다. 증상은 무릎에 통증을 호소하고 그대로 경기나 운동을 했을 경우 압통, 가벼운 기능 저하, 때로는 내출혈 및 능력 저하가 일어난다. 처치로는 냉각, 압박을 행하고 48시간 후에는 온찜질을 행하며 마사지도 환부 주위부터 행한다.

(2) 반월판 부상

부상의 빈도가 높은 상해로 여성보다 남성에게 많으며 축구 선수에 많이 나타난다. 회전, 착지 등의 특수한 상황에서 많이 발생한다. 한번에 반월판이 잘리기보다 누적에 의한 경우가 많다. 축구, 유도, 배구, 농구, 야구, 투창, 체조 등에서 주로 볼 수 있다. 처치는 냉각, 압박, 부기제거 그리고 관절내 출혈이 증가할 경우 2, 3주간 고정을 행하고 대퇴근 강화운동, 마사지, 물리 치료를 병행한다.

12) 근육통

오랫동안 운동을 하지 않았던 사람이 급하게 운동을 한 경우나 이제까지 운동을 하고 있던 사람이 운동 강도를 변경한 다음날일 경우가 많다. 증상으로 갑자기 허리가 삐끗하여 움직일 수 없는 경우 헤르니아 보다는 근육통일 경우가 많으며 하퇴 삼두근이나 대퇴 사두근 등에 일어나는 대부분은 근육통이다. 근육통은 급격한 근활동이나 과잉 신전에 의해 일어나는 근의 염증성 변화에 의한 것이라고 알려져 있으나 하루나 이틀 정도면 통증이 소실되기 때문에 특히 걱정할 필요는 없다. 가벼운 통증일 경우에는 운동을 중지하지 않고 계속하는 면이 오히려 결과가 좋을 수도 있으므로 통증에 따라서 운동량을 일시적으로 줄이던가 아니면 1-2일 정도 중단하는 것이 좋다.

13) 관절통

달리기 등이 운동을 시작하여 1-2주간 지났을 때쯤 서서히 일어나는 다리의 관절통은 뼈나 관절에 과부하가 반복하여 가해짐에 따라 일어나는 것이다. 관절통의 경우에는 운동을 중단하고 한층 더 가벼운 운동부터 시작하는 것이 좋다. 무릎이나 족관절의 통증이 재발하는 사람은 운동종목을 변경하여 하지의 관절에 대한 부하가 가장 가벼운 사이클과 수영을 하는 것이 바람직하다. 운동중에 돌발적으로 일어나는 하지의 통증은 염좌, 근육의 부분단열, 건단열, 골절 등에 의한 것이 많다. 이와 같은 경우에는 안정을 원칙으로 한다. 처치를 잘못하면 후유증이 남을 위험이 있으므로 정형외과의 진료를 받는 것이 좋다.

14) 비복근 경련(쥐나는 경우)

비복근 경련은 장딴지의 운동 신경의 기능이 급히 상승할 때 근육이 굳어 있게 되면 근육이 강하게 수축하면서 장딴지에 쥐가 나서 참을 수 없이 고통스럽게 된다. 다시 말해서 무리한 걸음걸이나 또는 격심한 운동을 하거나 수영 등을 하다가 갑자기 근육의 경련증이 오는데 주원인은 과로, 충분한 몸풀기 부족, 기온변화 등이 원인이다. 이는 비교적 근육이 많이 있는 곳에 흔히 일어나는 증상이며 근육에 지나친 운동량이 주어질 때 근육 파열의 예비 신호로서 근육 자신 스스로가 방어 작용을 일으키는 현상이다. 건강한 사람이나 약한 사람에 관계없이 일어난다. 이런 증세에는 경련된 부분을 이완시킴으로써 통증을 해결한다.

- 발끝을 90도 각도로 세우고 스트레칭은 2-3분간 한다.
- 복와위 상태에서 경련된 부분을 명완법, 강완법, 압박법 등으로 마사지한다.
- 더운 물 찜질을 약 5분 정도 실시한다.
- 약 5분간의 휴식을 취한 후 천천히 보행하여 운동 강도가 낮은 것부

터 실시하고 재차 경련이 일어나면 운동을 중단하고 2-3일 휴식을 취하면 된다.

15) 운동 초기의 고통

운동을 생활화하지 않던 사람이 운동을 시작하면 5분 이내에 고통스러워 운동을 계속할 수 없는 경우가 가끔 일어난다. 이러한 현상을 호흡순환계에 의한 산소 운반 기능이 충분히 높아지기 전에 일어나는 현상이다. 이러한 현상이 일어나면 일단 운동을 중지하고 휴식을 취한 다음 보다 가벼운 운동을 시작하는 것이 좋다.

16) 앞가슴의 동통

운동중에 흉골의 심부에 중압감이나 통증을 느끼는 일이 있다. 여기에는 찬 공기가 기관지를 자극하여 일어나는 기관지통과 심근의 산소 부족에 의한 협심증이 있다. 협심증이 일어나는 사람에 대하여 종래에는 운동이 해롭다고 하였으나 현재에는 특별한 경우를 제외하고는 동통이 일어나지 않는 범위 내에서 하는 것이 오히려 치료적 효과가 있다는 견해가 많다.

17) 복통

달리는 중에 잘 일어나는 측복부의 동통은 장내 가스의 축적에 의한 것으로서 알려져 있다. 장내 가스는 음식물의 장내 발효에 의해 발생하는 것이나 또는 탄산성 음료에 의한 것 등이 있다. 장내 가스의 양에는 개인차가 있고 또한 가스가 많다고 반드시 복통을 일으키는 것은 아니다. 복통이 일어났을 경우에는 달리는 것을 중지하고 보행으로 바꾸면 자연적으로 나아진다. 소화가 잘 되는 음식물을 섭취하여 위장을 정비하고 매일 아침에 배변을 하도록 하고 탄산성 음료를 삼가는 등의 주의가 필요하다.

18) 비출혈

코피의 원인은 여러 가지가 있는데 이를 구분해 보면 첫째 외상적으로 코의 타박이나 충돌 또는 두부에 심한 충격으로 일어나는 경우가 있으며, 둘째 증후성으로 일어나는 경우가 있는데, 이는 대개 심장, 간장, 고혈압, 동맥 경화 또는 어떠한 병으로 인하여 심한 발열을 일으켰을 때에도 비출혈이 되는 수가 있다. 셋째 몸에는 아무런 이상이 없는데도 무리한 업무에 시달려서 무척 피로감에 있을 때에도 코에도 피가 흐르는 것을 볼 수 있다. 이런 것을 자발성 비출혈 이라고 하는데 어린 시절에 자주 일어나는 것이 특징이다. 다시 말해서 전술한 원인 등으로 혈관이 확장되어 찢어져서 코피가 나는 것이다. 또는 모세 혈관이 넓고 깊게 찢어져서 후비강의 출혈인 때에 많은 양이 쏟아진다. 이런 증세가 일어나면 두중, 안목충혈이 오므로 심할 때에는 전문의의 진단이 필요하다.

(1) 처치

- 거즈를 이용하여 일단 멈추게 한다.
- 코의 중간을 모지와 식지로 잡고 지압을 한다.
- 코의 중간에 얼음을 찜질을 한다.
- 목의 후두부에 움푹 패인 곳(아문)을 지압한다.
- 코피 나는 쪽 코의 경동맥을 살며시 잡아서 약 5초 동안 압박을 가한다.
- 코피가 멈추지 않으면 전문의의 진료를 받는다.

19) 늑간 신경통(담 · 결림)

늑간 신경은 척추 신경에서 앞가슴에 이른다. 늑간 신경통이란 강하게 아픔을 느끼는 것을 말하는데, 척추 근육의 이상으로 늑막의 유착 등이 늑간 신경통의 원인이 된다. 확실한 원인이 있는 것과 신경성으로 오는 것도 있다. 다시 말해서 일에 시달린 피로가 남아 있을 때나 신경쇠약인 사람이 격심한 운동으로 상체를 무리하게 비틀거나 무의식중에 갑작스럽게 호흡을 할 때, 특히 흡기시에 많이 일어나며, 무거운 중량 운동을 할 때 웃거나 장난기가 섞인 자세로 호흡 조절을 하지 않을 때에 흔히 일어나는 증상이다.

이런 증상이 일어나게 되면 심호흡만 하여도 걸리며, 큰소리로 말만하여도 통증이 온다. 이런 증세가 유방의 높이를 중심으로 하여 옆구리에 있으면 참을 수 없이 괴롭다. 이럴 때에 열이 있거나 엑스 선상에 이상이 있으면 전문의의 진찰이 필요하겠지만 그 외에는 가벼운 늑간 신경통이라 믿어도 틀림없을 것이다. 이를 보고 흔히 담이 결린다고 하는데, 등과 가슴에 더운 찜을 10분간하고, 사지 마사지를 정성들여 하며, 다음에 장압으로 지긋하게 눌러 주고, 천천히 호흡을 조정한다. 특별히 주의할 것은 늑간은 지압을 금한다.

(1) 자율 요법

상반신을 일으켜 휴식 호흡을 하면서 가슴의 상하 운동을 5-6회 정도 되풀이하여 아픈 쪽의 신경을 신장시켜주면 효과적이며, 급히 서둘지 말고 여유를 가지고 치료함이 좋다.

(2) 기타의 요법

통증이 있는 옆구리를 위로하여 눕혀 더운찜질을 하고, 경혈의 순서에 따라 장압으로 경압과 쾌압으로 다스린다(일일 3회 정도가 효과적이다).

5. 스포츠 테이핑

1) 스포츠 테이핑의 의의

스포츠 테이핑은 밀착성 테이프의 압박 수축 장력 등을 최대한 살려서 신체 조직에 과도한 부담 없이 상해 부위의 지지 보호 및 예방을 하게 하는 처치 방법으로서 고정성과 기능성을 같이 부여한 방법이다.

오랜 역사를 지닌 반창고 고정법에 대한 임상 적용을 통하여 ① 외상과 상해의 예방, ② 가벼운 염좌나 근 좌상 등의 외상 후에 행해지는 응급 처치, ③ 외상 후 조기 기능 회복 훈련의 보조 수단, ④ 외상과 상해의 재발 예방을 목적으로 행해지고 있는데 관절, 근육, 건 등의 구조물을 보강하고 강화시키기 위하여 면사와 화학사를 이용한 접착 테이프를 신체 일 부분에 부착시켜 사용하게 된다.

이러한 테이핑 법은 신체 부위에 대한 고정성을 조절함으로써 피술자의 기능 정도를 조정할 수 있게 되는데, 테이핑의 시술자는 다양한 상황에 따라 미묘한 판단을 통하여 그 기술을 적절히 발휘함으로써 테이핑에 대한 경험과 지식이 깊어지게 되며 동시에 기술이 더욱 향상되게 된다.

따라서 스포츠 테이핑은 정상 인체의 지지 구조와 관절 운동 등에 대한 기능적 이해를 바탕으로 시행되어야 한다. 또한 시술자는 상해의 발생 기전을 숙지하여 테이핑을 시행하기 전에 적절한 방법을 선택하여야 하며, 테이핑의 실시 전에 올바른 진단을 해서 시행 목적을 결정하여 적용하여야 한다.

2) 스포츠 테이핑의 분류

(1) 외상의 발생 예방과 상해 부위의 보호용 테이핑

운동 중 많이 사용하는 관절이나 상해를 받지 않았던 정상 관절 그리고 예전의 상해로 약해진 관절에 대한 보강을 통하여 상해를 예방하고자 테이핑을 시행하는 것으로 ① 상해의 예방 : 부상 빈도의 감소, ② 상해 정도의 경감 : 상해가 발생하더라도 심한 부상은 예방, ③ 상해 기전에 따른 상해 호발 부위를 선택하여 시행하게 하는 것이다.

테이핑을 시행하게 되면 조속히 일상생활에 복귀하는 것이 가능하게 된다. 즉 관절의 염좌나 근육 손상 등의 상해를 받은 다음 이러한 부위가 완치되기 이전에도 운동에 참여시키는 것이 가능하며 어느 정도 회복이 되어 운동을 다시 시작할 수 있을 때 상해 재발의 위험성이 있는 부위를 보호한다는 측면에서 사용할 수 있다. 특히 습관성이나 재발성 염좌가 있는 관절을 가진 경우 '약점 보완'이라는 측면에서 그 의의가 있다.

(2) 응급 처치용 테이핑

관절의 염좌나 근육의 파열 등이 일어난 직후(급성기)에 환부가 움직여짐으로써 내출혈이 증가함으로써 생기는 부종과 동통을 최소화하고 상해가 더 심해지거나 다른 부위로 전이되는 것을 막아주기 위하여 또는 급성기의 고정과 압박의 목적(RICE의 법칙)을 달성하기 위하여 테이핑을 실시하는 경우를 말한다.

일반적으로 경미한 스포츠 외상에 대한 치료를 목적으로 행해지는 경우도 이에 포함된다.

(3) 재발 예방과 재활을 목적으로 한 테이핑

가벼운 염좌가 발생한 경우의 인대나 근 파열이 나타난 경우 손상부위의 상흔조직이 나타나게 되고 이러한 부위에 탄력성과 강도가 저하되게 된다. 따라서 이전 상태로 회복시키기 위한 기능 훈련을 조기에 시행하고자 테이핑을 실시하는 경우를 말한다.

(4) 치료적 테이핑 법

상해를 입은 신체 조직에 나타나는 부종을 감소시키고 부상 부위를 고정하기 위한 테이핑을 해줌으로써 치료 효과를 얻을 수 있다. 예를 들면 부상 직후 응급 처치 단계에서 냉찜질 후 테이핑을 해주게 되면 총 치료 기간의 감소를 기대할 수 있다. 이밖에도 특수 재질의 테이프를 이용하여 신체의 정형학적인 문제를 바로잡는 가하면 나아가 기능 회복과 내과적 질환에도 유용성을 평가받기 시작하는 운동성 테이핑(Kinesio-Taping)이나 Spiral Taping 등은 테이핑을 치료 목적으로 이용한 대표적 예라 할 수 있다.

(5) 과도 가동성 관절의 보호 목적

General Joint Laxity의 경우에서처럼 선천적 탈구를 보이는 전신적 과도 가동성 관절에 행하는 것으로 이는 관절의 불안정성으로 이어지기도 한다. 이러한 때 관절의 가벼운 고정을 통하여 운동 중에 나타나는 불안정성을 경감시킴으로써 외상을 예방하는 경우를 말한다.

(6) Athletic Taping

테이핑의 유효성을 주목하여 가벼운 상해의 처치에서 그 적용범위를 넓혀 외상의 발생을 예방하고 조기에 기능 회복 훈련을 실시하여 조속히 운동 현장에로 복귀시키는 것을 목적으로 한 Athletic Taping이 있다. 미국에서 1950년대부터 시작되었으며 1960년대에 이르러 전 세계적으로 보편화 된 테이핑 법을 말한다. 이는 특히 예방, 치료, 재활이라는 3대 목표에 입각하여 시행하게 된다.

(7) 기능적 테이핑

기능적 테이핑은 테이프를 이용하여 운동 동작으로 인하여 생체에 불이익을 주는 스트레스를 회피하여 주는 것을 목적으로 관절의 동작 제한(고정 포함)하고, 상해 부위의 압박하며, 손상된 근육, 건, 인대의 보호 및 보강하는 등의 효과를 기대하고 있다. 상해가 발생되면 손상 정도와 회복 시기(상해를 입었을 때, 고정기, 운동이 허용될 때, 경기 복귀, 만성기)에 따라 증상과 이에 대한 처치 방법이 달라지게 된다.

기능적 테이핑은 예방용 테이핑, 응급 처치용 테이핑, 치료적 테이핑, 경기력 향상을 위한 테이핑을 합친 개념으로 '예방용 테이핑'은 경기력과 운동 특성에 따른 외상과 상해에 대한 테이핑으로 상해 부위를 보강할 목적으로 사용된다. '응급 처치용 테이핑'은 응급상해에 대한 테이핑의 효과적인 판단에 따라 사용된다. '치료적 테이핑'은 기본적으로 의료기관 내에서 의사의 지시 하에 사용하는 것으로서 인대의 강도를 판단하여 치료에 효과적인 테이핑을 판정하여 시행하는 것이다.

일반적으로 치료적 테이핑은 손상 부위의 회복 상태에 따라 완전 고정에서 안전한 범위의 운동을 허용하게 되는 방향으로 진행시키게 된다. '경기력 테이핑'이라는 것은 경기에 복귀하며 상해 부위를 보호하는 방법으로서의 테이핑으로서 손상된 인대를 치료함으로써 재발을 방지하는 방법이다. 인대 보호의 목적으로 약하게 사용하기도 하고 이차적인 기능장해가 남아 있는 만성 상태를 보호하기 위한 경우에 효과가 있다. 그러한 만성 기능장애는 통증, 부종 불안정감을 들 수 있는데 운동을 할 때 그러한 증상이 발생한 경우 테이핑을 이용하여 일정한 보호와 보강을 하여 주게되면 안심하고 스포츠 활동을 할 수 있게 된다.

기능적 테이핑은 이차적 기능 장해가 있는 경우 만성적 증상을 완화할 목적으로 시행하는 것으로 '경기력 향상 테이핑'을 기초로 기능적 테이핑을 시행하게 되는데 이러한 경우 증상이 나타났을 때 스포츠를 이해하는 의사의 지시에 따라 시행하게 된다.

운동을 할 때는 많은 요인들이 단독적이나 복합적으로 작용한 결과로 상해가 발생하게 된다. 기능적 테이핑을 시행함으로써 이차적 상해를 보호하고, 증상의 완화시키고, 통증과 부종 증상을 경감시키고, 불안정감을 없애 주는 목적으로 행하게 된다.

3) 테이핑 용품

① 화이트 테이프(비신축성 테이프)

발목, 무릎, 다리, 어깨 그리고 손가락, 팔 등의 부위에 사용한다. 테이프의 폭은 0.5inch, 1inch, 1.5inch, 2inch의 4종류가 있다. 05inch의 테이프는 손가락 고정에 1inch의 테이프는 발목, 무릎, 다리, 허리, 어깨, 손목, 팔꿈치 등과 폭넓게 사용하면 2inch의 테이프는 어깨, 허리, 다리로 사용이 나뉘어진다.

② 엘라스틱 벤티지

신축성의 테이프로 점착성은 없다. 통상 테이핑 후에 서포터 대용으로써 사용한다.

③ 언더랩

피부에 직접 접착테이프를 감으면 뗄 때 고통을 느끼는 동시에 피부를 상하게 하므로 이것을 예방하기 위해서 부드러운 언더랩을 감는다.

④ 점착 스프레이

점착력이 있는 스프레이로 테이프의 한 조각 한 조각이 어긋나지 않도록 하기 위해서 사용한다. 야구선수가 배트를 흔들 때에 스프레이 하는 것이 이것이다.

⑤ 콜드 스프레이

찬 수액이 나오는 스프레이로 염좌와 타박의 응급처치를 할 때에 사용한다.

⑥ 콜드 백

찬 봉투로 선수가 염좌와 타박을 일으킨 때 사용한다.

⑦ 테이프커터, 미니커터, 테이프 시저스

테이프를 자를 때 사용하는 가위

⑧ 힐컵

경주등에서 주행면에서 받는 충격을 흡수하고 발꿈치를 보수하는 역

할을 완수하는 것

⑨ 트레이너즈키드

테이핑에 사용하는 용품을 수납하는 상자

4) 테이핑의 실시 지침

(1) 테이핑의 목적과 시행 부위에 따라 테이프의 재질과 폭을 결정한다.

(2) 테이핑 시행 부위의 피부 처치를 잘 해야 한다.

① 테이핑 할 부위의 피부를 청결하게 하며 기름기 등의 이물질을 제거한다.

② 털이 많이 난 부위는 잘 깎아 주어 테이프가 몸에 밀착되도록 해줌으로써 운동을 마친 후 테이프를 제거할 때 피부가 상하지 않도록 한다.

③ 테이핑을 실시하기 전에 피부가 건조한 상태를 유지해 줌으로써 테이프가 피부와 잘 밀착되어질 수 있게 하여야 한다.

④ 테이핑 작업에 앞서서 피부와 테이핑 테이프간의 밀착도를 높이기 위하여 테이핑용 접착제 등을 이용할 수 있는데, 이러한 접착제들은 피부에 과민 반응을 일으킬 수 있으므로 각별히 주의한다.

⑤ 테이핑을 시행한 후 관절의 운동이 많아 피부에 많은 자극이 가는 곳이나 민감한 피부를 위하여 거즈 패드나 윤활제 등을 사용할 수 있으며 피부 보호용 스펀지 붕대를 전반적으로 사용할 수 있다.

⑥ 테이핑을 실시하고자 하는 부위의 온도는 정상일 때 시행함으로써 피부에 과도한 자극이 가는 것을 막을 수 있다. 즉 얼음찜질, 더운 찜질 등으로 피부 온도가 비정상적일 때는 테이핑을 시행하지 않도록 한다.

⑦ 테이핑용 테이프에 대한 피부의 민감성을 항시 주의하여야 한다. 만일 이러한 반응이 나타나게 되면 거즈 패드나 under wrap을 여

러 겹 사용하거나 테이핑용 테이프의 종류를 바꾸어 보는 것도 중요하다.

(3) 테이핑은 매끈하고 몸에 잘 맞도록 감아야 한다. 테이프에 주름이 생기게 되면 피부에 물집이 생기게 하거나 이것이 피하 조직을 지나는 혈관을 압박할 수 있으며 신경, 근육, 건 등을 자극할 수 있다. 테이핑의 시행 기술의 향상에 따라 부상 형태에 따라 응용하여 시행하여야 하며 모든 스포츠의 외상의 양상이 다르듯이 테이핑의 내용도 동일 할 수는 없게 된다.

(4) 테이핑의 시술 목적은 기능적 움직임과 제한된 범위 내에서의 관절 가동 범위를 허용하며 동시에 관절의 위치를 바로 잡는데 있으므로 이러한 목적을 달성할 수 있도록 개별성의 원칙에 입각하여 시행하도록 한다.

(5) 테이프를 손으로 자르는 기술을 잘 습득함으로써 테이핑의 시행 시간이 짧아지게 되고 효율적인 테이핑을 할 수 있게 된다.

(6) 최소한의 테이프를 이용하여 테이핑의 목적 달성을 이루도록 한다. (테이프 재질의 낭비 측면과 이물감)

(7) 경기나 연습 후에 테이프 제거 방법

① 지나친 힘을 가하거나 힘껏 테이프를 당기지 않는다.

② 테이프를 제거할 때는 반드시 붕대 가위나 테이프 제거용 가위를 사용하여야 한다.

③ 붕대 가위를 사용 할 때 가위의 끝은 해부학적 골을 따라 안전하게 사용하여야 한다.

(8) 테이프 제거 후의 피부 손질

① 테이프를 완전히 제거한 다음 비눗물로 씻어 냅니다. 테이핑 제거용 특수 용액을 사용할 수도 있으나 휘발성이 강한 용액을 사용하게 되면 피부의 자극은 물론이고 화상의 위험도 있다.

② 피부의 건조 후 피부 보호용 크림을 발라 준다.

③ 테이핑 시행 부위에 찰과상이 생겼으면 항생제 연고를 발라 주고 염증 소견이나 알러지 반응이 발견되게 되면 피부과 의사와 상의하여 빠른 시일 내에 치료 지침을 마련하도록 한다.

5) 테이핑의 시행상 주의점

(1) 상황을 정확히 판단하여야 한다.

현장에서 적절한 응급 처치를 시행하고 진단에 따라 테이핑 방법을 결정하게 된다. 염좌도 그 정도에 따라 3도로 구분하며 부상의 정도에 따라 테이핑 및 치료 지침이 달라지게 된다.

2도에서 3도 염좌상을 입어 관절 주위가 심하게 부어올라 왔을 때에는 열린 바구니 짜기(open basket weave) 방법을 이용하여 관절의 앞쪽을 벌여 놓음으로써 순환장애를 일으키지 않게 한다. 또한 1도 염좌나 관절 부종이 완전히 소실된 2, 3도 염좌의 경우 재발 방지를 위하여 테이핑을 실시할 때는 손상된 인대를 보강할 수 있도록 테이핑을 하여야 한다. 또한 부상은 전혀 없더라도 부상의 발생을 예방하기 위하여 테이핑을 할 때에는 고르게 감아 주어야 한다. 이와 같이 상황에 따라 테이핑의 목적과 방법이 달라지게 된다.

(2) 혈행 장애를 조심하여야 한다.

너무 강하게 테이핑을 하게 되면 혈행 장애가 생겨 근육 경련이나 조직내 산소 부족을 초래하여 조직 변화를 동반한 심한 통증이 유발되므로 특히 조심하도록 하여야 한다. 그러나 너무 약하게 테이핑을 하는 것도 의미 없으며 오히려 해가 될 수 있다. 사지의 근위부 즉 어깨에 가까운 상박이나 고관절에 가까운 대퇴부에 강한 테이핑을 실시할 때 특히 주의하여야 하며, 무릎에 테이핑을 실시하거나 보호대를 착용한 후에도 혈행 장애로 인한 경련이 나타날 수도 있다.

(3) 신경 장애를 일으키지 않도록 한다.

신경이 피하에서 뼈와 가까운 곳에 위치하여 압박을 받기 쉬운 곳에 위치해 있는 요골 신경과 비골 신경 등은 상완의 외측부와 슬관절 바로 아래 부분의 바깥쪽에서 압력을 받아 마비를 일으킬 수 있다. 따라서 이러한 부위의 테이핑 시에는 패드 같은 것을 이용하여 직접적인 압박을 받지 않도록 하여야 한다.

(4) 근육 또는 건이 자극 받지 않도록 한다.

근육이나 건(발목의 앞쪽이나 아킬레스건 등)도 표면에 위치함으로써 관절의 굴신 운동시 압력에 민감한데 이런 부위에 테이핑을 할 때는 거즈 패드, 스펀지 테이프나 신축성 테이프를 사용하지 않으면 근염이나 건초염 또는 건염을 일으킬 수 있으므로 주의해야 한다.

(5) 피부 질환을 조심하여야 한다.

피부가 특히 약한 사람은 반드시 스펀지 테이프를 사용하여야 하며, 테이핑 부주의로 피부에 찰과상이나 물집이 생기지 않도록 주름지지 않게 테이핑을 시행하여야 한다. 또한 땀이 날 때나 연고류를 바른 상태에서의 테이핑은 효과를 저하시키므로 테이핑 시행 부위를 청결, 건조시킨 후에 테이핑을 시행하도록 해야 하며, 털이 많은 사람은 피부의 염증이나 통증을 제거하기 위하여 털을 깎은 후에 테이핑을 하도록 하여야 한다. 테이핑 시행 후에 피부에 발진이 생기거나 화끈거리고 가려움증이 나타나는 과민 반응은 대체로 테이프 자체나 피부 접착제가 원인이 된다.

(6) 시술자가 요통이 생기지 않도록 한다.

테이핑의 시행시 자세가 편안해야 한다. 환자의 침대가 너무 높거나 낮을 때 또는 좁은 곳에서 테이핑을 실시하게 되면 허리 근육의 경련으로 인해 요통이 유발된다. 따라서 테이핑 시술자의 자세와 위치 선정도

유의하여야 한다.

테이핑은 스포츠 외상을 예방하거나 작은 외상을 더 큰 외상으로 발전되지 않도록 하는데 중요한 방법이므로 더 널리 사용되어야 할 필요가 있다고 본다. 그러나 그 원리와 적응증을 무시하고 사용할 때에는 부작용이 뒤따르게 되므로 반드시 확실한 진단 후에 정확한 지식을 토대로 하여 사용되도록 하여야 한다.

제8장
수상안전

1. 익수사고의 발생원인
2. 익수자의 상태
3. 익수자 구조법
4. 접근 및 운반방법
5. 구조시 주의사항
6. 수상안전 수칙

많은 사람들이 물과 관련된 스포츠와 오락활동에 참여하고 있기 때문에 물에 빠져 생명을 잃는 익수사고가 종종 발생하고 있다. 대부분의 익사사고의 원인을 보면 안전규칙을 위반하거나 무시함으로써 발생하고 있는데, 익수사고의 구체적인 발생원인과 익수자를 구조하는 방법, 그리고 위험상황시 행동요령 등에 대하여 알아본다.

1. 익수사고의 발생원인

천재지변으로 인한 피해 중 홍수에 의한 피해가 가장 많으며 특히, 7~8월에 집중적으로 오는 비의 량으로 물이 있는 곳에는 어떠한 곳이든지 익사사고가 발생할 수 있다. 익수사고 통계에 의하면 하천, 강변, 우물, 저수지, 수체구 그리고 심지어는 잠깐 고인 물에서도 익사사고가 발생하고 있으며 익사자의 약50%에 해당하는 사람들이 수영 미숙으로 인해서 사망하고 있는 것이다. 이 같은 사실에 비추어 볼 때, 익사자의 대부분이 수영불능자이거나 초보자이기 때문에 자기 자신을 보호할 수 있는 충분한 수영능력은 모든 사람에게 필요하다.

또한, 감시와 보호를 받지 않는 하천이나 강에서 익사사고의 약90%가 발생하고 있어서 보다 많은 교육과 계몽이 필요하며, 특히, 어린아이들이 수영하는 경우는 언제나 수영자를 감시하는 보호자가 있어야 한다.

익수사고의 발생 원인을 살펴보면 다음과 같다.

① 헤엄칠 줄 모르는 자가 익수하는 경우

자기 키 이상의 물에 모험삼아 들어간다던가 물속의 깊은 곳에 발이 빠진다던가, 물살이나 물결로 인하여 몸의 균형을 잃고 쓰러진 뒤에 다시 발을 디딜 수 없게 되었다던가, 혹은 피로, 허약, 심장마비, 뇌빈혈 등의 원인으로 말미암아 익수하게 된다. 특히 바다에서 파도에 휩쓸려 사고를 일으키는 수가 자주 있다.

② 초보자급(약간 헤엄칠 줄 아는 자)이 일으키는 익수원인으로 자기 능력을 과신한 나머지 깊은 쪽으로 헤엄쳐 나가 피로, 경련, 공포증을 일으켜 익수하는 일이 많다.

③ 수영에 능숙한 자가 익수하는 경우

그렇게 흔하게 있는 일은 아니나 그래도 때때로 일어난다. 그 주원인을 보면 판단의 잘못, 과로나 경련, 위경련, 뇌빈혈, 뇌일혈 등과 같은 일시적으로 운동의 자유를 잃게 하는 질병 또는 충격, 이외에 얕은 곳에서 다이빙을 하여 머리를 밑바닥에 부딪친다든지, 높은 곳에서 다이빙을 잘못하여 배나 등 쪽으로 떨어진다든지 할 경우이다.

④ 헤엄칠 줄 모르는 자가 작은 배나 보트를 타다가 전복되는 사고를 일으키는 경우

만약, 옷 입은 채로 배가 전복되어 물에 빠졌을 경우에 수상에서 신발, 하의, 상의 순으로 탈의로 몸의 자유로움을 확보해야만 한다.

2. 익수자의 상태

헤엄치다 물에 빠진 사람들의 상태를 보면 대개 다음과 같다

① 심장마비, 허약증이나 어떤 충격으로 의식을 잃거나 손발이 마비되었을 때 또는 격렬한 위경련 등일 때는 구조를 요청할 틈도 없이 간단히 물속으로 들어가 버린다.

② 과로했거나 패닉(극도의 공포현상)등으로 익수 직전에 있는 사람은 보통 몇 분동안 물위에 떠 허우적거리고 있기 때문에 물에 빠졌다는 것을 곧 알 수 있다. 그리고 물위에 떠 있다 해도 본인의 체력에 따라 격렬하게 또는 약하게 허우적거리는 정도가 다르다. 이러다가 마침내는 떠올랐다가 내려갔다 하다가 위 속에 물이 차고 폐 내의 공기가 없어지면 수면 아래로 가라앉아 밑바닥으로 내려가기 시작한다.

③ 일반적으로 믿고 있는 사실 중에 “익사하는 사람은 물속으로 내려가기 전에 두 번 올랐다가 세 번째 내려가면 그것이 마지막이다”라는 것이 있지만 꼭 그렇게 되는 것은 아니고 그때의 익수자의 상태에 따라 다르며, 수면으로 띄울만한 폐의 공기가 없어져버리면 수면 아래로 가라앉아 밑바닥으로 내려가기 시작한다.

그 반면 그가 내려갈 때마다 폐 내에 약간의 공기나마 보유하고 있고 손발을 유효하게 쓸 수만 있다면 그가 수면에 나타날 수 있는 기회는 있을 수 있다.

④ 익수자는 폐로부터 공기가 나가고 손발의 효과적인 운동이 끊어지고 몸의 비중이 물의 비중보다 무겁게 될 때 아래로 내려가기 시작한다. 신체가 내려가는 속도는 그 비중에 정확히 비례하며, 흐르는 물속이라면 신체는 비스듬히 내려간다. 내려감에 따라 흉곽에 수압이 가해지면 폐와 기도 내의 공기는 엷은 거품의 줄기가 되어 코로부터 나오게 된다. 처음

〈표 8-1〉 고통받거나 익사하는 경우와 일반적인 수영 행동의 비교

행위	수상활동자	지친수상활동자	의식있는 구조대상자	의식없는 구조대상자
			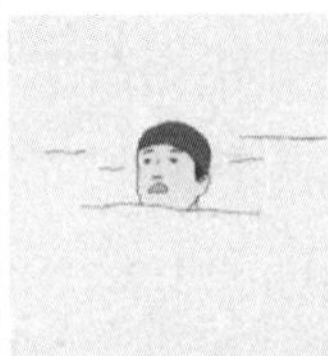	
숨쉬기	규칙적	숨을 쉬며 도움요청	숨을 쉬려고 노력함 도움요청이 불가능함	호흡중단
팔, 다리동작	적절한 조화	입영을 하며 손을 흔듬	팔로 물을 누름 다리 동작이 없음	무동작
몸의 자세	수평	상황에 따라 변함	수직	등을 위로 하여 떠있거나 가라 앉음
이동자세	현격한 전진	약간의 전진 점차 미약해짐	없음, 20~60초내에 물속으로 들어감	없음

인후는 경련으로 닫쳐 있지만 마지막에는 그것이 풀리고 남아 있는 공기가 한 번 크게 거품으로 나온다. 가라앉은 직후이면 이 두가지 현상은 익사자가 가라앉아 있는 위치를 알려주는 표시가 된다. 흐르는 물에서는 거품은 비스듬히 올라온다.

일반적으로 「깊은 곳에서는 익수자는 아주 가라앉지 않고 중간에 떠있다」고 말하고 있지만 결코 그런 것은 아니며, 얕은 곳이던 깊은 곳이던 간에 익수자의 비중이 물의 비중보다 크면 결국 몸은 물 바닥에 가라앉고 마는 것이다. 중간에 떠 있다고 하면 그곳에서 비중의 평형이 잡혀졌다는 것을 의미한다. 물 바닥에서는 몸은 엎드리거나 누운 자세로 되어 있다.

⑤ 위경련으로 익수한 자는 두 무릎을 턱까지 당겨 옆으로 누운 자세로 있는 예가 많다. 또 익수자가 수중에 내려간 직후 곧게 혹은 비스듬히 서 있는 것을 발견할 수 있는데 이것은 수중에 내려간 직후이기 때문이며 언제까지나 이 모양으로 있지 않는다.

⑥ 몸이 밑바닥에 닿으면 흐름이 없는 곳에서는 대개 수 시간 그곳에 머물러 있게 될 것이다. 본인의 비중이 무거울 동안은 흐름이나 물살 때문에 물 바닥의 이리 저리를 이동할 것이며 또 용솟음치는 세찬 물결로 때로는 수면으로 나타날 수도 있지만 비중이 무거울 동안은 즉시 가라앉고 만다. 얼마 안 있어 몸이 부패하고 체내에 가스가 차고 비중이 가벼워지면 익사체는 수면에 뜨게 된다. 물속에 잠겨 몇 시간쯤 되어서 뜨는가는 이 가스 발생이 언제냐에 따라 다르다. 가스발생은 본인이 공복이냐, 만복이냐 또 체질이 어떠냐가 관계되므로 일괄적으로 몇 시간만에 뜬다고 결정적인 말은 할 수 없다.

⑦ 헤엄칠 수 없는 자가 물에 빠져 있는 곳을 보면 물가가 바로 깊어서 설 수 없는 곳이며, 대개 물가에서 2m 이내의 물바닥에 가라앉아 있고 헤엄칠 수 있는 자가 물에 빠지는 것은 물가에서 50m 이내의 곳이

많고 보트 등의 사고는 위 지역 바깥쪽에서 일어난다.

3. 익수자 구조법

물에 빠져들고 있는 사람을 발견했을 때 감정에 사로잡혀 준비 없이 뛰어드는 것은 위험할 뿐만 아니라 또 다른 희생자를 내는 결과를 가지고 올 수 있기 때문에 누구든지 자기에게 구조하는 능력이 있는가, 어떤 방법으로 구조할 것인가를 순간적으로 생각하고 적절한 구조 방법을 결정하여 구조에 임해야 한다.

익수자의 약 반수는 물가의 2m 이내에서 익사하고 있는데, 헤엄칠 수 없는 사람이 물에 빠지면 그곳에서 곧 익수하기 때문에 물가에서 약간만 팔을 뻗치면 그 사람을 구조를 할 수 있는 것이다.

헤엄쳐야 할 경우에는 충분한 구조법의 지식이 없으면 구조자 자신이 위험에 빠지는 일이 있기 때문에 주의하지 않으면 안된다. 가령 구조법을 충분히 알고 있는 사람일지라도 헤엄쳐 구조하는 것은 최후의 수단이며 달리 방법이 있으면 그 방법에 따라야 한다는 것이 익수자 구조의 철칙임을 명심해야 한다.

익수자를 구조하는 요령은 다음 상황과 같이 구조자와 익수자와의 거리에 따라 구조방법은 달라진다.

- 수영을 하지 않고 구조하는 방법

손이 닿는 위치에 조난자가 있을 경우 옆 사람을 붙잡는 것을 피하고 언제나 물가의 단단한 물체를 잡고 뻗은 팔로 조난자의 팔목을 움켜잡고 천천히 잡아당긴다.

- 손이 미치지 않는 곳에 조난자가 있을 때

셔츠, 수건, 나뭇가지와 같은 물건들을 사용하여 팔을 뻗어 미치는 거리를 연장시켜서 조난자가 물건의 한쪽 끝을 붙잡게 하여 천천히 안전지대로 끌어들인다. 좀 더 먼 거리에 익수자가 있을 때는 낚시대나 장대와 같은 길다란 물건을 이용하며, 이때 조난자가 구조자를 물속에 끌어들이지 않게 조심해야 한다.

- 조난자가 먼 곳에 있을 경우

밧줄, 링부이, 타이어튜브, 혹은 무엇이건 뜨는 물건을 조난자에게 부딪히지 않게 던질 던져준다. 물건을 던져줄 수 없을 만큼 먼 거리에 조난자가 있을 경우에는 보트, 배를 이용하여 조난자에게 가까이 가서 붙잡을 물건을 내민다.

1) 구조방법

(1) 다른 사람을 부른다.

익수자를 발견하면 우선 큰 소리로 근처 사람을 부르는 것이다. 이것은 만인에게 가능한 구조법이라고 하겠다. 2~3세의 유아가 성인에게 알려서 하천에 떨어진 어린이를 구한 예가 있다.

(2) 맨손으로

물에 빠지는 자의 대부분은 헤엄을 치지 못하거나 초보자들이다. 그와 같은 자가 안변에서 멀리 떨어져서 빠진다고는 생각되지 않는다. 즉 안변 가까이 에서 빠지는 자가 많다는 것이다.

- 물가에 엎드려서

물가에 엎드려서 손을 내민다. 팔을 뻗쳐 구조할 경우 무턱대고 하면 익수자에 딸려 들어가 수중에 빠져 위험을 당할 수가 있으므로 "직각으로 엎드려 균형을 잡고 한손은 바닥을 눌러 딸려 가지 않게 한 다음 자기 몸이 익수자의 몸과 직각이 되게 한다." 보조자가 있으면 구조자의 다리를 눌러주면 좋다.

- 수중에서 물건을 매달려서

물에 박힌 나무의 가지, 말뚝, 풀의 단벽 등에 한 손으로 매달려서 한 손을 내민다.

- 수중에서

수저 같은 상황인 경우 또는 익수장에 대하여 옆으로 향하고 다리를 벌리며 충분히 힘을 준 뒤 한 손을 내민다. 보조자가 있으면 안변으로부터 익수자쪽으로 횡일열로 손을 마주잡고 연결하여 선단에 있는 자가 익수자를 붙잡도록 한다. 손을 잡을 때는 손목을 서로 쥐도록 하면 손은 떨어지지 않는다.

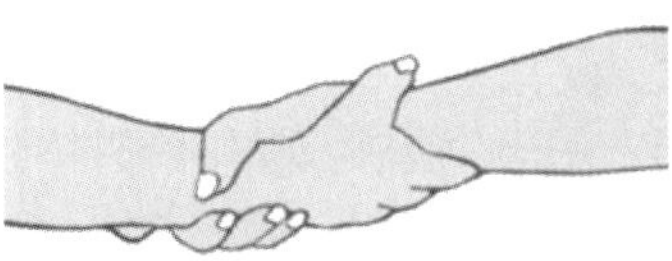

(3) 보트 사용

보트와 같은 작은 배는 우수한 구조용구이다. 익수자에게 접근하거나 안변으로 운반하는데 스피드가 있고 필요하면 배안에서 인공호흡도 할 수가 있다. 구조자의 안전은 최고로 확보된다. 그러므로 풀 이외의 수영장에서는 어떻게 하든지 상비하여야 한다. 또한 수영지도자는 보트 조종법을 배워 둘 필요가 있다.

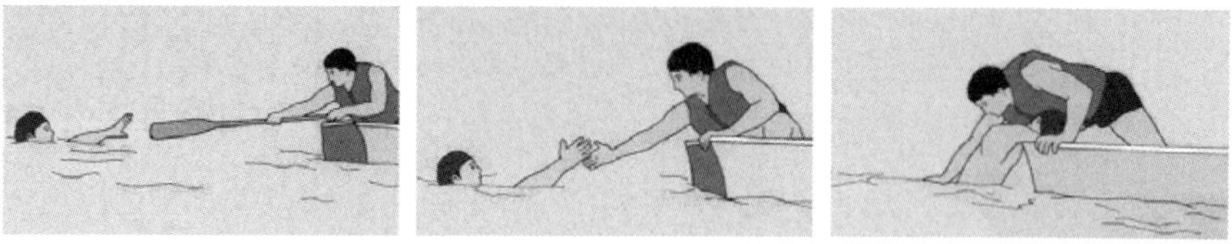

(4) 구명구 사용

구명구는 첫째, 장대와 같은 것을 내밀어서 잡게 하는 것, 둘째 던지는 부위와 같은 것을 던져줘서 잡게 하는 것, 셋째, 구명의나 어류형 부위와 같은 것을 붙잡고 뜨게 하는 것, 넷째, 구명동의와 같이 구조자가 몸에 붙이고 자신을 뜨게 하는 것 등이 있다.

수영장에서는 정규의 구명구를 상비하여 두는 것이 좋으나 신변 가까이에 있는 물건에 조금 손질함으로써 부환 역할을 할 수 있는 구명구를 비치할 수 있다.

- 윤이 달린 장대

나무 장죽 끝에 직경 20~30센티미터의 윤을 붙인다. 윤 부분에는 헝겊으로 감고 굵기로 해두는 것이 좋다. 내밀면서 윤에 매달리도록 한다.

- 던지는 부이 등

던지는 부륜은 소형의 구명부륜에 로프를 결부시킨 것을 우선 익수자를 향하여 한 발을 내딛고 서서 로프 끝을 한 발로 밟고 로프를 윤으로

하여(크기는 고르게 하지 않는 것이 좋다) 그 3분의 1을 왼쪽 손에 나머지 3분의 2를 부이와 함께 오른쪽 손에 쥔다.

그 다음에 부이와 3분의 2의 로프를 던져(부이는 익수자의 1미터정도 저편에 달하도록)로프나 부이를 잡게 하고 서서히 잡아당긴다.

터치볼용 볼과 같은 것도 이와 동일하게 사용할 수 있다. 단 볼로부터 1미터 정도 떨어진 곳을 잡고 빙빙 돌리다가 던지는 것이 다르다.

- 어뢰형 부이 등

어뢰형 부이는 어전형 부이의 일단에 윤형으로 한 로프를 붙이고 끝에 긴 로프를 붙인다.

구조자는 윤형 로프에 한쪽 어깨를 끼고 헤엄치며, 익수자의 주변로프에 매달리게 하고 구조자도 익수자의 배후로 붙어 로프로 잡고 지상의 사람들에게 신호를 보내어 로프를 끌게 한다.

물론 이용의 고무나 비닐의 부륜을 상기의 부이의 대체할 수 있다. 또는 익수자에게 로프를 붙이지 않고 구조자가 헤엄치면서 끌어도 좋다.

- 구명동의

구명동의는 구조자의 피로를 경감시키기 위하여 사용하는데 동의 부력으로는 익수자가 구조자에게 꼭 매달리게도 할 수 있다. 채부는 원래 수영지도를 위한 용구인데 허리에 감거나 어깨로부터 반대쪽 허리에 걸고 구명동의로 대용한다.

(5) 근처 물건을 사용

구명구처럼 유효하지는 않으나 이에 준하여 활용되는 것은 생각만 해보면 얼마든지 주변에 있다.

- 장대

손을 내밀었는데 10센티미터 부족할 때 불과 30센티미터의 장대가 생명을 좌우한다. 이러한 종류에는 낚시대, 나무막대기, 선판, 자, 어류뜨게, 단죽 등과 같은 것이 있다.

- 로프

로프를 꼬아 던지는 점에서는 불만족하나 물건에 따라서는 멀리 갈 수 있다는 점에서 로프는 장대보다 유효하다. 이런 것에는 끈이나 밧줄, 띠밴드, 의복(상의는 한쪽 소매의 끝을 쥐고 다른 쪽 소매에 매달리게 한다. 바지도 동일하다), 손수건이나 타월과 같은 것들이 있다. 띠나 수건 등에 세로로 등분하면 2~3배의 길이가 된다. 끈이나 밧줄 등의 끝에 돌이나 나무 조각을 달면 목표도 좋아지고 멀리까지 도달할 수 있으며, 그런 것이 없을 때에는 밧줄이나 끈 끝에 매듭을 만든다.

- 부이

아무리 근소한 부력이라도 활용해야 한다. 이 종류에는 물놀이 부륜, 볼(망에 든 채로, 그렇지 않으면 쥘 때가 없다), 장대(대나무는 부력이 크다), 배의 선판, 보스턴 백(자크를 잠그고 하향으로 한다), 비닐책포 등과 같은 것이 있다.

4. 접근 및 운반방법

(1) 익수자에게 접근하는 방법

익수자가 가사이전의 경우에는 구조자는 익수자에게 잡히기 쉬우므로 후방으로부터 접근하거나 잠수로 접근하며 부득이한 경우에 한하여 정면으로부터 접근하는 것을 원칙으로 한다. 가사이후의 경우에는 상기와 같은 우려가 없으므로 여하한 방법으로 접근해도 좋다. 될 수 있는 한 빨리 접근해야 한다. 단 접근한 뒤에 운반한다는 큰 일이 있으므로 불필요한 피치를 올려서 과도한 에너지 소모는 피하도록 유의해야 한다.

익수자에게 접근하면 일시 정지하여 입영을 하면서 익수자의 배후로부터 한쪽 손을 걸고 2~3회를 횡영긁기로 긁으며 헤엄친다. 턱에 손을 걸었을 때에 목에 건 팔의 전완부의 가운데쯤이 익수자의 어깨에 꼭 붙도록 팔꿈치를 꾸부린다.

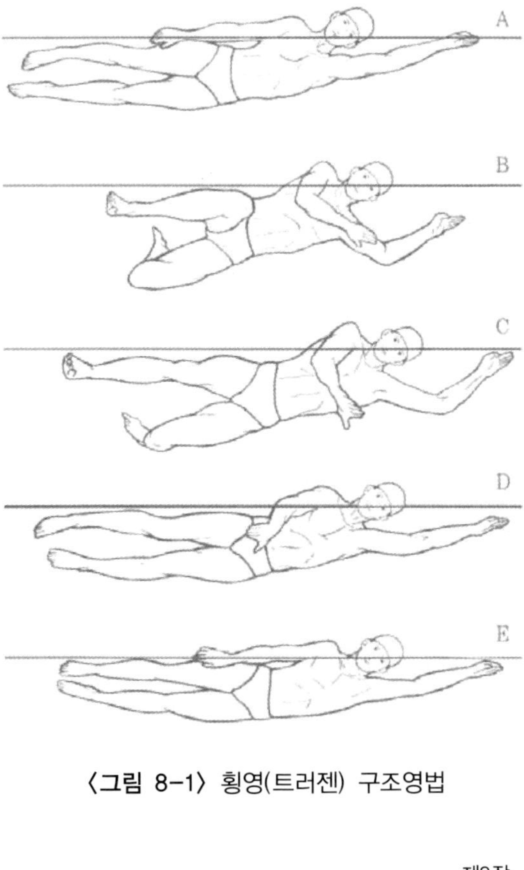

〈그림 8-1〉 횡영(트러젠) 구조영법

(2) 수중에서의 운반법

헤엄치며 익수자를 운반하는 데는 세 가지 방법이 있다. 이와 같은 것은 모두 접근 방법의 촉발에 계속되는 것이다. 그리고 여기에서도 편의상 왼손을 턱에 건 것으로 한다.

- 머리카락을 붙잡고

물을 긁는 오른손으로 익수자의 머리카락을 잡는다. 될 수 있는 한 손가락을 벌리고 익수자의 후두부로 전두부까지 손바닥을 머리에 문질러 대듯이 가져가고 손을 좀 놓는 것 같이 하여 머리카락의 모근을 꼭 잡는다.

턱에 건 왼손을 떼고 그 손으로 물을 긁으며, 좌하의 횡영자세가 된다. 만약 좌하횡영이 서투를 때에는 처음에 턱에 걸고 있는 왼손을 오른손으로 바꾸어 하면 좋다.

- 두부를 가지고

물을 긁고 있는 오른손은 익수자의 얼굴 좌측에 대고 턱에 걸고 있던 왼손을 얼굴 좌측에 대며 양손을 붙잡는다. 익수자의 양 눈을 구조자의 양손을 가리고 엄지가락을 눈썹 위에 가운데 손가락을 턱에 댄다. 구조자도 익수자와 같이 배유자세로 된다. 양팔을 뻗치고 가위다리 또는 각유자세의 개구리 다리를 사용하여 다리만으로 헤엄친다.

- 가슴을 안고

가. 물을 긁고 있던 좌완을 익수자의 오른쪽 어깨로부터 왼쪽 겨드랑이 밑으로 돌려서 가슴을 껴안는다. 구조자의 오른쪽 겨드랑이 밑에 익수자의 바른쪽 허리에 올려놓도록 한다.

나. 턱에 걸고 있던 왼손을 떼고 물을 긁으며 왼쪽을 밑으로 한 횡영이 된다. 만약 좌횡영이 서투르면 처음에 턱에 걸고 있던 죄수를 떼고 그대로 익수자의 왼쪽 어깨로부터 오른쪽 겨드랑이 밑으로 집어넣고 가슴을 껴안고 오른쪽을 밑으로 한 횡영으로 한다.

(3) 운반 방법

의식을 잃은 사람을 운반하는 것 같이 간단하지는 않다. 체중의 사람을 혼자 나른다는 것은 큰일이다. 여기에서는 그와 같은 최악의 조건하에서 하는 방법을 기술한다.

- 육지로 끌어올릴 때

가. 배꼽 정도 깊이의 물에서 익수자를 반듯이 눕게 한다.

나. 구조자는 익수자의 양손목을 쥐고 서서히 후퇴하면서 잠수하여(잡고 있는 손을 놓지 않으면 익수자는 수상에서 회전하여 엎어지게 된다.) 구조자의 등을 익수자의 가슴에 엎고 잠수한 뒤의 동작은 될 수 있는 한 재빨리 해야 한다.

다. 육지로 운반한다. 그 동안 필요하면 누르고 있는 한쪽 손(익수자)의 손목으로부터 먼 쪽 손을 떼도 좋다.

라. 다음에 육지에 내려놓는다. 우선 구조자는 약간 앞으로 숙인 자세로 등에 업은 익수자를 조금 추켜올리며 계속하여 한손씩 손을 놓는 뒤로 도려서 익수자의 무릎 밑에 집어넣어 손목을 쥔다. 그리고 이 형은 내려놓은 지점뿐 아니라 긴 거리를 운반할 때도 좋다.

마. 구조자는 익수자를 엎은 자세로 한쪽 무릎씩 땅에 대고 무릎을 꿇고 앉는다.

바. 한 손씩 무릎 밑으로부터 손을 빼고 다시 손목을 잡는다.

사. 팔의 힘을 배면 익수자의 엉덩이는 땅에 닿는다.

아. 왼손(오른손도 좋지만은 그 경우 이하에 표시하는 좌우는 바꾸어진다.)을 놓고 익수자의 오른손을 잡고 있는 손을 바꾸어 쥔다.

자. 구조자는 몸을 돌려서 익수자와 마주 본다.

차. 구조자는 오른발을 익수자의 좌측에 내딛고 오른손으로 익수자의 두부를 떠받치며 가만히 눕힌다.

- 보트에 끌어올릴 때

방법은 전술한 육지로 끌어올릴 때의 경우와 동일하나 보트는 불안정하므로 다음과 같은 주의가 필요하다.

가. 배의 앞뒤에서 끌어올린다.

나. 구조자는 될 수 있는 한 자세로 얕게 하는 것 이외에 보트의 안정을 유지하며 행한다.

다. 구조를 위하여 입영할 때는 배의 바닥을 차고 뛰어들면 보트가 이동하여 그만큼 헤엄치며 운반하는 거리가 멀어질 수 있음을 알아야 한다. 보트의 구조에 따라서는 끌어올린 익수자를 엎드려 놓지 못하는 곳도 있을 것이다. 그 경우에는 익수자의 손목을 잡을 때 교차되도록 오른손으로 바른쪽 손목을 잡는다. 익수자를 끌어올렸을 때 익수자는 반회전하여 뒤로 향하게 된다.

5. 구조시 주의사항

(1) 사람이 물가에서 2～3m 정도의 거리에 헤엄쳐 가서 빠져 있을 때는 그 익수자의 등 뒤로 헤엄쳐가서 팔을 뻗쳐 그 머리털이나 옷깃을 잡아 팔을 충분히 뻗친 채 그대로 끌고 나온다. 구조자가 여력이 없을 경우 익수자를 헤엄치면서 끌어 보아도 잘 나가지 않는 법이다.

이런 때에는 부득이 익수자를 놓고 즉시 물가로 헤엄쳐 돌아와야 한다. 무리하게 끌고 가려하면 힘이 빠진다던지, 익수자에게 붙잡히게 되어 오히려 자기가 익수하게 되는 위험을 당하게 된다.

이것이 한 사람의 희생으로 끝날 것이 두 명의 희생을 낳는 원인이 되는 것이다.

머리털이나 옷깃을 끌 때는 충분히 팔꿈치를 뻗쳐 헤엄쳐야 한다. 팔꿈치를 굽히면 익수자를 수중에서 팔에 매달아 드리우는 결과가 되어 헤엄치기가 어렵고 또 익수자의 몸이 반전하기 쉬어 붙잡히게 될 위험마저 있는 것이다.

(2) 헤엄에 자신이 있어도 구조법을 모르는 사람은 먼 곳에 빠져 있는 사람을 구조하려고 할 때는 반드시 판자, 장대, 막대 등을 가지고 가서 한쪽 끝을 내밀어 익수자로 하여금 잡게 하여 끌고 나와야 한다. 혹은 상의나 셔츠, 부륜 등도 이용될 수 있으며 언제나 익수자에게 직접 접촉하지 않도록 주의해야 한다.

익수자는 자기가 죽기 때문에 거의 미친 사람 같이 되어 무엇이던지 손에 붙잡히기만 하면 반드시 그것을 꼭 잡고 놓지 않으려고 하며 또 그것을 눌러 위로 올라가려고 하면서 허우적대는 것이다. 이것은 숨쉬기가 어려우므로 자연히 그렇게 하는 것이기 때문에 붙잡혔으면 익수자를 수중으로 끌고 들어가야 한다. 이렇게 하면 익수자는 반드시 붙잡은 손을 놓는 법이다.

가령 익수자 구조법에 익숙하고 헤엄도 잘치는 사람일지라도 30m 이상이나 익수자를 껴안는다든지 끌면서 헤엄친다는 것은 여간 어려운 일이 아니다. 경험이 없는 사람 중에는 「뭐 30m 정도」라고 생각할지 모르나 익수자를 구조한다는 것은 실제로 곤란하며 위험한 일이다. 이것을 모르기 때문에 매년 헤엄을 잘치는 많은 사람이 구조에 나가 익사하고 있는 것이다.

6. 수상안전 수칙

수상안전을 위해서는 먼저, 위험상황이 발생했을 때 절대 당황하지 않는 것이 중요하고, 신중히 생각하고 대처하고 최소한의 힘을 사용함으로써 에너지의 소모를 줄여야 한다.

(1) 수상안전을 위한 일반적인 지침은 다음과 같다.

- 결코 혼자서 수영하지 말 것이며, 자기를 도와줄 능력을 가진 사람과 함께 수영할 것
- 자신의 능력 한도 내에서 수영할 것
- 정해진 규칙을 준수할 것
- 어린이는 보호자의 감시 하에 수영하게 할 것
- 음주 후 수영은 금한다.
- 인명 구조원에 의하여 감시되는 지역에서만 수영할 것
- 부유물(공기매트, 튜브)에 의지하여 깊은 곳에 가지 말 것
- 구명조끼를 착용하고 수상 스포츠(제트스키, 모터보트 등)를 실시할 것

(2) 위험시 행동요령

- 경련(쥐)

수중에서의 경련은 손가락, 발가락, 팔 혹은 다리에서 일어나며 피로와 과도한 운동 때문에 일어난다. 수영자가 당황하지 않으면 위험하지 않으므로 영법을 변경하거나 문지르거나 주무르면 좋다. 가장 중요한 것은 근육을 펴주는 것이다.

- 조류

수영자가 조류에 휩쓸렸을 때는 조류를 거슬러 뚫고 나오거나 조류와 싸워 이겨내려고 시도해서는 안되며, 조류를 대각선으로 가로질러서 수

영한다.

- 잡초, 수초

몸부림치거나 빨리 동작을 하려고 해서는 안되며, 조심스럽게 천천히 동작을 하여 더 복잡하게 얽히는 것을 피해야 한다.

- 위경련

식사직후 과격한 운동을 하는 것이 대부분으로 식사 후에는 충분한 휴식과 소화 후에 물에 들어간다.

- 수중에서 옷 벗기

먼저, 숨을 힘껏 들여 마신 다음 해파리 뜨기 자세에서 바지와 상의를 차례로 벗는다. 물이 지나치게 차갑거나 안전지대가 가까울 경우는 옷을 벗지 않아도 된다.

- 옷을 이용하여 뜨는 법

올이 가늘고 성글게 짜여진 옷감으로 만들어진 의복, 셔츠, 바지 등은 물에 젖었을 때 공기를 채워 넣을 수 있다. 먼저, 셔츠의 목 쪽에 공기가 새지 않게 조인다음, 숨을 크게 들이키고 둘째와 셋째 단추사이로 공기를 불어넣으면 셔츠의 등 쪽에 물거품 모양이 형성되어 뜰 수 있다.

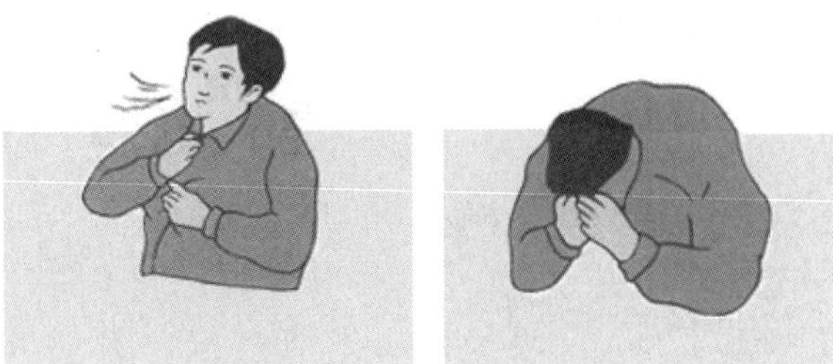

- 물에 떠있기

최소한의 노력으로 장시간 떠있게 하는 기술로 공기를 들여 마신 후 호흡을 멈추고 팔과 다리 힘을 풀고 자연스럽게 늘어뜨리고 뒷머리가 수면에 뜨게 얼굴을 숙이고 뜬 채 입이 약간 수면위로 올라올 정도만 머리를 들어 동시에 입과 코로 호흡한다. 팔과 다리 동작에 너무 힘을 주거나 턱이 수면 위에 올라오게까지 해서는 안되며, 다시 휴식자세로 환원한다.

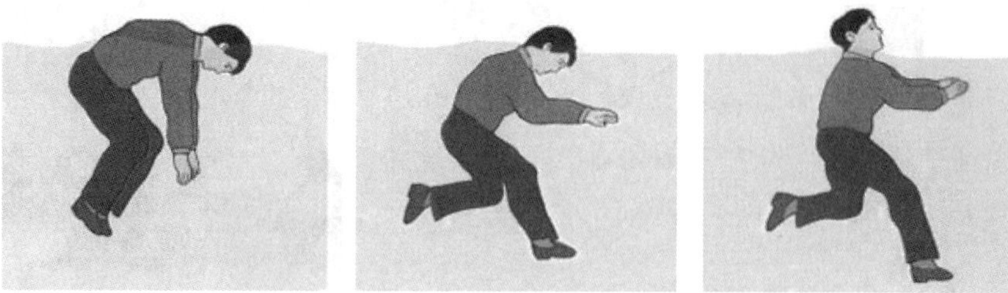

제9장
응급처치

1. 응급처치의 개요
2. 구조호흡
3. 심폐소생술
4. 출혈과 각종 상처의 처치
5. 골절 처치
6. 환자 운반법

1. 응급처치의 개요

스포츠에 참가하는 사람들은 빈번한 신체접촉과 다양한 장비를 이용하여 활동이 전개되는 만큼 사고의 발생 가능성이 높기 때문에 지도자들은 참가자가 활동중에 부상을 입었을 때 적절한 조치를 취할 수 있는 능력이 있어야 한다. 특히 운동중에 충돌이나 타격에 의하여 일시적으로 호흡이 정지하거나 심장이 멈추었을 때 신속한 조치가 이루어지지 않으면 참가자가 생명을 잃게 되는 경우가 발생할 수도 있다. 참가자의 생명은 지도자의 구조능력과 응급처치 요령에 의해 좌우될 수 있으므로 참가자의 부상에 대한 정확한 판단을 내려 적절하고 유효한 처치를 하는 것이 중요하다. 따라서 안전관리의 실제적인 측면에서 응급처치에 대한 지식은 누구나 기본적으로 알고 있어야 하며, 특히, 생활체육 지도자는 평소 응급처치에 대한 이론과 기능을 잘 이해하고 익혀두어 응급상황에서 당황하지 말고 침착하게 행동할 수 있어야 한다.

1) 응급처치의 일반적인 원칙

우리가 위급상황에 처하면 무엇을 해야 하는지 누구에게 전화를 해야 하고 무슨 처치를 해야 하는지 알아야 한다. 일반적으로 상해를 입거나 급병이 생겼을 때 의사의 치료를 받기까지의 즉각적이고 잠정적인 조치를 응급처치라고 한다. 특히 응급의료기관에 전화하는 것은 응급상황에 직면해 있을 때해야 하는 가장 중요한 일이다. 응급의료요원이 빨리 도착하면 할수록 생명을 위협하는 위급상황에서 생존할 수 있는 가능성이 더 높아지기 때문이다. 응급상황에서의 행동요령은 다음과 같다.

(1) 위급상황의 인지

위급상황에 언제 어디서나 또 누구에게나 발생할 수 있다. 도움을 주기 전에 처치자는 발생한 위급상황이 어떠한 상태인지를 먼저 인지해야 한다.

(2) 행동결정

위급상황이 발생했다는 것을 인지하였다면 도움을 요청할 것인지 어떻게 도울 것인지 결정해야 한다. 발생한 상황이 위급하다고 하더라도 주변 사람들을 의식하거나 부상과 질병, 그리고 법적 책임에 대한 두려움 때문에 사람들이 응급처치에 임하지 못하게 된다. 만약 여러 사람들이 주위에 있어도 도와주지 않는다면 어떻게 도와줘야 하는지 말하고 119나 응급의료기관에 전화하도록 요청한다. 구급차의 도착을 기다렸다가 사고 장소로 안내하고 주위 사람들을 안전한 장소로 대피시키고 교통정리를 하도록 하며 또 처치하는 것을 도와주도록 요구하고 담요나 다른 응급처치용품을 가져오도록 한다.

(3) 응급처치에 다른 전염예방

대부분의 위급상황은 언제 어느 곳에서 발생하며 부상자나 환자의 상태를 모르고 처치할 수밖에 없기에 처치자는 항상 위험에 노출되어 있다. 부상을 당했거나 갑작스럽게 질병에 걸린 사람들은 이상하게 행동하거나 다루기 힘들지도 모른다. 부상과 질병으로 인한 피, 구토물, 냄새, 상처부위는 때때로 처치하기 어렵거나 처치자를 불쾌하게 만든다. 많은 사람들은 응급처치 하는 동안 질병에 전염될 가능성에 대하여 걱정하고 있지만 질병에 전염될 실제적인 위험은 훨씬 적다. 그렇지만 처치자가 상처를 입었거나 종기가 있다면 부상자의 분비물이 상처에 직접 접촉되어 질병을 옮길 가능성이 있다.

응급처치하는 동안에는 환자의 분비물과 직접적인 접촉을 피하고, 피가 흐르는 상처를 치료할 때는 소독장갑과 같은 보호장비를 사용한다. 응급처치할 때 눈, 코, 입을 만지지 말고, 먹거나 마시지 않아야 하며, 피로 더렵혀진 물건을 직접 만지지 않는다. 가까운 곳에 구급상자를 준비하고 보호장비와 물품을 보관한다. 부상자의 상처 처치후에는 비록 장갑을 기었다고 할지라도 가능한 한 비누와 흐르는 따뜻한 물로 손을 깨끗하게 씻어야 한다.

2) 위급상황시 행동요령

위급상황에서는 상황과 부상자를 확인하고, 119나 응급의료기관에 연락한 다음, 부상자를 돌보는 기본적인 단계에 따라 행동하면 된다.

(1) 현장조사(check)

부상자를 돕기 전에 그 상황이 처치자와 다른 주위 사람들에게 안전한가 확인해야 한다. 다음의 상황을 잘 관찰하고 파악하면 위급상황에 대한 정보를 얻을 수 있다.

- 현장은 안전한가?
- 무슨 일이 일어났는가?
- 얼마나 많은 사람들이 다쳤나?
- 도움을 받을 수 있는 사람이 있는가?

(2) 응급의료기관에 연락(call)

의식이 없고 생명을 위협하는 상황에 있는 환자를 위해 가장 중요한 것은 119나 응급의료기관에 전화하는 것이다. 가능하면 주위사람에게 전화해 달라고 요청하고 환자에게 가야하며, 주변에 도와줄 사람이 없다면 119나 응급의료기관에 먼저 전화한 후 처치해야 한다.

119나 응급의료기관의 전화상담원이 물어보는 질문에 침착하게 답변하여 처치에 필요한 정보를 제공한다. 상담원은 응급상황이 발생한 장소와 주소, 전화 거는 사람의 이름 및 연락처, 사고의 내용 및 시간, 부상자의 수 또는 사고의 규모, 부상자의 상태, 그리고 처치한 내용 등을 질문할 것이다. 상담원이 환자를 처치하는 방법을 이야기해 줄 수도 있으므로 상담원이 전화를 끊을 때까지 먼저 끊지 않도록 하며, 통화가 끝나면 돌아와서 환자의 처치를 계속한다.

(3) 처치 및 도움(care)

어떤 위급한 상황에 대처할 때 자신과 다른 사람의 안전에 신경을 쓰고, 환자와 그 상황을 확인해서 위급 시 행동단계에 따라 행동해야 한다. 처치원은 먼저 무의식 상태와 같은 생명이 위험한 상황인지 확인해서 생명이 위급하지 않은 상황보다 항상 생명에 위협을 느끼는 위급상황을 먼저 처치한다. 응급의료요원이 도착하기를 기다리는 동안에 환자의 숨소리와 의식에 어떤 변화가 있는지 살피고, 환자가 편안하게 쉬도록 도와준다. 환자의 몸이 너무 차가워지거나 흥분하지 않도록 하며 환자를 안심시킨다.

만약 환자가 의식이 있고 말을 할 수 있으며, 숨을 쉬고, 움직일 수 있다면 처치원 자신을 소개하고, 도움을 주기 위해 환자에게 동의를 얻는다. 무슨 일이 발생했는지 또는 어느 부위가 아픈지 어느 곳이 심하고 고통스럽고 불편한가를 물어보고 간단하게 설명한다.

부상당한 아픈 사람을 응급처치하기 전에, 내가 누구인지, 얼마나 많은 훈련을 받았는지, 어떻게 도울 것인지를 환자에게 말하고 환자의 허락을 받아야 하며 처치를 거부하는 환자는 처치하지 않는다. 만약 환자가 유아 또는 어린이라면 부모나 보호자로부터 처치를 허락받아야 한다. 의식이 없거나 반응을 할 수 없는 환자로 생명이 위험한 상황이고 부모나 보호자가 없다면 허락은 묵시적 동의일 수밖에 없다.

3) 환자의 상태조사

건강할 때는 체온, 호흡, 맥박이 항상 일정하지만 신체기능에 조금이라도 이상이 생기면 정상치가 변화하므로 응급상황이나 질병이 발생했을 때 체온, 맥박, 호흡을 측정·관찰하면 신체의 이상상태를 잘 알 수 있다.

환자가 의식이 있어 대답할 수 있으면 환자가 가장 편안하다고 하는 자세로 눕힌 다음 상태를 직접 물어본다. 의식이 없는 환자의 경우에는 먼저 기도를 열고 편안한 자세로 바로 눕힌 다음 호흡, 맥박, 체온 기타 외모에 나타난 증상으로 부상이나 병의 원인을 세밀히 조사한다.

상처부위를 높이도록 하는 것이 일반적이며, 부상자의 뇌와 심장의 혈액 순환이 원활하도록 자세를 취해준다. 또 토하는 환자는 위속에서 나온 음식물로 인하여 기도가 막히는 것을 방지하기 위하여 환자의 얼굴을 옆으로 돌려준다.

피를 많이 흘리는 환자, 숨을 쉬지 않는 환자, 의식이 없는 환자, 중독환자 등은 다음과 같은 요령으로 상태를 조사한다.

■ 숨을 쉬고 있는지 확인한다.

건강한 성인의 호흡은 매분 16~24회 정도로 호흡하며 맥박과 호흡의 비율은 보통 4:1 정도 된다. 호흡에 변화를 일으키는 요인을 살펴보면 나이가 어리면 대체로 호흡이 빠르고 여자는 남자보다 약간 빠른 경향이 있다.

운동 후에도 호흡이 빨라질 수 있으며 공포, 불안 등은 호흡을 빠르게 하고 피부를 덥게 하면 일시적으로 호흡이 빨라지고 얕아진다. 심하게 동통이 있는 경우 호흡수가 매우 빨라지며 출혈이나 충격이 발생한 경우 호흡이 빨라진다. 또한 체온이 0.5~1℃ 증가하는데 호흡은 매분 2회 정도가 증가한다.

먼저 환자의 가슴부위가 상하로 움직이나 보고, 숨소리가 깊은가, 얕은가, 가쁘게 쉬는가를 듣는다. 환자의 내쉬는 숨이 구조자의 뺨에 느껴지나 보고, 숨을 안 쉬면 다시 기도를 열어주고 확인한다.

■ 맥을 짚어본다.

맥박은 여러 가지 요인에 의해 변화하는데 연령에 따라 체격이 작으면 횟수가 많고 체격이 크면 적은 경향이 있으며, 음식물(특히 홍차나 커피)을 섭취하면 얼마 동안은 맥박이 증가한다. 또한 서 있는 자세에서도 맥박이 증가하고 앉아있으면 적어지며, 흥분, 공포, 불안한 경우에는 빨라진다. 체온이 상승하며 맥박은 빨라지는데 체온이 0.5~1℃ 올라갈 때 매 분 약 10번씩 빨라진다. 질병이 있을 때도 맥박이 증가하며 약물의 섭취에 따라 맥박이 변화할 수 있다.

맥은 손목에서 잘 느낄 수 있으며, 맥박이 아주 느리거나(성인 50회/분 이하), 아주 빠르면(성인 100회/분 이상) 위험한 상태이다. 맥박이 뛰지 않는다고 느낄 때는 동공(눈동자의 검은 부분)을 살펴본다. 동공을 살펴보는 것은 의식상태를 보는데, 의식이 없고 동공이 크게 벌어져 있으면 위험하다. 또한 의식이 없고, 동공의 크기가 오른쪽과 왼쪽이 다르면 뇌에 이상이 있다고 보아야 한다.

■ 의식이 있는지 확인한다.

의식을 잃은 환자는 대체로 뇌에 이상이 있다고 보아야 한다. 머리의 외상, 뇌출혈, 약물중독 외에도, 심하게 다쳤거나 중한 환자는 의식을 잃는 경우가 많다.

■ 손발이 움직이나 본다.

의식은 있는데 손발이 움직이지 않는 것은 신경계통에 이상이 있다고 보아야 하며, 한쪽의 손과 다리가 움직이지 않을 때는 뇌에 손상이 있다고 보아야 한다. 뼈가 부러진 경우에도 그 말단쪽이 움직이지 않을 때가 있다.

살을 꼬집어도 아픈 것을 느끼지 못하면 척수에 심한 손상이 있다고 보아야 하며, 양손, 양다리가 움직이지 않으면 목에 손상을 받았다고 본다. 양다리만 움직이지 않으면 허리에 손상이 있다고 보고 운반할 때에 이에 대한 주의를 해야 한다.

■ 얼굴색, 피부색을 살펴본다.

혈색이 좋을 때는 맥박이 정상이고, 얼굴색이 좋으며, 피부가 따뜻한 느낌을 주면 혈액순환이 좋다는 것을 뜻하는 것으로 위험은 적다. 그러나 얼굴색, 피부색 특히 입술과 손톱색이 청홍색으로 변해 있으면 환자가 숨을 쉴 수 없는 상태, 심장이 멈추기 직전, 약품중독이며 모두가 위험한 상태이다. 얼굴색 피부색이 창백하고 피부가 차갑고 건조하면 피를 아주 많이 흘린 경우에는 심장발작 등으로 혈압이 낮아지고 심장의 운동이 적어져서 혈액순환이 안되는 증세이며, 얼굴색, 피부색이 붉으면 혈압이 높아진 것으로 연탄가스 중독, 일사병, 열사병 등에 걸린 것이다.

■ 체온을 살펴본다.

정상체온의 값은 일정치 않으나, 대체로 36~37℃로 정하고 있다. 이것은 사람마다 부위에 따라 차이가 있고 재는 시간에 따라서도 변동이 있다. 체온은 아침에 일어나기 전 4~6시경이 가장 낮으며, 오후 2~4시경이 가장 높다.

4) 처치시 유의 사항

■ 의사, 구급차, 가족에게 연락

- 언제, 어디서, 누가, 어떻게 되었는가를 차분하고 간결하게 연락해준다.
- 의사에게 연락이 되었을 때는 환자의 상태, 실시한 처치사항 등을 알리고, 다음 처치에 대한 지시를 받는다.
- 가족에게 연락이 되었으면 가족에게 자기 이름을 밝히고, 환자의 상태를 간단히 알려준다.

• 가족에게는 되도록 불안감을 주지 않도록 하며, 환자를 옮긴 병원이름, 장소, 전화번호와 환자가 전달해 달라는 말을 전해준다.

■ 도와줄 사람을 구한다.

• 처치를 혼자서 다하기는 힘들기 때문에 보조자가 연락, 운반, 정리 등의 일을 해준다.

■ 환자의 마음을 진정시킨다.

• 환자는 안정을 요하므로 구경꾼이 구급처치에 방해가 되지 않도록 한다.
• 환자를 옮길 때는 서두르지 말고, 환자의 상처를 건드리지 않도록 주의하여 옮긴다.

■ 증거물, 소지품을 보관한다.

의사의 진단과 사건의 해결에 참고가 되는 배설물, 토한 것, 남은 음식물이나 약 등 그리고 환자의 소지품을 보관한다.

■ 야외에서 도움을 요청하는 신호

야외에서 사고가 일어났을 경우에 확실히 사고의 상태를 알리는 것이 중요하다. 대개 공중에 있는 항공기나 또는 사고 장소보다 더 높은 장소에 있는 사람들에게 의복 또는 천조각 내지는 나뭇가지나 팔, 다리의 신체를 이용해 구조의 뜻을 전달할 수 있는 국제적인 신호가 있다.

△ I X

N V Y

△ : 이곳에 착륙가능
I : 의사가 필요하다(심한 부상)
X : 의사가 필요하다, 더 계속 버틸 수 없다
N : 아니오(필요없다)
V : 도움이 필요하다
Y : 예(그래요)

4) 쇼크환자의 처치

쇼크(shock)란 순간적인 피의 흐름이 줄어 신체의 기능이 저하되고 허탈한 상태를 말하는데, 심한 출혈이나 골절, 심한 화상, 물에 빠진 경우, 그 밖의 가슴 또는 머리의 부상 등에 의해 생길 뿐만 아니라 정신적으로 일어나는 충격도 있다.

(1) 쇼크의 증상

증세는 대부분 서서히 나타나는데 일반적으로 얼굴이 창백해지고 식은땀이 나면서 어지럼증을 일으키고 토하거나 구역질을 한다. 또 맥박이 약하고 때로는 빠르게 되고 숨을 불규칙하게 쉬며, 심하면 의식을 잃는 경우도 있다.

(2) 쇼크의 예방 및 처치

■ 환자의 자세

쇼크가 일어나면 심장과 뇌로 흐르는 피의 양이 적어지므로 머리와 몸을 수평으로 눕혀 혈류가 원활하게 하도록 환자를 바르게 눕히고 옷을 편하게 풀어준다. 이렇게 하면 가벼운 충격증세는 대개 빨리 가신다.

만약 머리에 부상이 없으면 하체를 20-30cm 정도 높여준다. 가슴에 부상을 당하여 호흡이 힘든 환자인 경우에는 호흡을 좀 더 쉽게 하도록 환자의 머리와 어깨를 높여서 눕힌다. 의식이 없는 환자를 무리하게 일으키거나 움직여서는 안된다.

〈그림 9-1〉 쇼크 환자의 자세

■ 체온유지

환자의 체온을 정상적으로 유지하기 위해 힘쓴다. 환자의 몸이 식으면 충격이 악화되므로 체온을 유지할 수 있는 담요 등을 잘 깔고 덮어주거나 옷, 신문지 등 구할 수 있는 대용품을 사용해도 된다. 날씨가 춥거나 환자를 그대로 두면 체온이 떨어질 염려가 있을 때에는 물병, 데운 돌 등을 헝겊으로 싸서 화상을 입지 않도록 주의하여 가온한다. 일사병, 열사병 등의 높은 열에 의한 환자는 시원하게 해준다.

■ 음료

환자의 의식이 없거나 희미한 경우에는 기관으로 잘못 들어가 질식할 위험이 있기 때문에 원칙적으로 음료를 주지 않는다. 일사병이나 열사병, 심한 설사로 인한 탈수 등은 수분을 섭취하도록 하는 것이 좋다. 머리, 배, 가슴의 손상, 내출혈, 대출혈 등으로 수술을 해야 하는 환자에게는 절대로 음료를 주지 않는다. 다만 환자가 심하게 원할 때에는 깨끗한 천에 물을 적셔 입언저리에 대어 준다.

2. 구조호흡

모든 체세포는 산소가 부족하면 수분내에 죽음에 이르게 된다. 즉 4분간 산소공급이 끊어지면 생명을 잃는다. 그러나 호흡이 정지되어도 심장운동은 몇 분간 계속되기 때문에 이 사이 구조호흡을 시키면 생명을 건질 수 있다.

공기가 폐에까지 잘 들어 갈 수 있도록 기도를 열어준다는 것은 가장 중요한 일이다. 기도가 막히면 어떠한 구조호흡을 실시해도 효과가 없다. 특히 의식이 없는 환자는 턱, 목, 혀 등에 힘이 빠져 혀끝이 기도를 막게 되고 또한 물이나 음식물이 목구멍을 막을 수가 있기 때문에 반드시 먼저 기도를 열어주어야 한다. 의식이 없는 환자가 기도를 열어주는 것만으로도 생명을 구하는 예도 있다. 의식이 없는 환자는 반드시 눕힌 다음 머리를 뒤로 젖힘과 동시에 턱을 치켜올려서 입으로부터 기도까지의 공기 통로를 직선으로 한다.

기도를 열어주는 일반적인 절차는 다음과 같다.

■ 머리를 뒤로 젖힌다.

- 한쪽 손으로 목을 뒤에서 위로 올리고, 손으로 머리를 뒤로 젖힌다.
- 어깨 밑에 담요나 베개로 고이면 자연히 머리가 뒤로 젖혀진다.

■ 아래턱을 치켜 올린다.

- 머리를 뒤로 젖혀도 기도가 열리지 않으면, 한번 아래턱을 앞으로 잡아 당겨본다.
- 또는 양손을 아래턱 위에 대고 전방으로 치켜 올려본다.

■ 이물이 목구멍을 막았을 때

- 의식이 있으면 기침을 크게 해 토해내도록 한다.
- 그래도 이물질이 기도를 막고 있으면 얼굴을 밑으로 하여 거꾸로 엎드리게 한 후 한 손으로 등을 쳐서 숨구멍에 막혔던 이물을 빼낸다.
- 입안에 이물이 있으면 맨손가락 또는 손가락에 헝겊을 댄 다음 혓바닥을 눌러서 앞으로 당긴다.

〈그림 9-2〉 기도 개방

1) 구조호흡이 필요한 경우

숨을 쉬지 않는 환자는 누구나 구조호흡을 필요로 하는 것이 아니며 다음의 경우에만 필요하다.

- 물에 빠져서 숨을 쉬지 않을 때
- 감전으로 말미암아 숨을 쉬지 않을 때
- 가스중독 즉 탄산가스, 내연기관 등으로부터 배출되는 가스에 의한 중독으로 숨을 쉬지 않을 때
- 술, 수면제, 마약 때문에 호흡신경이 마비되어 숨을 쉬지 않을 때
- 폐가 눌려서 숨을 쉬지 못한 경우
- 목을 조르거나 그 밖의 이유로 공기가 폐에 들어가는 길이 막혀서 숨을 쉬지 않은 경우
- 공기의 흐름이 나쁜 굴이나 마른 우물 속, 또는 아주 높은 산에 올라갔을 때와 공기중의 산소성분이 희박하여 숨쉬기가 곤란한 경우
- 머리 부상으로 호흡중추신경에 타격을 받아 숨을 쉬지 않는 경우

이상의 경우를 제외하고는 구조호흡이 그 효력을 발휘하지 못한다.

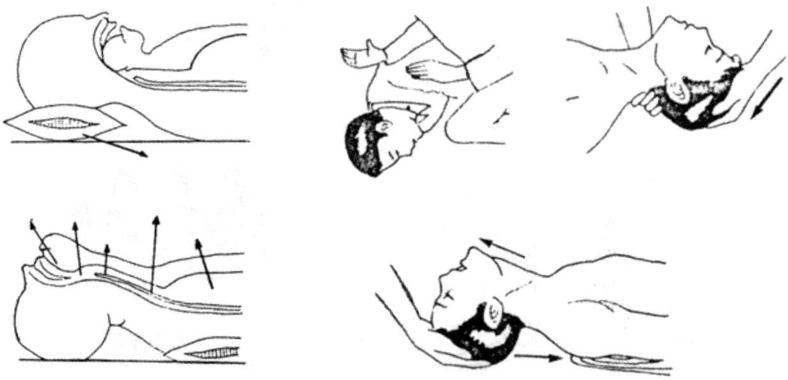

〈그림 9-3〉 머리의 위치에 따른 기도의 모양

2) 일반적인 구조호흡 절차

(1) 사고가 일어난 곳으로부터 환자를 구해낸다.
(2) 손가락을 환자의 기도와 입 속으로 넣어서 이물질, 의치 같은 것들을 없앤다.
(3) 머리를 가능한 뒤로 젖혀서 숨구멍을 일직선으로 되게 한다. 이는 혀가 기도를 막지 않게 하기 위한 것이다.
(4) 즉시 구조호흡을 시작한다.
(5) 환자가 규칙적인 호흡을 할 수 있을 때까지 또 의사가 올 때까지 구조호흡을 계속한다.
(6) 규칙적인 호흡이 되돌아왔으면 환자를 편안한 자세로 반듯하게 눕혀 둔다.
(7) 다시 숨이 멈추지 않나 환자를 자세히 관찰한다.
(8) 환자를 반듯하게 눕힌 자세에서 안전한 곳이나 병원으로 옮긴다.

3. 심폐소생술(CPR)

심정지의 주요원인인 심실세동이 발생한 후 5분 이내에 제세동이 시행되면 매우 높은 생존율을 가져올 수 있다. 그러나 심정지가 발생한 후 응급의료인이 환자가 있는 현장에 도착하는데 까지는 최소한 5분이상이 소요된다. 따라서 심정지의 처치에 있어서 심정지를 목격한 직후부터 심폐소생술(cardiopulmonary resuscitation)을 시작함으로써 심정지 환자의 생존율을 높일 수 있다. 심정지로부터 4~5분 이상이 경과된 경우에는 제세동을 시행하기 전에 심폐소생술을 시행함으로써 제세동 성공률을 높일 수 있는 것으로 알려졌다.

심폐소생술을 시행하다가 15초 이상 중단하면 생존율이 급속히 저하되는 것으로 밝혀져 심폐소생술의 중단을 최소화하고, 심정지 시간이

4~5분이상 지연된 경우에는 제세동을 시행하기 전에 심폐소생술을 시행하는 것이 생존율을 높일 수 있다. 이와 같은 근거를 바탕으로 2005년 11월 28일 미국심장협회(American Heart Association : AHA)는 심폐소생술의 중단을 최소화할 수 있도록 지침을 개정하고, 심정지로부터 4~5분이상이 경과한 경우에는 제세동을 시행하기 전에 심폐소생술을 먼저 시작하도록 권장하였다. 또한 그 동안 심폐소생술에 대한 지침이 일반인이 수행하거나 기억하기에 다소 복잡하여 심폐소생술의 보급과 교육에 큰 장애가 되어왔던 점을 개선하고자 심정지 환자의 나이(신생아 제외)와 관계없이 소아 및 성인 모두에서 흉부압박과 인공호흡의 비율은 30:2로 권장되었다. 일반인의 심폐소생술에서 흉부압박 없이 인공호흡만을 시행하는 방법은 더 이상 교육하지 않도록 권장되었다.

1) 심폐소생술 순서

(1) 성인 심정지 환자를 발견하였을 경우

- 응급의료체계에 전화 연락을 하고 심폐소생술을 실시한다.
- 기도를 열고 호흡이 있는지를 확인한 다음 정상 호흡이 없으면 2번의 인공호흡을 한다.
- 인공호흡을 한 후에는 즉시 30회의 흉부압박을 시작하고 2번의 인공호흡을 반복적으로 시행한다.

(2) 소아 또는 영아 심정지 환자를 발견하였을 경우

- 기도를 열고 호흡을 확인한다. 호흡이 없으면 2회의 인공호흡을 한다.
- 흉부압박과 인공호흡의 비율이 30:2로 유지하면서 5cycles(약2분)의 심폐소생술을 한다. 5cycles의 심폐소생술 후 응급의료체계에 연락하고 자동 제세동기를 가져온다.

2) 호흡 확인 및 인공호흡

(1) 호흡 확인

호흡의 유무는 정상호흡이 있는지를 관찰하여 확인한다. 심정지 이후에 나타나는 비정상 호흡 현상이 심폐소생술이 필요한 상황이라는 것을 알아야 한다.

(2) 인공호흡

- 인공호흡은 1초에 걸쳐 흉곽이 부풀어 오를 정도로 불어 넣는다.
- 의료인 또는 응급구조사가 심박동이 있으면서 호흡이 없는 환자에게 인공호흡을 할 경우에는 분당 호흡수를 10~12회(소아 및 영아는 12~20회)로 유지한다.
- 전문 기도 유지술이 시행된 후에는 흉부압박과 관계없이 분당 8~10회로 인공호흡을 한다.

3) 흉부 압박

흉부 압박은 영아, 소아, 성인에서 모두 분당 100회의 속도를 유지한다. 흉부압박과 인공호흡의 비율은 30:2를 유지한다.

(1) 영아

- 흉부압박의 위치는 유두선과 흉골의 교차지점 바로 아래(흉골 중앙의 아래)이다.
- 두 개의 손가락으로 압박하며, 흉부압박: 인공호흡의 비율은 30:2이다.
- 2인의 의료인 또는 응급구조사가 심폐소생술을 할 경우에는 흉부압박: 인공호흡의 비율을 15:2로 유지한다.

(2) 소아(1~8세)

- 30:2의 흉부압박: 인공호흡의 비율을 유지한다.

- 유두선과 흉골이 만나는 지점을 압박한다.
- 한 손 또는 두 손을 사용하여 흉곽의 1/3 또는 1/2 정도가 눌리도록 압박한다.
- 2인의 의료인 또는 응급구조사가 심폐소생술을 할 경우에는 흉부압박: 인공호흡의 비율을 15:2로 유지한다.

♥ 연령에 따른 심폐소생술 지침의 요약 ♥

심폐소생술 수기		성인	소아	영아
기도유지		Head tilt-chin lift 통일		
첫 인공호흡		2회 인공호흡 (1초/1호흡) - 약500~600 ㎖		
의료인/응급구조사에 의한 인공호흡 (흉부압박을 안하고 호흡만 보조하는 경우)		10~12회	12~20회	
의료인/응급구조사에 의한 인공호흡 (전문 기도유지술 시행후)		8~10회		
이물에 의한 기도폐쇄		하임리히법		등두리기 및 흉부 압박
맥박 확인	일반인	확인 안함		
	의료인/ 응급구조사	경동맥		상완동맥 또는 대퇴동맥
흉부압박 위치		흉골의 아래쪽 1/3 또는 양측 유두사이		유두선의 바로아래 (흉골의 아래쪽1/2)
압박 방법		두 손 압박	한 손 또는 두 손 압박	2~3 손가락 또는 두 엄지손가락
압박 깊이		4~5cm	흉곽의 1/2 또는 1/3	
압박 속도		100회/min로 통일		
압박:호흡 비율		30:2	30:2(1인 구조시) 15:2(의료인 또는 응급구조사 2인이 구조시)	

(3) 성인(8세 이상)

- 유두선과 흉골이 만나는 지점을 압박한다.
- 두 손을 사용하여 흉곽이 4～5cm 눌리도록 압박한다.

4. 출혈과 각종 상처의 처치

상처는 크고 작고를 불구하고 병균이 상처로 들어가면 염증이 생길 수 있기 때문에 흙이나 더러운 것이 묻었을 때는 깨끗한 물로 상처를 씻은 다음 소독해 준다. 상처를 더러운 손이나 헝겊으로 함부로 건드리지 말고, 엉키어 뭉친 핏덩어리도 건드리지 않는다. 부상이 단순할 경우에는 집에서도 치료를 할 수 있으나 역시 의사에게 치료를 받는 것이 좋다.

출혈이 되면 즉시 피가 나는 곳을 막고 그 부위를 높여주고, 환자를 안정되게 눕혀 준다. 체중이 65kg되는 사람은 약 5l의 피를 가지고 있는데 이 사람은 한번에 약 1/3 이상의 피를 잃으면 위험하다. 출혈이 심한 경우에는 병원으로 옮겨서 수술을 받게 될지도 모르기 때문에 피가 멎기 전에는 음료를 주어서는 안 된다.

1) 출혈을 멈추게 하는 압박방법

■ 직접압박

- 거즈나 기타 깨끗한 헝겊을 두텁게 접어서 상처 위에 대고 붕대를 단단히 감아준다.
- 때에 따라서는 아무 헝겊이라도 깨끗한 것을 접어서 상처에 대고 누른다.

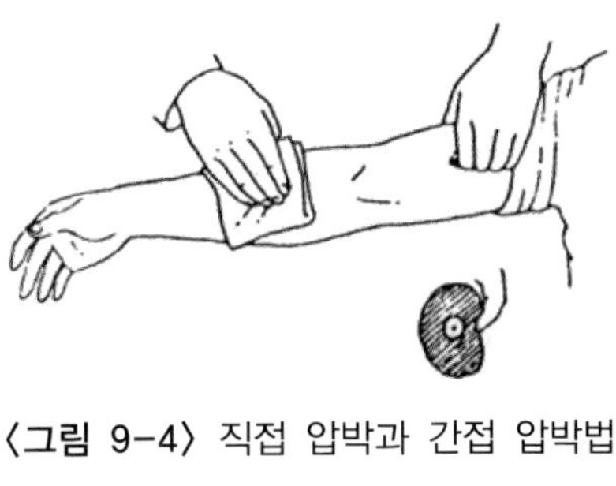

〈그림 9-4〉 직접 압박과 간접 압박법

■ 지압점 압박

- 동맥에 손상이 있으면 상처로부터 많은 피가 내뿜듯이 나온다.
- 손상된 동맥으로부터의 출혈을 막는 데는 압박이 꼭 필요하다.
- 동맥압박은 손상된 곳과 심장 사이에서 동맥이 뼈 가까이 지나는 곳을 누른다.
- 대출혈을 막기 위하여 동맥압박이 필요한데 아래와 같은 곳을 지압점이라 한다.

<측두 동맥>

- 머리 부분의 출혈이 심할 때에 귀 앞에서 두개골을 향하여 눌러 지혈시킨다.

<안면 동맥>

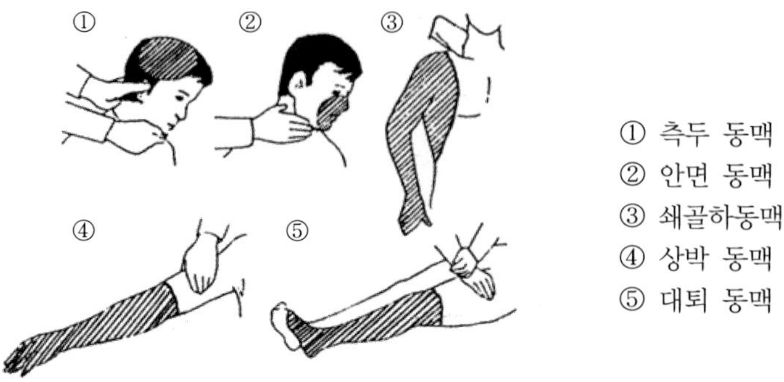

〈그림 9-5〉 우리 몸의 지압점

- 안면에 출혈이 심할 때에 턱밑 악궁에서 약 1cm 앞 쪽 즉 동맥이 하악골을 건너간 부분을 향하여 압박한다.

<쇄골하 동맥>

- 어깨에서 출혈이 심할 때에 쇄골 뒤쪽에서 제 1늑골에 향하여 지압한다.

<상박 동맥>

- 다리에서 출혈이 심할 때에 상박의 중간에서 엄지손가락을 밖으로, 나머지 네 손가락을 안쪽으로 하여 손아귀를 쥐어 압박한다.

2) 각종 상처의 처치

■ 긁힌 상처(찰과상)

- 피부나 점막이 심하게 마찰되거나 또는 몹시 긁으므로 생기는 상처이다.
- 이 상처의 처치는 상처를 깨끗한 물로 흙이나 먼지는 씻어내고 소독된 거즈나 깨끗한 헝겊을 상처에 대고 붕대로 매어 준다.

■ 베인 상처(절창)

- 칼, 면도 또는 유리조각과 같은 날카로운 물체에 의하여 베인 상처이다.
- 피가 많이 나는 경우는 즉시 출혈을 막는다. 피가 적게 나는 경우는 조금 피를 짜서 균이나, 더러운 먼지를 빼낸다.
- 상처부위가 더러우면 깨끗한 물로 씻어낸다.
- 거즈나 깨끗한 헝겊을 대고 붕대로 매어 준다.
- 상처 부분을 높이고 움직이지 않도록 한다.
- 계속 피가 나고 아프면 의사의 치료를 받아야 한다.

■ 찔린 상처(자창)

- 뾰족한 물건에 찔린 상처는 대개 피가 많이 나지 않으므로 깨끗이 씻어 내기가 어렵고 공기가 상처로 잘 통하지 못하므로 병균이 잘 번식하여 일반적으로 다른 상처에 비하여 염증이 생길 위험이 많다. 특히 파상풍균이 침입하여 번식할 위험성이 많다.
- 이 상처의 처치는 피를 조금 빨아내서 균을 제거토록 한다.
- 깨끗한 헝겊을 상처에 대고 붕대로 매어 준다.
- 빨리 의사의 치료를 받도록 한다.

■ 뱀에 물렸을 때

보통 뱀이면 크게 걱정이 없지만 독사에게 물리면 이빨자국이 한두 군데 약간 생기고 몹시 부어올라 매우 아프며 피하출혈이 생겨서 살갗이 시커멓게 된다. 현기증, 실신, 구토, 발열 등이 생기며 호흡이 곤란해져 사망하는 경우도 있다.

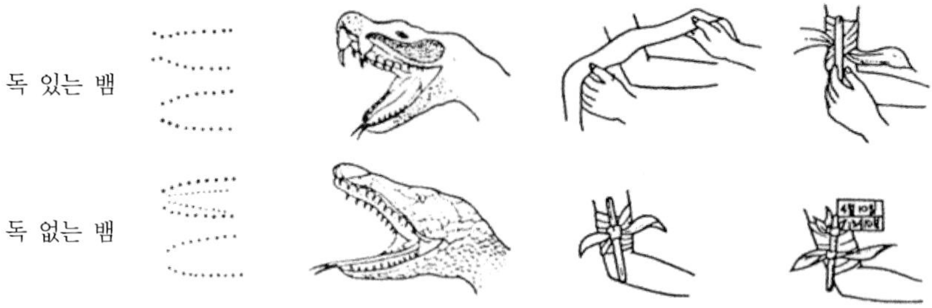

〈그림 9-6〉 이빨과 머리 형태로 독사를 식별하며, 지혈대로 응급처치한다

우선 독이 번지지 않게 물린 곳에서 심장쪽으로 상처 바로 위에 지혈대를 꼭 매어 지혈을 한 다음 칼로 상처부위를 열십자로 1㎝ 정도로 가르고 독을 빨아낸다. 단, 구강에 상처가 없는 사람이 빨아내야 하며 가급적 의사의 지시를 빨리 받아야 한다.

■ 벌레에 물렸을 때

- 벌이나 그밖에 독이 있는 벌레에게 물리거나 쏘이면, 아프고 부으며 염증이 생기고 가려운 곳을 긁으면 곪을 수가 있다.
- 벌에게 쏘였을 때 그 침이 그대로 살 속에 남아 있으면 그 침을 빼버리고 암모니아수를 바른 다음 연고를 발라준다.
- 찬 물수건을 대어주면 아픔을 가라앉힐 수 있다.

■ 뇌진탕

두개골의 상해는 눈에 보이지 않는 상해이며 만약 뇌에 충격을 받으면 뇌와 혈관은 그 충격을 흡수한 것이나, 충격이 매우 크면 두개골 골절이 발생하거나 혈관이 파열되어 뇌에 큰 손상을 일으킬 수가 있다.

의식의 손실은 중대하게 받아들여져야 하는데 충격을 받아 10분 이상 동안 의식을 잃은 사람은 다시 운동을 재개하도록 허용해서는 안되며, 48시간 동안 관찰이 필요하며 특히 병원에서 진단과 치료를 받아야 한다.

■ 전기감전

젖은 손으로 전구를 만지거나 고압전선에 닿았을 때 또는 벼락에 감전되면 근육의 경직, 경련, 마비 등을 일으킨다. 전기 화상, 부상, 감전반, 홍반 등이 생기고 제 3도 화상과 비슷한 증상을 나타내며, 중증의 경우에는 인사불성이 되어 가사상태에 빠지면, 죽음에 이르기도 한다.

우선 환자를 전기로부터 멀리 떼어놓는 일이 중요하다. 화상과 같은 처치를 하는데 경직이나 경련이 일어나면 체표를 마찰하고 안정을 시킨다. 가사상태인 경우에는 구조호흡을 하고 보온에 주의한다.

■ 열에 의한 손상환자의 응급처치

① 열경련

- 증상 : 땀이 많이 나면서 보통은 다리와 복근에 통증을 동반하는 경련 발생
- 응급처지 : 시원한 곳으로 옮긴다. 경련이 발생한 부분을 가볍게 펴고 부드럽게 마사지를 해서 경련을 완화시킨다. 15분마다 시원한 물을 몇 모금(반컵까지) 먹인다. 카페인이나 알콜 음료는 주지 않는다. 메스꺼움이 느껴진다면 물을 주지 않는다.

② 열피로

- 증상 : 땀이 많이 나지만 피부는 차가울 수 있고 창백하거나 홍조가 나타날 수 있다. 맥박이 약해진다. 체온이 정상일 수 있으나 체온은 상승된다. 졸도하거나 현기증이 생기며 매스꺼움이나 구토가 나고 피

로감이나 두통이 생길 수 있다.

- 응급처치 : 환자를 시원한 곳에 누인다. 옷을 느슨하게 풀어주거나 제거한다. 시원하고 촉촉한 천을 덮는다. 환자에게 선풍기를 틀어주거나 냉방이 잘되는 곳으로 옮긴다. 환자가 의식이 있으며 물을 몇 모금 먹인다. 물은 꼭 서서히 섭취하게 한다. 15분마다 시원한 물 반컵을 준다. 메스꺼움이 느껴지면 물을 주지 않는다. 구토를 하게 되면 즉시 의사의 진료를 받도록 한다.

③ 열사병(일사병)

- 증상 : 높은 체온, 뜨겁고 붉고 건조한 피부, 급격히 약해지는 맥박, 급격히 얕아지는 호흡. 의식을 잃을 수 있다. 환자가 직전에 심한 운동으로 많은 땀을 흘리지 않았다면 환자는 땀을 흘리지 않을 것이다.
- 응급처치 : 열사병은 의학적으로 심각한 병증이다. 119나 응급의료서비스를 호출하거나 환자를 즉시 병원에 입원시켜야 한다. 지체되면 생명이 위태롭다. 냉방이 잘되는 곳으로 환자를 옮긴다. 의복을 제거한다. 체온을 떨어뜨리기 위해서 시원한 물로 목욕을 시키면서 젖은 천이나 스펀지로 환자를 닦아준다. 호흡에 문제가 없는지 특히 주의를 기울여 살펴본다. 선풍기나 에어컨디셔너를 이용한다.

5. 골절 처치

격렬한 운동 중 충돌, 추락, 전도에 의해서 발생하는 것으로 골절이 되면서 그 끝이 피부를 뚫고 나오는 것을 복합골절, 그냥 부러지기만 한 단순 골절, 그리고 뼈의 표면에 가볍게 금이 간 피로골절로 구분된다.

대체로 뼈가 부러진 경우의 증상은 골절부위가 붓고 통증이 있거나, 소리가 나며, 변형이 되어 구부려져 있거나, 골절부위가 움직이는 이상가동성 등을 볼 수 있다. 또한 부러진 뼈끝이 살갗을 뚫고 나오고 핏줄이 터져서 피가 많이 흐르고 쇼크에 빠질 수도 있다.

이러한 증상을 보고 그 손상의 정도를 알아낼 수 있지만 뼈가 부러진 모든 경우에 이런 증세가 나타나는 것은 아니다.

골절시에는 동통 또는 출혈에 의한 쇼크상태에 빠지기 쉬우므로 이때는 머리는 낮게, 발은 높게 하여야 하고, 골절부를 적절한 외부고정제로 고정시키는 부목이나 깁스 방법을 사용하여 혈관, 신경의 2차 손상을 방지해야 한다. 피로골절의 경우는 대개 자연치료되는데 만약 이때 깁스를 하면 가동성이 손상되어 근육이 위축, 약해지므로 그 부위를 안정시키는 것이 최우선의 방법이다.

1) 일반적인 처치절차

(1) 부러진 뼈를 맞추려고 하지 말고 무엇보다도 부러진 뼈를 움직이지 않게 하고 양 쪽 관절이 움직이지 않게 막는다.

(2) 부러진 뼈의 양쪽 관절 너머까지 걸칠 만큼 큰 부목(나무판대기, 나무, 신문뭉치, 잡지, 지팡이, 우산, 담요 등)을 대고 삼각끈, 붕대, 수건 등으로 매어서 고정시킨다.

(3) 충격을 방지한다.

(4) 상처가 있을 때는 깨끗한 거즈나 천을 대고 붕대를 맨다.

(5) 피가 나면 직접 눌러서 피가 나는 것을 막고, 피가 많이 나면 지혈대를 사용한다.

2) 갈비뼈가 부러진 경우

숨을 크게 들이마시거나 기침을 할 때 뼈가 부러진 부위가 심하게 아프기 때문에 얕은 숨을 쉬며, 숨을 쉴 때 가슴이 움직이는 것을 막으려고 손으로 가슴을 누른다. 갈비뼈를 따라 손가락을 더듬어 보면 부러진 부위를 느낄 수 있다.

• 만약 폐에 이상이 없다면, 뼈가 부러진 부위에 붕대를 대고 반대편에서 매듭을 한다. 이때는 패드를 대고 그 위에 매듭을 지으면 피부가 상처를 받을 우려가 없다.
• 첫 번 붕대 위의 2개의 붕대를 차례로 맨다.

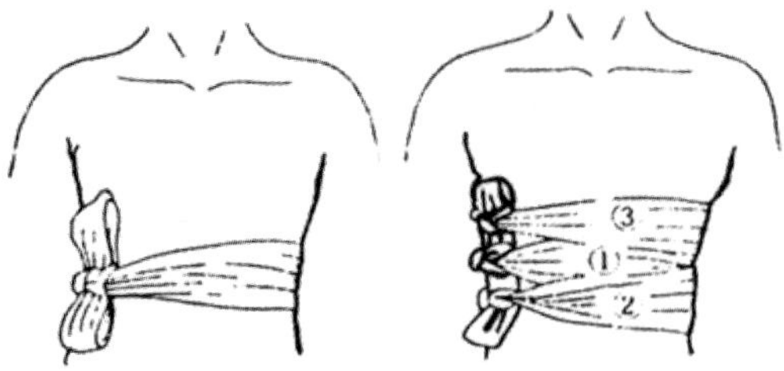

〈그림 9-7〉 갈비뼈가 부러진 경우

3) 등뼈와 목뼈가 부러진 경우

자동차 사고, 추락, 폭발, 집이 무너진 경우, 얕은 물에서 다이빙을 했을 때 흔히 생길 수가 있다.

목과 등이 아프며, 손을 꽉 쥘 수가 없거나 손가락을 쉽게 움직일 수가 없으면 목뼈가 부러진 경우이고, 손가락은 움직일 수 있으나 발이나 발가락을 움직일 수 없으면 등뼈가 부러진 경우이다.

• 발이나 발가락, 손이나 손가락을 움직일 수 있는지를 물어본다. 이것을 물어보기 전에는 환자를 절대로 들지 말아야 한다.
• 환자에게 물을 줄 때라도 머리를 절대 들지 않도록 한다. 머리는 어떤 상황일지라도 옆으로나 뒤로도 절대 움직이지 말아야 한다.
• 환자에게 일어나거나 앉아 보도록 절대로 하지 않는다. 이로 인해 후에 영구장애가 될 수도 있다.
• 목뼈가 부러진 환자가 부득이 움직여야 할 때는 딱딱한 판대기를 이용한다.

- 등뼈가 부러진 환자는 절대로 목을 굽히지 않는다.
- 손은 가슴 위에 놓고 안전핀이나 붕대로 묶는다.

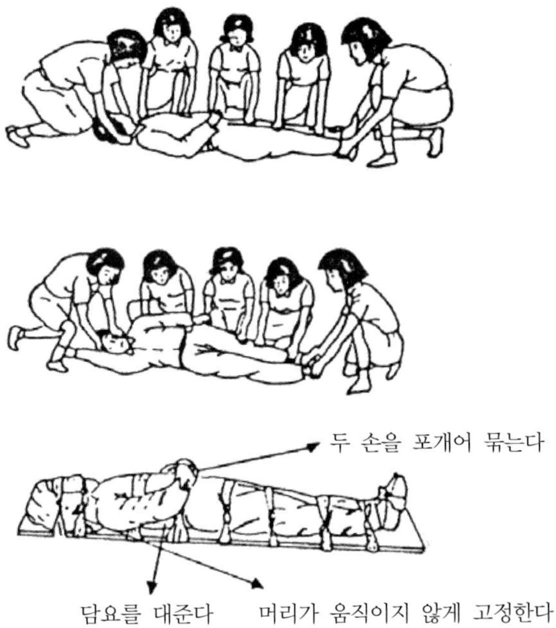

〈그림 9-8〉 등뼈 및 목뼈가 부러진 경우 나무판을 이용한 고정법

- 등이 아프다고 호소하는 환자는 등뼈가 부러졌는지, 부러지지 않았는지 확인 될 때까지 등뼈가 부러진 것으로 간주하고 처치한다.
- 부목이 준비되었으면 환자를 옮기는데, 옮기기 전에 미리 붕대를 부목 위에 넣어두어 필요 이상으로 환자를 움직이지 않게 한다.
- 환자의 허리부위에서 담요를 접어두어 허리를 편하게 해준다.

4) 넓적다리뼈가 부러진 경우

넓적다리가 부러진 경우 누워서 발을 들지 못한다.

- 겨드랑이에서 발까지 충분히 닿을 부목을 준비한다.
- 부목 위에 7개의 붕대를 걸쳐놓은 후 환자를 똑바로 옮긴다.
- 몸체에 3개의 붕대를 매고, 상처난 다리에 4개의 붕대를 매고, 매듭은 부목 위에다 맺는다.
- 딱딱한 부목이 없을 때는 상처받지 않은 다리를 부목대용으로 하여 함께 묶어준다.

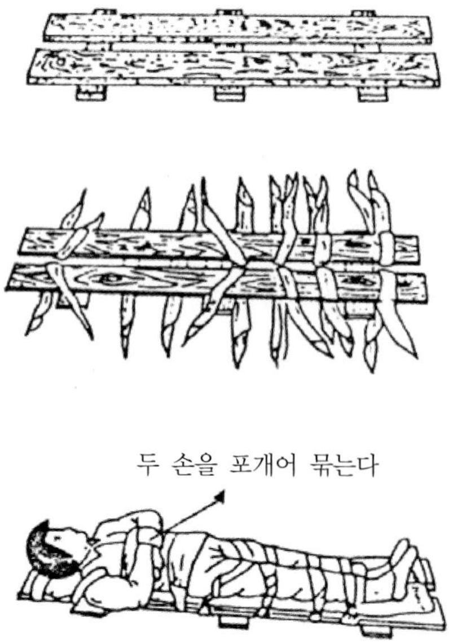

〈그림 9-9〉 넓적다리뼈가 부러진 경우 부목을 이용한 고정법

5) 팔꿈치 위의 뼈가 부러진 경우

팔꿈치 위의 뼈가 부러지면 골절의 일반적인 증세가 나타난다.

- 뼈가 부러진 팔의 안쪽에는 패드를 대고, 바깥쪽에는 부목을 대고 위와 아래 두 군대를 묶어준다.

- 팔을 직각으로 굽혀서, 접은 삼각건으로 목에 매준다.
- 팔이 움직이지 않도록 접은 삼각건으로 가슴에 고정시킨다. 이때에 매듭은 상처난 반대에서 맺는다.

〈그림 9-10〉 팔꿈치 위에 있는 팔의 뼈가 부러진 경우 부목 이용법

6) 팔꿈치 아래의 뼈나 팔목뼈가 부러진 경우

골절의 일반적인 증세가 나타난다.

- 뼈가 부러진 팔에 부목을 대고 두 군데를 묶는다.
- 삼각건으로 목에 맨다.

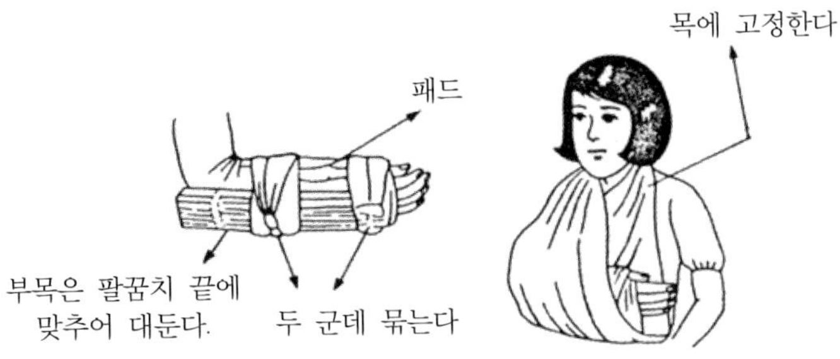

〈그림 9-11〉 팔꿈치 아래에 있는 뼈 또는 팔목뼈가 부러진 경우의 부목 이용법

7) 팔꿈치뼈가 부러진 경우

팔꿈치를 구부리고 넘어질 때 팔꿈치 뼈가 잘 부러지는데 그 부위가 심하게 붓는다.

- 팔을 똑바로 펴서 부목을 겨드랑이에서 손바닥까지 닿게 대준다.
- 팔꿈치 바로 위와 팔의 맨 윗부분, 팔목 위를 붕대로 묶는다.
- 만약 팔이 굽어져 있으면 억지로 펴려고 하지말고, 굽어진 채로 삼각건으로 고정시킨다.

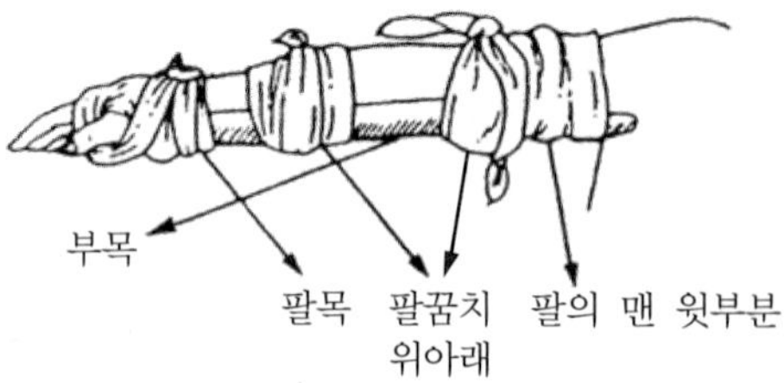

〈그림 9-12〉 팔꿈치 뼈가 부러진 경우와 부목 이용법

8) 손뼈가 부러진 경우

손이 아프고 움직일 수가 없다.

- 패드를 댄 부목을 손에 대고 두 군데를 붕대로 묶어준다.
- 너무 꽉 조이게 매지 않는다.
- 삼각건으로 목에 맨다.

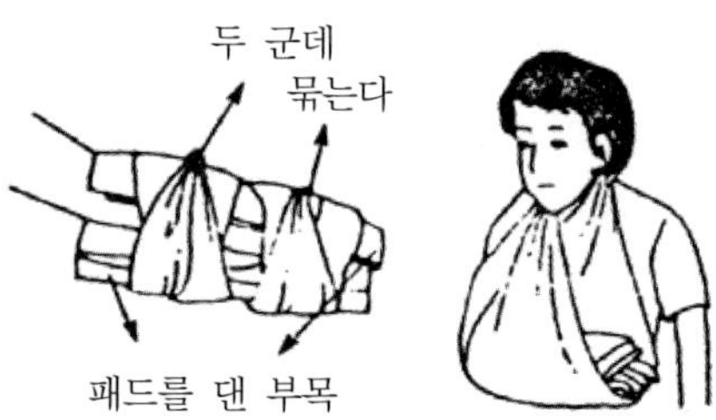

〈그림 9-13〉 손뼈가 부러진 경우의 부목 이용법

9) 무릎뼈가 부러진 경우

무릎이 아프고 설 수가 없다.

- 무릎을 똑바로 편다.

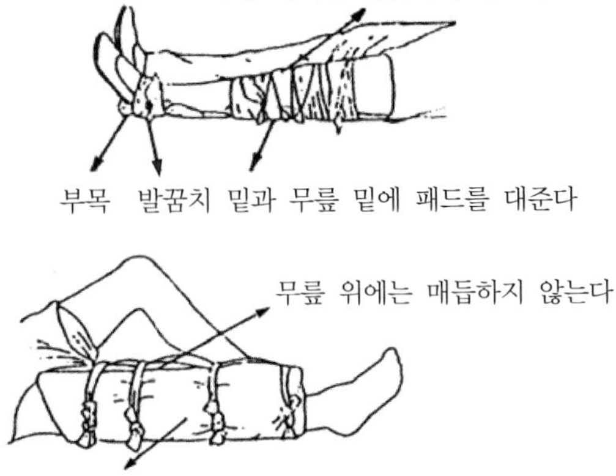

〈그림 9-14〉 무릎뼈가 부러진 경우 부목과 담요 이용법

- 엉덩이 밑에서 발꿈치까지 닿는 부목을 다리 밑에 대준다. 부목의 넓이는 적어도 12cm의 넓이는 되어야 한다.
- 패드를 발꿈치 밑과 무릎 밑에 대준다.
- 무릎 위에는 붕대를 매지 않는다. 왜냐하면 빨리 붓기 때문이다.
- 나무부목이 없을 때는 베개나 담요를 접어서 사용한다.

10) 정강이뼈가 부러진 경우

정강이가 아프고 쓸 수가 없다.

- 무릎위에서 발꿈치까지 닿는 부목을 다리 양옆에 댄다.
- 발목위, 무릎밑, 넓적다리 중간부위, 이렇게 네 군데를 붕대로 맨다.
- 이 때에도 베개, 담요 등을 사용할 수가 있다.

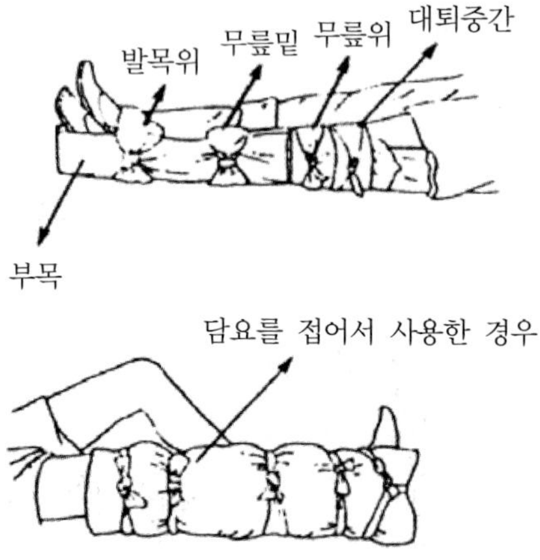

〈그림 9-15〉 정강이뼈가 부러진 경우의 부목과 담요사용법

11) 발뼈가 부러진 경우

발이 아프고 쓸 수가 없다.

- 신발, 양말을 벗긴다. 필요하면 신발을 칼이나 가위로 잘라낸다.
- 두꺼운 패드나 작은 베개를 부목과 함께 대준다.
- 발목과 발목 위에 두 군데를 붕대로 맨다.

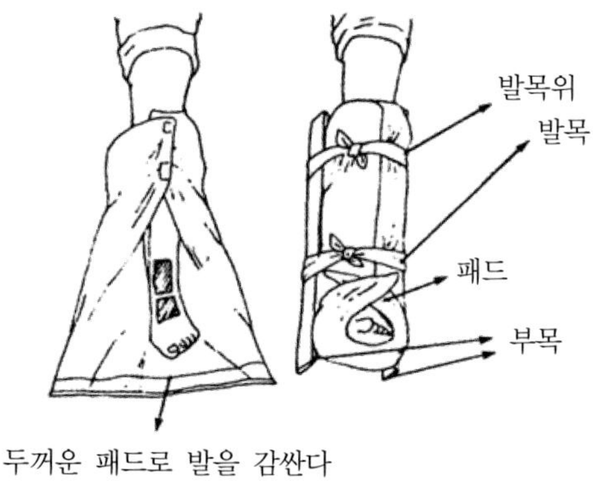

〈그림 9-16〉 발뼈가 부러진 경우의 부목 이용법

6. 환자 운반법

심하게 다친 환자에게 가장 위험스러운 것 중 하나가 불필요한 이동이다. 보통 처치를 할 때 처치원은 환자를 옮겨야만 하는 위험한 상황이 자주 있다. 대부분의 경우 처치원은 환자를 발견했을 때 응급처치 단계(현장조사-연락-처치 및 도움)를 따르는 것이 바람직하다. 환자를 적절하게 옮기지 않으면 환자의 상태가 더욱 나빠지거나 회복을 악화시킬 수도 있기 때문에 환자를 옮기는 것은 상처의 처치와 더불어 매우 중요하다.

처치원이 환자를 옮겨야만 하는 세 가지 일반적인 상황이 있다.

첫째, 가장 중요할 때는 처치원이 불, 산소부족, 폭발위험, 건물붕괴와 같은 급박한 위험에 처했을 때이다.

둘째, 처치원이 더 심각한 상태에 있을지도 모르는 또 다른 환자를 돌봐야만 할 때이다. 이런 경우 즉시 처치가 필요한 사람을 구하기 위해 처치원은 환자를 최소한의 부상으로 옮길 수 있다.

셋째, 처치원은 적당한 처치를 하기 위하여 환자를 옮겨야 할 수도 있다. 예를 들어 맥없이 쓰러지고, 혈액순환이 안되는 사람은 심폐소생술이 필요하다. 심폐소생술은 딱딱하고 평평한 지면에서 행해져야 한다. 만약 지면과 공간이 치료하는데 적당하지 않다면 환자를 옮겨야만 한다.

처치원이 환자를 옮기기로 결정하였다면 처치원은 환자를 어떻게 옮길 것인가를 결정해야 한다. 신중하게 처치원과 환자의 안전에 신경을 써야 한다. 처치원은 자신도 위험해질 수 있다는 것과 환자의 체격과 상태, 자신의 능력과 상태, 그리고 처치원 자신이 어떤 도움을 줄 수 있는지에 근거해서 결정해야 한다. 처치원은 자신이 부상당하지 않고 환자를 성공적으로 옮길 수 있도록 하여야 한다.

처치원은 환자를 들 때 신체가 뒤틀리지 않도록 한다. 가능하면 작은 보폭으로 어디로 가고 있는지 보면서 앞으로 걷는다. 머리, 목, 등의 부상이 있는 환자를 구부리거나 뒤틀리지 않도록 하고, 너무 커서 편안하게 이동하지 못하는 환자는 옮기지 않는다.

■ 운반 준비 및 유의사항

일반적으로 환자를 옮기기 전에 조치해야할 일과 운반시 유의해야할 사항은 다음과 같다.

- 환자를 옮기기 전에 적절한 초치를 하였는지 확인한다. 대체적으로 이송이 필요한 환자는 시간적으로 여유가 어느 정도 있는 사람으로 조급하게 서두르지 말고 충분한 응급처지를 한 다음 안전하게 운반하는 것이 좋다.
- 부상의 정도, 사고의 종류, 그리고 신속한 운반의 필요성, 구할 수 있는 운반기구 등의 조건에 따라 적절한 운반 방법을 정한다.
- 필요한 기구를 준비하고, 운반에 필요한 인원을 확보하고 각자의 임무를 정한다.
- 들것은 항상 평평하게 하고, 환자의 발은 나아가는 쪽으로 하고 걷는 것이 원칙이며, 언덕이나 계단을 오를 때 또는 구급차로 운반할 때는 머리를 앞으로 두고 옮긴다.
- 옮길 때 여러 사람이 있으면 그 중 한 사람은 모든 행동을 지시한다.

■ 들것 만들기

- 부상자를 이송하기 위하여 들것을 만들지 않으면 안 될 경우가 많다. 사고현장에서 두 개의 긴 막대기와 담요 혹은 상의로 대용들것을 만들 수 있다.

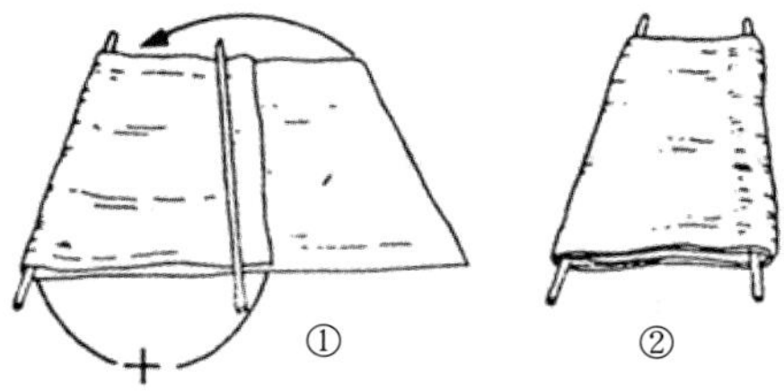

〈그림 9-17〉 긴 막대와 담요를 이용한 들것 만들기

• 담요가 있으면 땅위에 펴놓고 막대기 한 개를 담요길이의 1/3쯤 되는 곳에다 놓고 짧은 쪽의 담요 끝을 막대기 위로 접어 넘긴 다음, 다른 막대기를 그 위에 올려놓고 긴 쪽 끝을 막대기 위에 접어 올리면 들것 대신 사용할 수 있다.

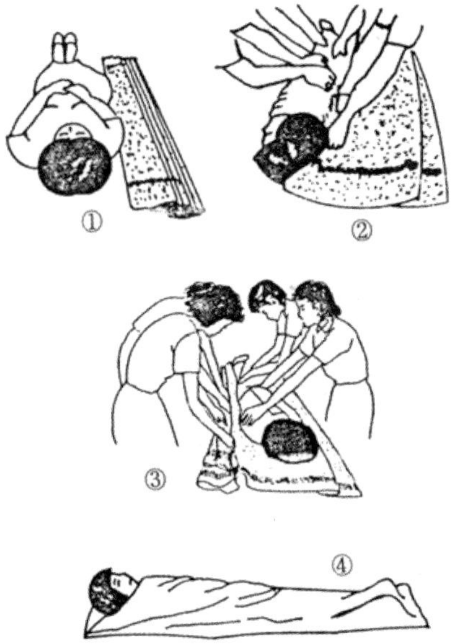

〈그림 9-18〉 담요를 이용한 들것

• 담요 한 장만 있으면 부상자를 그 중간에 눕히고 양옆을 중앙으로 향하여 말아서 만족한 들것을 만들 수 있다.
• 윗도리 2개와 막대기를 이용하여 만든다.

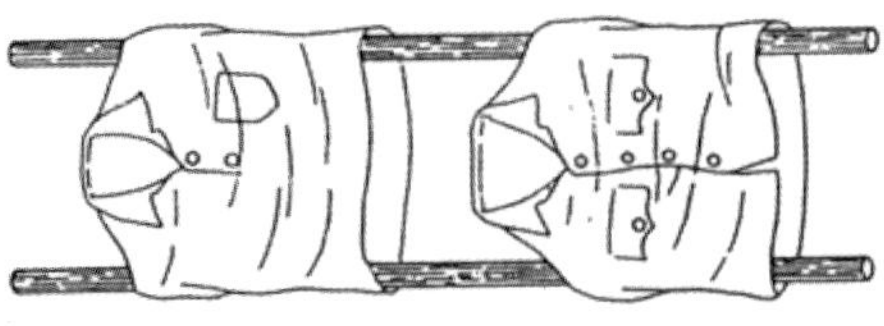

〈그림 9-19〉 윗도리 2개와 막대기를 이용한 즉석 들것

■ 들것에 환자를 싣는 방법

• 들것에 환자를 옮기기 위해서는 최소한 세 사람이 필요하며 네 사람이면 더 좋다.
• 부상자의 두발을 함께 묶어 바로 눕힌다. 한 사람은 들 것을 부상자의 옆에 가까이 놓고 다른 사람들이 부상자를 들어 올릴 때 부상자가 들것에 적당히 놓이도록 하기 위하여 대기한다.
• 다른 세 사람은 부상자의 부상하지 않은 쪽에 있되, 그 중 한 사람은 어깨 쪽, 다른 사람은 각각 허리와 무릎쪽에 모두 한쪽 무릎을 꿇고 앉는다.
• 어깨 쪽에 앉은 사람은 부상자의 머리, 목, 어깨 및 등 밑에 손을 넣는다.
• 모든 준비가 끝났으면 지휘자가 "들어"라고 구령하고 다른 사람들은 구령에 따라 천천히 주의하여 부상자를 들어서 일직선으로 나란히 앉아 있는 자기들의 무릎위에 올려놓는다.

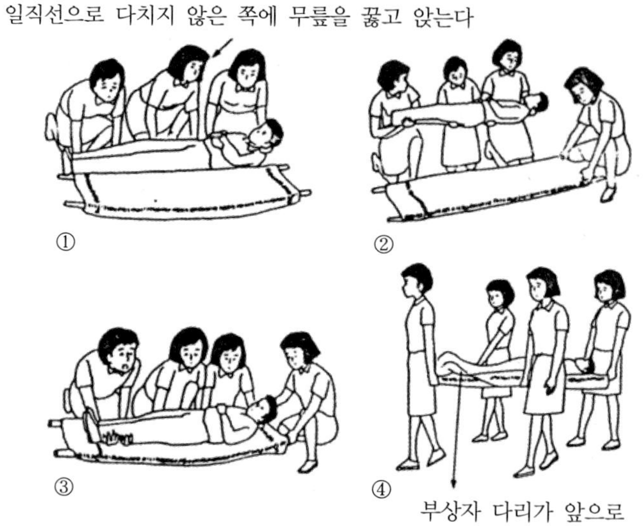

〈그림 9-20〉 환자를 들것에 올려놓는 법

• 이때 대기하고 있던 한 사람이 들것을 환자 밑으로 넣는다. 그 다음에 "내려"라는 구령에 따라 부상자를 들것 위에 조심스럽게 내려놓는다.

1) 부축하여 걷기

• 부상이 가벼운 환자는 한 사람 혹은 두 사람이 부상자의 한팔(두 사람이 부축할 경우는 양팔)을 자기의 목뒤로 돌려 붙잡고, 동시에 몸을 구부려 환자 체중의 대부분이 운반인에게 실리도록 함으로써 부상자가 걸어가는 것을 도와준다.

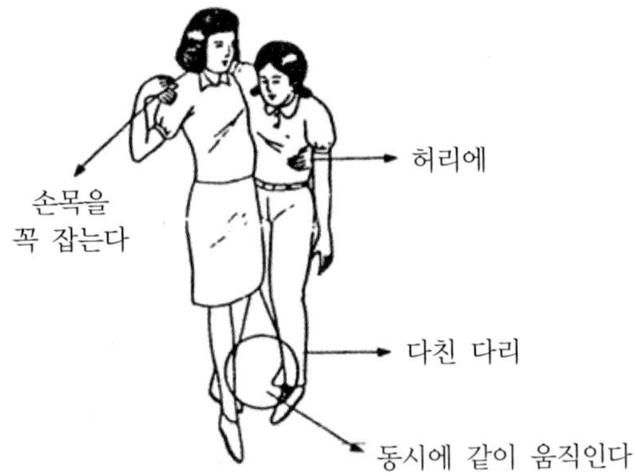

〈그림 9-21〉 환자 부축하여 걷기

2) 업어서 운반하기

(1) 의식이 없을 경우

환자가 의식이 없고, 환자를 옮길 사람도 한 사람일 경우 부상자의 손상이 업어서 운반해도 무방할 때 사용하는 방법으로 환자를 등에 업은 다음 한 팔은 부상자의 두 무릎 밑에 넣고 다른 한 팔로 그의 두 겨드랑이 밑으로 껴서 안는다.

〈그림 9-22〉 의식이 없는 환자의 업기법

(2) 의식이 있을 경우

의식이 있고 그다지 중하지 않은 환자를 잠깐 옮길 때 사용하는 방법으로 처치원은 부상자의 두 팔을 자기의 어깨에 올려 환자의 겨드랑이가 자기의 어깨에 잘 올려 걸치게 한 다음, 부상자의 두 손이 처치원의 앞가슴에 겹 놓이게 하여 한 손으로 잡고 다른 손은 자유로이 한다. 처치원은 걸을 때에 몸을 앞으로 구부려서 부상자의 체중이 자기 등에 실리도록 한다.

〈그림 9-23〉 의식이 있는 환자의 업기법

3) 끌기 운반

- 부상자를 위험으로부터 빨리 이동시키기 위하여 처치원이 혼자이고 도움으로도 걸을 수 없는 환자일 경우 처치원은 그 환자를 끌 수 있다. 만약 환자의 머리, 목, 등에 부상이 있다고 의심된다면 그 환자를 끄는데 환자의 옷(셔츠, 코트, 스웨터 등)을 이용하면 된다. 환자를 반듯하게 눕힌 후, 환자의 목뒤에서 옷을 팽팽하게 만들어서 그 옷을 이용하여 환자를 당겨준다. 처치원의 손과 환자의 옷으로 머리를 받쳐준다.

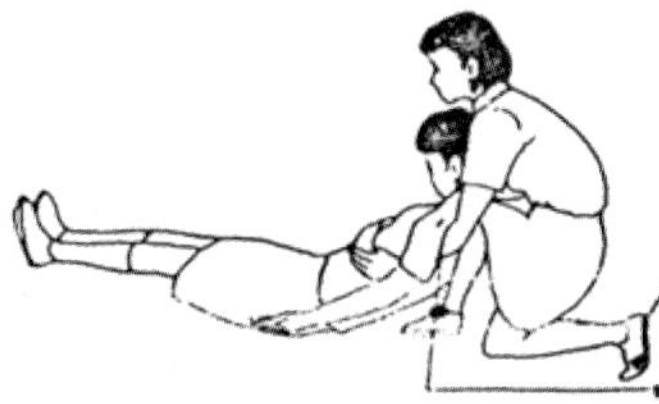

끌어당기는 법 1

끌어당기는 법 2

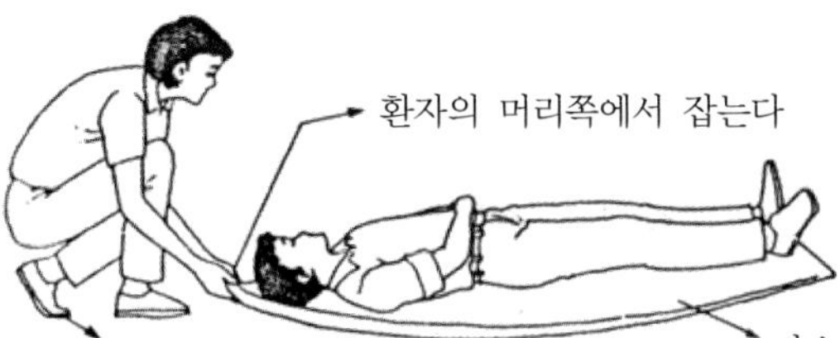

끌어당기는 법 3

〈그림 9-24〉 끌어당기는 법

4) 2인 운반

- 환자가 의식이 있고 앉은 자세를 취할 수 있으며 짧은 거리를 옮길 때 이용한다. 두 사람이 서로 마주보고 서서 마주보는 한 쪽 손을 서로 어깨 위에 얹고 다른 한 손을 서로 마주잡은 후 손위에 환자를 앉게 하고 환자의 양팔은 간호자의 목에 걸치게 한다. 어깨 위에 올린 손으로 환자를 지지한다.

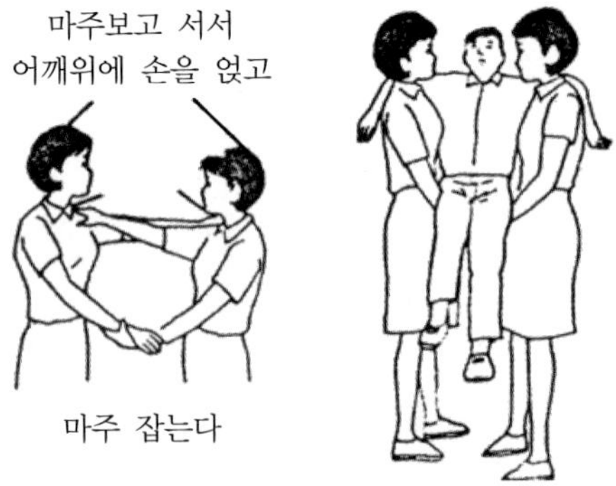

〈그림 9-25〉 두 사람이 환자를 옮기는 방법

- 의자를 이용하여 환자를 옮길 때는 환자가 의식이 있고 앉은 자세로 있을 수 있을 때 이용한다. 한 사람은 의자 뒤에서 서서 의자를 넓적다리 위쪽으로 당기고, 다른 한 사람은 환자의 무릎을 벌려 그 사이에 등을 대고 서서 환자의 다리 밑으로 팔을 펴서 의자의 다리를 잡는다.

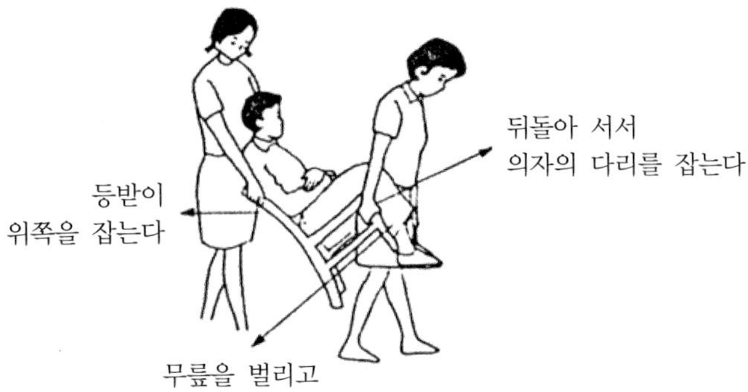

〈그림 9-26〉 의자를 이용하여 옮기는 방법

5) 3인 운반

환자는 의식이 없고 짧은 거리를 옮길 때 이용한다. 세 사람이 나란히 서서 환자를 들어 올리고 환자의 몸이 옮기는 사람들의 가슴에 오도록 한다. 환자는 수평으로 들어 올려야 한다.

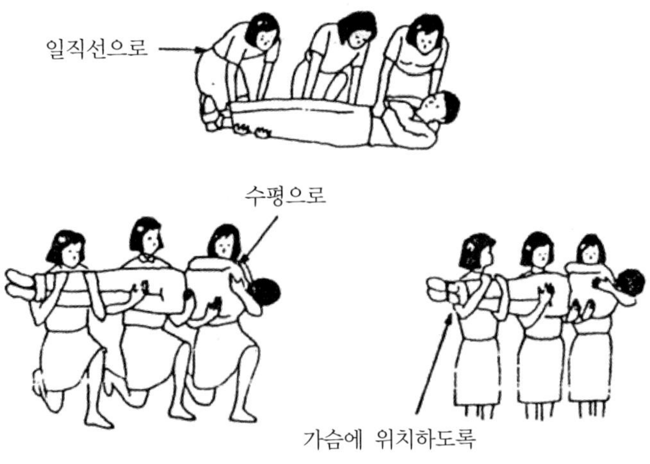

〈그림 9-27〉 세 명이 환자를 옮기는 방법

6) 8인 운반

환자가 의식이 없고, 무거울 때 이용한다. 4명씩 환자의 양옆에 서서 서로 손을 엇갈려서 환자를 들어올린다. 8명이 동시에 같이 환자를 들어올린다.

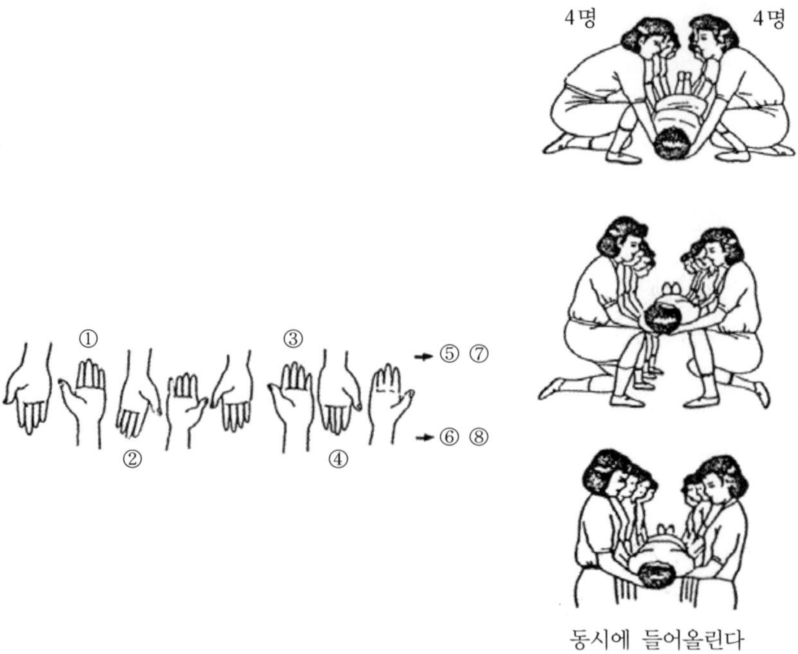

〈그림 9-28〉 8명이 환자를 옮기는 방법

참고문헌

건설교통부(2004), 재해대비교육교재.

교육과학사(1998), 최신 교육학 대사전, 서울:교육과학사.

국민체육진흥공단 체육과학연구원(2002), 1급 생활체육지도자 연수교재.

권봉안 외 2인(1998), 안전교육, 서울:도서출판 금광.

김영준(1998), 스포츠의학, 부산:세종출판사.

김원갑(1991), 우리들의 안전, 한국안전교육연구회.

대전광역시교육청(2001), 안전지대, 우리 함께 만들어요.

대천여자중학교(2002), 안전교육 프로그램 실천 적용을 통한 안전생활의 습관화방안.

대한적십자사(2005), 수상안전법.

대한적십자사(2005), 응급처치법Ⅱ.

도로교통안전협회(1997), 학교교통 안전교육 프로그램 개발 및 활용에 관한 연구.

박연홍(1992), 안전교육 추진 실무, 서울:안전문화사.

백 광(1992), 스포츠 안전학, 서울:도서출판 나남.

손기상(2001), 안전과 생활, 서울:기문당.

신기문(2001), 테이핑의 효과와 현장 적용, 키네지오 스포츠테이핑 강습회.

안전문화추진본부(1999), 가정생활의 안전실천은 이렇게, 한국산업안전공단.

안창식 외 2인(2003), 스포츠의학개론, 서울:웅보출판사.

이근희, 홍상우(1995), 안전관리학, 서울:창지사.

이은옥 외 3인(1997), 응급처치의 원리와 실제, 서울:수문사.

유재환 외 5인(1998), 안전관리, 서울:동화기술.

전재완(2001), 학교보건학, 서울 : 도서출판 금광.

전태원(1993), 생활체육과 운동처방, 국민생활체육협의회.

중앙재해내책본부(2002), 2003년도 방재집행계획, 행정자치부.

최병학(2002), 21세기 충청남도 소방안전 행정체제 구축방안 연구, 충청남도 소방안전본부 · 충남발전연구원.

최인범, 정용승(1997), 안전교육, 서울:21세기교육사.

한국가스안전공사(1996), 가스안전의 길잡이.
한국산업안전공단(1995), 안전 · 보건 교육 지도안.
한국산업안전공단(1999), 경영과 안전(Ⅱ).
한국산업안전공단(2003), 학교 교사를 위한 안전보건교육.
행정자치부(2002), 민방위 실기강사용 교재.
행정자치부(2004), 2004년 재해백서.

FEMA (1999), *Incident Command System and Multi-Agency Coordination Principles.*
Hodgkinson, P.E. & Stwart, M. (1991), *Coping with Catastrophe: A Hand-book of Disaster Management*, Routeledge, New Fetter Lane, London.
Lagadec, Patrick (1997), "Learning Process for Crisis Management in Complex Organization," *Journal of Contingencies and Crisis Management* 5(1).

국토해양부 홈페이지(http://www.moct.go.kr)
경찰청 홈페이지(http://www.police.go.kr)
교통안전공단 홈페이지(http://www.kotsa.go.kr)
소방방재청 홈페이지(http://www.nema.go.kr)
행정안전부 홈페이지(http://www.mopas.go.kr)
교육과학기술부 홈페이지(http://www.mest.go.kr)
한국청소년 상담원(http://www.kyci.or.kr)

저자약력

문 병 일

이학박사

전남대학교 문화사회과학대학 교수

레저스포츠 안전교육론

인쇄 | 2008년 8월 20일
발행 | 2008년 8월 30일

저자 | 문병일
발행 | 김윤수
발행처 | 전남대학교출판부

등록 | 1981. 5. 21. 제53호
주소 | 500-757 광주광역시 북구 용봉동 300
전화 | (062) 530-0571~3
팩스 | (062) 530-0579
홈페이지 | http://altair.chonnam.ac.kr/~cnup

값 13,000 원
ISBN 978-89-7598-685-7 (93690)

이 도서의 국립중앙도서관 출판시도서목록(CIP)은 e-CIP홈페이지
(http://www.nl.go.kr/cip.php)에서 이용하실 수 있습니다.
(CIP제어번호: CIP2008002683)